会计学专业 新企业会计准则 系列教材
云南省高等学校精品教材

ACCOUNTING LAWS AND REGULATIONS

2nd Edition

会计法规

（第2版）

王红云 赵永宁 编著

机械工业出版社
China Machine Press

本教材使学生在掌握会计核算方法的基础上进一步熟悉与会计相关的法律法规，使学生在处理会计业务时有章可循、有法可依，以确保会计工作能健康有序地进行。本教材可以作为本科财经专业教材，亦可作为会计从业资格考试的辅导书。

图书在版编目（CIP）数据

会计法规/王红云，赵永宁编著．—2版．—北京：机械工业出版社，2012.3（2014.7重印）
（会计学专业新企业会计准则系列教材）

ISBN 978-7-111-37607-1

Ⅰ．会… Ⅱ．①王… ②赵… Ⅲ．会计法-中国-高等学校-教材 Ⅳ．D922.26

中国版本图书馆CIP数据核字（2012）第035041号

机械工业出版社（北京市西城区百万庄大街22号 邮政编码 100037）
责任编辑：张 昕 版式设计：刘永青
北京瑞德印刷有限公司印刷
2014年7月第2版第3次印刷
185mm×260mm·16.75印张
标准书号：ISBN 978-7-111-37607-1
定价：32.00元

凡购本书，如有缺页、倒页、脱页，由本社发行部调换
客服热线：(010) 88379210；88361066
购书热线：(010) 68326294；88379649；68995259
投稿热线：(010) 88379007
读者信箱：hzjg@hzbook.com

第2版前言

为贯彻落实《国家中长期人才规划纲要（2010～2020年）》，财政部2010年10月11日正式对外发布了《会计行业中长期人才发展规划（2010～2020年）》，这是新中国成立以来我国制定的首个中长期会计人才发展规划，勾画了未来十年我国会计人才发展的宏伟蓝图。

围绕着适应社会主义市场经济的发展和经济社会环境的变化，需要严格按照《中华人民共和国会计法》和《中华人民共和国注册会计师法》等法律法规和规章制度赋予的职责和权限开展各项会计实务工作和会计理论学习。鉴于信息化条件下会计基础工作呈现的新特点，我们特别将第1版教材内容进行了比较大的增加、删除、补充和修改，以符合全国《会计从业资格证考试大纲》的需要。我们主要进行了如下修订：

1. 修改了第1章会计法律制度的内容，及时补充了《小企业会计准则》的介绍。

2. 第2章会计法部分配合《会计行业中长期人才发展规划（2010～2020年）》的修改要求，几乎进行了整个章节的修改、完善和补充。补充了讲授会计凭证、会计账簿、会计报表等会计资料中的图片和表格。

3. 修改了第4章中发票的相关规定，纳税人和扣缴义务人的权利和义务部分，增加了增值税、营业税和企业所得税的基本内容。

4. 增加了第5章财政法规制度的全章内容。同时，也增加了第5章财政法规制度的习题与答案。

同时，更新了教学课件，请在机械工业出版社华章公司的网站（http://www.hzbook.com）上下载。

修订编写的作者是：王红云教授编写了第1、2、6、7、8章，赵永宁教授编写了第3、5章，赵珂然编写了第4章。

王红云　赵永宁

2012年2月16日

第 1 版前言

会计信息是一种世界通用的商业语言，在全球经济一体化的今天，会计信息成为引导资本流向、资源配置，牵系国家兴衰、企业盈亏的“晴雨表”和“指挥棒”。如何从根本上有效治理长期以来存在的假账问题，规范会计行为，已经促使人们对《中华人民共和国会计法》（以下简称《会计法》）这部已经颁布实施 20 多年的法律有了越来越清晰的理解和认识。目前为了适应经济快速发展，我国的会计政策进入重大变革时期：2006 年 2 月 15 日，财政部发布了新企业会计准则体系，其中包括 1 项基本准则与 38 项具体准则，基本准则自 2007 年 1 月 1 日起施行，38 项具体准则自 2007 年 1 月 1 日起在上市公司范围内施行；2008 年 1 月 1 日在中央企业执行，鼓励其他企业执行。虽然我国绝大部分企业截至 2008 年 11 月仍然在执行《企业会计制度》，但是准则代替制度是必然的趋势。

作为企业的负责人、会计人员以及其他单位管理人员如何更好地了解和运用相应的会计政策，已成为当务之急。作为行政事业单位的负责人、会计人员，在会计法的要求下，为了保障单位的会计核算和经济决策不碰触我国会计法律制度这一“高压线”，使单位的经济管理有利于单位的发展，会计法规已成为十分必要的学习内容。

作为在校的会计专业、税务专业、工商管理专业、国际贸易专业等经济专业的本科学生，在走上经济工作岗位之前，需要“心中有底”，签合同、开发票、开支票等有什么学问，从事会计工作必须注意什么问题，会计法律制度、税收征管法等法律制度有什么规定，等等，成为会计专业以及其他经济专业的学生必须学习和了解的知识。

全书分为 7 章，以会计法为主线，围绕在会计工作和经济工作中，开展会计和经济工作所必须掌握的我国现行主要的会计法规以及相关的经济法规进行介绍，涵盖的章节分别是：会计法律制度、会计法、支付结算法律制度、税收征收管理法律制度、会计职业道德等与会计工作和管理密切相关的会计规定。同时将企业会计制度、企业会计准则与企业所得税法的差异、新企业会计准则与企业会计制度的科目设置差异等新内容也作为单独的章节做了介绍，目的是帮助学生在了解我国现行会计法规和相关经济法规基本内容的基础上，掌握我国一系列的会计法律制度，尤其是在会计工作中理解和运用会计法规的基本规定，能够在以后的会计工作和经济管理工作中，遵章守法，做一个对国家、对单位、对自己负责的合格的会计人才和经济管理人才。

本书附有《会计法》、《会计基础工作规范》、《企业会计准则——基本准则》等多部现行会计法规，以便学生学习查阅。

需要说明的是，本书所依据的会计法律制度和结算法律制度、税收征管法律等资料，是根据会计法、《会计基础工作规范》、2000 年颁布的《企业会计制度》和 2006 年颁布的 1 项基本准则、38 项具体准则和应用指南及 2007 年新《企业所得税法》等最新颁布的相关法律规定，以及截至 2008 年 11 月我国正式颁布的有效文件，请各位教师授课、读者阅读时，涉及有政策变动的，请以现行会计法规和相关经济法规为准。

为了便于学生和学员参加会计从业资格考试、会计技术职称考试，也为了更好地理解和学习会计相关法律制度内容，本书分别在会计法律制度、支付结算法律制度、税收征收管理法律制度、会计职业道德等章节中单独作为一节内容编写了大量的案例分析。同时，附有配套的免费课件，放在 http：//www. hzbook. com/jfzy. aspx 上，可上网下载。

除第 3 章由云南财经大学商学院赵永宁教授编写外，其余章节均由我编写。

借此机会，特别感谢夏伟编辑的认真负责以及鼓励，我也才敢于在“普法”的同时将自己长期以来的教学体会写在教材中。

本书可以作为大学会计专业、财务管理专业、税收专业本科、各类继续教育本科教材，还可以作为广大会计人员、税收征管和稽查人员、注册会计师、注册税务师、律师和企业管理人员的专业学习参考书。

由于编者学识水平有限，时间较紧，加之会计法规仍在不断改革，书中存在的不足之处，恳请各位读者不吝赐教。

王红云

2008 年 11 月 16 日

教学建议

一、课程简介

《会计法规》是会计专业、财务管理专业、税收等经济专业本科学生，在今后的会计工作和经济工作中，必须了解和掌握的会计法规知识；是集会计、法律、金融、税收等基本知识为一体的基础性学科知识。本课程的任务是让学生了解并掌握我国现行的会计政策、结算法律、税收征管等法律规定和具体操作常识，为今后会计工作和经济工作打下较扎实的基础。

二、选课建议

本课程适合会计专业学生在先修基础会计或会计学课程、经济法课程的基础上，进一步提高会计知识综合分析能力所用。

在会计专业，可以作为一门必修课开设，其他经济专业可以作为全校性任选课程开设。

三、课程任务和教学目标

本课程是集会计、法律、金融、税收等基本知识为一体的基础性学科知识。通过本课程的学习，要求学生了解我国现行会计法规和相关经济法规的基本内容，掌握我国一系列的会计法律制度，尤其是在会计工作中如何理解和运用会计法规的基本规定。在学习和了解的基础上，能够在以后的会计工作和经济管理工作中，遵章守法，做一个对国家、对单位、对自己负责的合格的会计人才和经济管理人才。

四、课程基本要求

在本课程的学习中，要求学生了解会计法律制度、支付结算法律制度、税收征收管理法律、现行的会计政策和税收政策等基本内容，认真学习从事会计工作必须掌握的会计法律制度等基本法律规定，为以后从事会计工作和其他经济工作打下基础。

五、教学内容、目的要求、重点、难点及课时安排

章节	课时	内容	目的要求	重点、难点
第1章	4	会计法律制度概述	了解我国会计法律制度及其构成，了解会计政策的执行现状以及税法的执行现状，同时进一步了解会计政策与相关法律的关系	我国会计法律制度的构成、《企业会计制度》与《企业会计准则》的执行情况
第2章	4	会计法	掌握会计核算、会计监督的会计法律规范，了解会计机构的设置和会计人员的基本配置，了解违反《会计法》应承担的法律责任，并会运用会计法规定进行简单的案例分析	单位一般会计人员、会计主管人员的任用制度；会计交接、管理工作，以及会计档案销毁制度；填制和审核会计凭证、登记账簿、编制财务会计报告的规范要求；会计岗位设置；会计工作的监督检查
第3章	8	支付结算法律制度	（1）掌握支付结算的概念，办理支付结算的基本要求，掌握银行结算账户的概念和种类 （2）了解票据的概念和种类、票据当事人、票据权利与责任、票据行为、票据签章、票据记载事项、票据丧失及补救的有关内容 （3）熟悉银行汇票、商业汇票、银行本票和支票的有关内容，了解汇兑、委托收款、国内信用证的有关内容	银行汇票、商业汇票、银行本票和支票的有关内容
第4章	4	税收征收管理法律制度	了解我国税收法律体系，掌握《税收征管法》的基本内容，了解纳税人、扣缴义务人的权利、义务和法律责任	《税收征管法》的基本内容
第5章	2	财政法规制度	了解预算法律制度的构成，理解预算收入与预算支出，以及政府采购法律制度	政府采购的执行模式
第6章	2	会计职业道德	了解会计职业道德的概念、特点、作用。掌握会计职业道德行为规范中爱岗敬业、诚实守信、廉洁自律、客观公正、坚持准则、提高技能、参与管理、强化服务8项具体要求	会计职业道德行为规范的8项具体内容
第7章	4	新企业会计准则的特点	了解新企业会计准则的特点和基本内容	《企业会计准则》的特点以及执行的现状 企业会计制度与企业会计准则的关系
第8章	4	新企业会计准则与《企业所得税法》的差异	了解《企业会计制度》、《企业会计准则》与所得税法的区别；了解《企业会计准则》在会计科目设置上的特点，便于更好地理解和运用《企业会计准则》	《企业会计准则》在会计科目设置上的特点

注：案例讨论的课时可由教师灵活掌握分配使用，教学时应理论联系实践讲授。

目 录

第1章

会计法律制度概述

教学目的与要求

了解我国会计法律制度及其构成，了解会计政策的执行现状以及税法的执行现状，同时进一步了解会计政策与相关法律的关系。

教学重点与难点

我国会计法律制度的构成、《企业会计制度》与《企业会计准则》的执行情况。

会计法律制度是连接会计理论与会计实务的桥梁和纽带，它既受会计理论的指导和影响，又直接规范和制约会计实务，对单位会计报表和资本市场有着广泛而深刻的影响。随着我国社会主义市场经济的不断发展和会计核算的日益复杂化，会计法律制度的学习、理解和选择在单位管理尤其是企业管理中具有越来越重要的作用。

1.1 会计法律制度的发展

会计的产生和发展经历了很长的历史时期。它是随着社会生产的发展和加强管理的要求产生的，并随着社会经济，特别是市场经济的发展和科学技术的进步而不断完善、提高。会计作为一项记录、计算和考核收支的工作，无论是中国还是外国，都在很早以前就出现了。

会计是以货币为主要计量单位，对单位经济活动进行连续、系统和全面的核算和监督，提供以会计信息为主的经济信息，既为外部有关各方的投资、信贷决策服务，也为内部强化管理和提高经济效益服务，是一个生成和提供会计信息并用于管理的系统，是经济管理的重要组成部分。为满足各方面利益关系的客观要求，会计在处理各种经济业务关系时，必须要有一个具有强制约束力的规范。因此，需要调整经济关系中各种会计关系的会计法的颁布和实施。

对会计法的理解，有广义和狭义之分。

（1）广义的会计法是指国家权力机关和行政机关制定的各种会计规范性文件的总称，即会计法律制度。会计法律制度，是指国家权力机关和行政机关依法制定的各种规范性文件的总称。为了规范会计行为，保证会计信息的真实、可靠和完整，充分发挥会计工作在加强经济管理和财务管理、提高经济效益、维护社会主义市场经济秩序的作用，国家通过制定一系列的法律制度来规范和指导会计工作。包括会计法律、会计行政法规、统一的会计制度和会计地方性法规等。

（2）狭义的会计法仅指国家最高权力机关通过一定立法程序发布施行的会计法律，即《中华人民共和国会计法》（以下简称会计法）。

一般在经济工作中所讲的会计法，主要是指广义的会计法。而本书所讲的会计法是狭义的会计法。

1.2 会计法律制度的调整对象

1. 会计法律制度的概念

会计法律制度是指国家权力机关和行政机关制定的各种会计规范性文件的总称，包括会计法律、会计行政法规、会计规章等。它是调整会计关系的法律规范。

【注意】

法律关系与会计法律关系有区别。法律关系是法律规范调整人们行为过程中形成的，以权利和义务为内容的特殊的社会关系。法律关系由法律关系主体、法律关系内容和法律关系客体三个要素构成。会计法律关系是会计主体在按照会计法律规范进行会计核算和财务管理时所形成的权利与义务关系。

2. 会计法律制度的调整对象

会计法律制度的调整对象是会计行为与会计法律关系。

（1）会计行为：是指在会计法律关系中进行的，会计人员处理会计信息、业务经办人员提供经济往来业务原始凭证、单位负责人决策资金运用等会计法律关系参与者的行为，具体包括会计核算、会计监督和会计管理三类行为。

（2）会计法律关系：是指国家机关、社会团体、公司、企业、事业单位以及外国在我国的常驻机构等其他组织在会计活动中发生的受会计法律规范调整的具体经济关系，它是会计主体在按照会计法律规范进行会计核算和财务管理时所形成的权利与义务关系。

3. 我国会计法律关系的构成

我国会计法律关系由会计法律关系主体、内容和客体三个要素构成。

（1）会计法律关系主体：①国家机关；②经济组织和社会团体；③经济组织的内部机构和有关人员；④个人，又包括个体工商户、农村承包经营户和公民。

（2）会计法律关系内容：①经济权利，如经济职权、经营管理权等；②经济义务，如按时纳税的义务等。

（3）会计法律关系客体：①物，包括固定资产、原材料、库存商品、半成品；②货币，包括现金、银行存款和其他货币资金；③非物质财富，包括无形资产、商誉等；④行为，如会计核算、会计监督和财务管理中，审核原始凭证、编制会计报告、建立财务管理制度等。

1.3 我国会计法律制度的构成

1. 我国法律规范的层次

按照法律的构成、制定机关和效力的不同，我国法律制度可分为以下 5 个层次。

（1）宪法：宪法由全国人民代表大会制定。宪法规定了国家的根本制度和根本任务，是国家的根本大法，具有最高的法律效力。

（2）法律：法律的范畴有广义、狭义之分。广义的法律包括所有由国家制定、认可的法律规范，即等同于法；狭义的法律仅指由国家最高权力机关——全国人民代表大会（以下简称全国人大）及其常设机关——全国人民代表大会常务委员会（以下简称全国人大常委会）制定的规范性文件。本书所讲的法律是狭义的概念，即由国家最高权力机关及其常设机构制定的规范性文件。它具有仅次于宪法的法律效力，是制定其他规范性文件的基本依据。

（3）行政法规：是由国家最高行政管理机关——国务院制定、发布的规范性文件。它通常以条例、办法、规定等具体名称出现。国务院制定的行政法规，其地位仅次于宪法和法律，是一种重要的法的形式。

（4）规章：是国务院各管理部门和地方人民政府在其职权范围内依法制定、发布的规范性文件，其效力低于宪法、法律和行政法规。

（5）地方性法规：省、自治区、直辖市的人民代表大会及其常务委员会在与宪法、法律和行政法规不相抵触的前提下，可以根据本地区情况制定、发布规范性文件，即地方性法规。实行计划单列管理的计划单列市、经济特区的人民代表大会及其常务委员会在宪法、法律和行政法规允许范围内制定的规范性文件，也属于地方性法规。

2. 会计法律制度的构成

我国的会计法律制度包括 4 个层次。

（1）会计法律。

概念：会计法律是指由全国人民代表大会及其常委会经过一定立法程序制定的有关会计工作的法律。

制定者：全国人民代表大会及其常委会。

地位：最高层次，核心地位，主导作用。

典型代表：1999 年 10 月 31 日，第九届全国人民代表大会常务委员会第十二次会议再次对《会计法》做了修订，自 2000 年 7 月 1 日起施行。

【注意】

宪法是我国法律规范的根本大法；《会计法》是我国会计法律规范的最高层次。

（2）会计行政法规。

概念：会计行政法规是指由国务院制定并发布，或者国务院有关部门拟订并经国务院批准发布，调整经济生活中某些方面会计关系的法律规范。

制定者：国务院制定并发布；国务院有关部门拟订并经国务院批准发布。

典型代表：1990 年 12 月 31 日国务院发布的《总会计师条例》、2000 年 6 月 21 日国务院发布的《企业财务会计报告条例》等。

（3）国家统一的会计制度。

概念：国家统一的会计制度是指国务院财政部门根据《会计法》制定的关于会计核算、会计监督、会计机构和会计人员以及会计工作管理的制度。

制定者：国务院财政部门。

典型代表：会计部门规章和会计规范性文件。

1）会计部门规章。

概念：会计部门规章是根据《立法法》规定的程序，由财政部制定并由部门首长签署命令予以公布的制度办法。

制定者：国务院财政部，由部门首长签署命令（财政部第 × × 号令）。

典型代表：2001 年 2 月 20 日以财政部第 10 号令发布的《财政部门实施会计监督办法》、2005 年 1 月 22 日分别以财政部第 26 号、第 27 号令发布的《会计从业资格管理办法》和《代理记账管理办法》、2006 年 2 月 15 日以财政部第 33 号令发布的《企业会计准则——基本准则》等。

2）会计规范性文件。

概念：会计规范性文件是主管全国会计工作的行政部门即国务院财政部门制定并发布的文件。

制定者：国务院财政部门。

典型代表：《企业会计制度》、《小企业会计准则》、《会计基础工作规范》、企业会计准则体系中 38 项具体准则及应用指南、《会计档案管理办法》、《金融企业会计制度》。

①《会计基础工作规范》。1996 年 6 月 17 日财政部发布，适用于国家机关、社会团体、企业、事业单位、个体工商户和其他组织的会计基础工作。主要包括：会计机构的设置和会计人员的配备、会计人员的职业道德、会计工作交接、会计核算的一般要求、会计凭证规则、财务报告规则、会计监督的内容和要求、建立和健全单位内部会计管理制度的内容和要求等。

②《企业会计制度》。2000 年 12 月 29 日财政部发布，适用于不同行业和不同经济成分的境内所有企业，除了不对外筹集资金、经营规模较小的企业和金融保险企业。

③《金融企业会计制度》。2001 年 1 月 27 日财政部发布，适用于境内各类金融企业，包括银行（含信用社）、保险公司、证券公司、信托投资公司、期货公司、基金管理公司、租赁公司、财务公司等。

④《财政部门实施会计监督办法》。2001 年 2 月 20 日以财政部第 10 号令形式发布，适用于国务院财政部门及其派出机构和县级以上地方各级财政部门对国家机关、社会团体、企业、事业单位、个体工商户和其他组织执行《会计法》和国家统一的会计制度的行为实施监督检查以及对违法会计行为实施行政处罚（警告、罚款、吊销会计从业资格证书）。

⑤《小企业会计准则》。2011 年 10 月 18 日，财政部发布，自 2013 年 1 月 1 日起在我国所有小企业范围内施行，鼓励小企业提前执行。同时，《小企业会计制度》废止。

⑥《企业会计准则》。2006 年 2 月 15 日财政部发布了 1 项基本准则、38 项具体准则，2006 年 10 月 30 日发布企业会计准则应用指南，自 2007 年 1 月 1 日起在上市公司施行。2008 年 1 月 1 日起在中央企业执行。这三部分共同构成了中国企业会计准则体系。

【注 意】

上市公司、中央企业、大中企业，还有股票或债券在市场上公开交易的小企业、金融机构或其他具有金融性质的小企业、企业集团内的母公司和子公司只能选择执行《企业会计准则》；而小企业可以选择执行《小企业会计准则》或《企业会计准则》。在《小企业会计准则》中规定小企业，可以执行《小企业会计准则》，也可以执行《企业会计准则》。执行《企业会计准则》的小企业，不得在执行《企业会计准则》的同时，选择执行《小企业会计准则》的相关规定。执行《小企业会计准则》的小企业公开发行股票或债券的，应当转为执行《企业会计准则》；因经营规模或企业性质变化导致不符合《小企业会计准则》规定而成为大中型企业或金融企业的，应当从次年1月1日起转为执行《企业会计准则》。

（4）地方性会计法规。

概念：地方性会计法规是省、自治区、直辖市人民代表大会及其常委会在与会计法律、会计行政法规不相抵触的前提下制定的地方性会计法规。

制定者：省级以上人大及其常委会；计划单列市、经济特区人大及其常委会。

典型代表：《某省会计管理条例》、《某省会计从业资格管理实施办法》等。

目前我国会计法律制度的构成见表 1-1。

表 1-1　目前我国会计法律制度的构成

内　　容	制定颁布机构	常见的法律形式
会计法律	全国人大及其常委会	《会计法》，层次最高的法律规范
会计行政法规	国务院或国务院有关部门拟订，经国务院批准发布	《总会计师条例》 《企业财务会计报告条例》
国家统一的会计制度，包括部门规章和规范性文件	国务院财政部门	①规章：《会计从业资格管理办法》、《企业会计准则——基本准则》 ②规范性文件：《企业会计制度》、38 项具体企业会计准则、《企业会计准则——应用指南》、《小企业会计准则》、《会计基础工作规范》、《会计档案管理办法》等
地方性会计法律制度	省、自治区、直辖市人大及其常委会	《某省会计管理条例》 《某省会计从业资格管理实施办法》

【注 意】

截止到2011年9月，除了上市公司、中央企业执行《企业会计准则》以外，绝大部分企业仍然在执行《企业会计制度》。会计准则和会计制度的关系是：《企业会计准则》代替《企业会计制度》是必然的趋势。2013年1月1日开始财政部规定《小企业会计准则》代替《小企业会计制度》。

所以，企业在会计核算中，凡是在税法中有规定的，必须严格按照税法的有关规定执行，在税法中没有规定的，则按企业执行的会计政策执行，即对外提供的财务会计报告按照财政部等颁布的相关会计政策规定编制，而涉及税金计算和上缴的企业必须按照全国人大或者国家税务总局等颁布的相关税法规定执行，以增强税法的规范性和强制性。

第2章

会计法

教学目的与要求

掌握会计核算、会计监督的会计法律规范，了解会计机构的设置和会计人员的基本配置，了解违反《会计法》应承担的法律责任，并会运用《会计法》的规定进行案例分析。

教学重点与难点

单位一般会计人员、会计主管人员的任用制度；会计工作交接、管理工作，以及会计档案销毁制度；填制和审核会计凭证、登记账簿、编制财务会计报告的规范要求；会计岗位设置；会计工作的监督检查。

会计是一种通用商业活动语言。我国《会计法》从1985年颁布至今已有20多年。在会计工作和经济管理中，《会计法》越来越多地向公众灌输了现代社会中会计必须规范化的基本理念，它已经成为我国经济法制框架中最重要的组成部分之一，而且为其他一些重要的经济法律制度的实施创造了必不可少的条件。

2.1 我国制定《会计法》的基本情况

2.1.1 我国制定《会计法》的原则和阶段

1. 我国制定《会计法》遵循的原则

我国制定《会计法》遵循的原则有4项。

(1) 政策性原则。制定《会计法》必须以党和国家的路线、方针、政策为指导。既要把党和国家的路线、方针、政策体现在《会计法》的各项规定中，使党和国家的路线、方针、政策在《会计法》中具体化，并指导会计工作的顺利进行；同时又需要通过《会计法》

的制定和施行，保障党和国家的路线、方针、政策的顺利实施。

（2）针对性原则。《会计法》的各项规定必须有针对性，针对会计工作中突出的、必须由法律予以解决的问题，以增强《会计法》的操作性和权威性。具体的核算和监督规定由国家统一的会计制度解决，不在法律层次的《会计法》中规定。

（3）普遍性原则。《会计法》不仅适用于企业，而且适用于行政事业单位、机关和其他经济组织。所以，《会计法》的各项规定应是各单位在现在条件下都能做到或者经过努力工作能够做到的基本要求，以保证《会计法》的广泛施行。

（4）规范性原则。《会计法》的各项规定应当科学、规范，明确规定合法与非法的界限，以便于执行。

2. 我国《会计法》的制定、修正和修订阶段

（1）《会计法》的制定、修正和修订的时间。

1）《会计法》从1980年8月开始起草，到1985年1月21日第六届全国人大常委会第九次会议通过，历时4年半。国家主席李先念以第21号主席令公布，自1985年5月1日起施行。

2）第一次修正：1993年12月29日，第八届全国人大常委会第五次会议通过了《关于修改〈中华人民共和国会计法〉的决定》，国家主席江泽民发布第17号主席令予以公布，自公布之日起施行。

3）第二次修订：1999年10月31日，第九届全国人大常委会第十二次会议举行全体会议，表决并通过了经修订的《会计法》，同日，国家主席江泽民发布第24号主席令，公布修订后的《会计法》，自2000年7月1日起施行。第二次修订《会计法》工作，历时1年半。

（2）《会计法》的第一次修正和第二次修订的主要内容。

1）《会计法》第一次修正的主要内容。确立会计工作在发展社会主义市场经济中的地位和作用；扩大《会计法》的适用范围；突出单位领导人的责任；完善会计制度；对法律责任一章做了较大修改，明确了执法部门，增强了可操作性。

2）《会计法》第二次修订的主要内容。突出了规范会计行为，保证会计资料质量的立法宗旨；突出强调单位负责人对本单位会计工作和会计资料真实性、完整性的责任，加大了单位负责人对会计工作的责任；进一步完善会计核算规则，增加和充实了会计核算的总体要求和具体的会计核算方面的规定；对公司、企业会计核算做出了特别规定，增设了第三章“公司、企业会计核算的特别规定”，对公司、企业的会计核算提出了特别要求；进一步加强会计监督制度，分别对单位内部会计监督、社会监督和国家监督问题做出具体规定；规定国有大、中型企业必须设置总会计师；对会计从业资格管理做出了规定；对法律责任一章作了较大修改；列举具体违法行为，以及行政责任的具体形式，以增强可操作性。

【注意】

第一次是修正，第二次是修订。

2.1.2 《会计法》的立法宗旨

立法宗旨，是制定法律时所要体现的内容和精神，所有法律条文的内容都要紧紧围绕法律所要求的立法精神，充分体现立法宗旨所要求的内容。《会计法》第1条规定："为了规范会计行为，保证会计资料真实、完整，加强经济管理和财务管理，提高经济效益，维护社会主义市场经济秩序，制定本法"。明确了《会计法》的立法宗旨。也有人将《会计法》的立法宗旨当做整个会计法律制度的立法宗旨。

1.《会计法》立法的意义

会计是经济管理的组成部分，也是搞好经济工作的基础性工作。只有将会计工作所涉及的基本内容、方法、程序及法律责任进行统一的规范，才能使经济管理有章可循，才能使我们对经济工作各环节的运作有清楚的了解。

对现实工作中出现的会计工作得不到应有的重视，基础工作薄弱，会计资料因人为因素而失真，会计监督软弱无力，违法违纪等问题的处理，仅靠思想教育、行政手段和经济手段很难取得令人满意的效果，靠会计制度来规范这些问题也显得权威性和约束力不够。因此，只有进行会计立法，以法律形式肯定会计工作的地位、作用，规定会计工作的原则和程序，规定违反会计行为应当承担的法律责任，才能保证会计工作在处理各种经济关系中发挥应有的作用。在社会主义市场经济条件下，会计工作作为维护市场经济正常运转的重要手段，更应该加强立法。

2.《会计法》的首要立法宗旨

"规范会计行为，保证会计资料真实、完整"，是《会计法》的首要立法宗旨，《会计法》以立法形式保证会计资料真实、完整。

会计是对单位的经济业务进行确认、计量、记录和报告，并通过所提供的会计资料，做出预测，参与决策，实行监督，旨在实现最优经济效益的一种管理活动。会计不仅是单位内部的一项管理活动，而且是一项社会性的管理活动，因为会计在处理经济业务事项中所涉及的经济利益关系不仅限于本单位内部，还直接或间接地影响单位外部的有关方面的利益。会计资料是政府管理部门、投资者、债权人以及社会公众进行宏观调控、改善经济管理、评价财务状况、防范经营风险、做出投资决策的重要依据，社会各界对会计行为是否规范、会计资料是否真实、完整等问题十分关注。

因此，要求会计作为一项管理活动必须具有普遍约束力的标准，以规范会计行为，保证其提供的会计资料真实、完整，能为各利益关系者普遍认同和接受，这也是维护社会经济秩序正常运转的客观要求。

3.《会计法》的最终宗旨

"加强经济管理和财务管理，提高经济效益，维护社会主义市场经济秩序"，是《会计法》最重要的立法宗旨，也是最终宗旨，即通过立法发挥会计工作的作用。

"规范会计行为，保证会计资料真实、完整"，是发挥会计职能作用的手段和条件，而发挥会计工作在"加强经济管理和财务管理，提高经济效益，维护社会主义市场经济秩序"

中的职能作用，才是会计工作的根本目标。

只有发挥会计工作在“加强经济管理和财务管理，提高经济效益，维护社会主义市场经济秩序”中的作用，“规范会计行为，保证会计资料真实、完整”才有实际意义。

没有规范的会计行为和高质量的会计资料，发挥会计工作在“加强经济管理和财务管理，提高经济效益，维护社会主义市场经济秩序”中的作用也就难以成为现实。

4.《会计法》的适用范围

法律的适用范围，一般是指法律的效力范围，包括以下 3 个方面内容。

(1)《会计法》对人的效力范围。

《会计法》的调整对象是会计机构、会计人员及其领导与会计主管机关及有关机关之间的监督管理关系。

《会计法》适用两类人：一是办理会计事务的单位和个人，即国家机关、社会团体、公司、企业、事业单位和其他组织；二是主管机关和其他有关机关，即各级财政部门以及审计、税务、人民银行、证券监管、保险监管等部门。

【注 意】

①《会计法》没有将“个体工商户”列入适用范围，而是授权财政部另行规定其会计规则。因为个体工商户是一个特殊的经营主体，持有营业执照，但规模小、经营管理不规范，很难做到依法建账和进行会计核算，税务机关对个体工商户的征税大多采取定额征税。所以《会计法》对个体工商户的会计规则另行规定，单独以《个体工商户会计制度》加以规范符合我国的实际情况。②《会计法》将“公司”在适用范围中单列出来。这是从我国实际情况出发所做出的适应性调整。公司作为企业的一种组织形式，应当包括在“企业”中，但在我国，既有企业这种一般组织形式的立法，如《中外合作经营企业法》、《个人独资企业法》等，也有关于有限责任公司、股份有限公司的立法，如《公司法》。我国法律对企业与公司制企业在设立条件、组织机构等方面有不同的要求，特别是对公司制企业的会计规则、信息披露以及违规处罚等方面不同于一般企业，包括刑法在内的一些法律将“公司”作为特定主体与“企业”并列。《会计法》吸收和借鉴了这一做法，以充分体现“公司”与“企业”在会计方面的不同法律要求。

(2)《会计法》的地域适用范围。

法律的地域适用范围，是指法律在所指的地域内适用。我国法律的地域适用范围，大体上有两种：①中华人民共和国领域或境内适用，这是多数法律规定适用的法律；②适用于中华人民共和国领域或管辖的其他海域，这是少数法律规定适用的法律，主要是资源法和海洋环境保护法等。

《会计法》对地域适用范围未作规定。根据我国法律的习惯，应理解为适用中华人民共和国领域。即：①在我国设立的外国独资企业、外商投资企业和外国企业（三资企业）执行我国的会计法律，在中国境外设立的中国投资企业不执行我国的会计法律；②在外国的中国使领馆，执行我国的会计法律，在我国的驻外使领馆，不执行我国的会计法律。

(3)《会计法》在时间上效力范围。

法律在时间上效力范围，是指法律生效和效力终止的时间，以及法律对公布以前的行为是否有追溯既往的效力问题。

从 1985 年 5 月 1 日起，1985 年 1 月 21 日发布的《会计法》发生法律效力。从 1993 年

12 月 29 日起，《会计法》修正后的规定发生法律效力；修正前的规定效力终止。从 2000 年 7 月 1 日起，1999 年 10 月 31 日经修订发布的《会计法》发生法律效力；修订前的《会计法》效力终止。修订后的《会计法》对 2000 年 7 月 1 日以前发生的会计行为，没有追溯力。

2.2 会计工作管理体制

会计工作是一项经济管理活动，为了规范会计工作，保证会计工作在经济管理中发挥作用，政府部门应在宏观上对会计工作进行必要的指导、监督和管理。我国作为社会主义市场经济国家，公有制占主导地位，会计工作在维护社会主义市场经济秩序中有其特殊的作用，基层单位的会计工作在为本单位的经营管理和业务活动服务的同时，要为国家宏观调控服务。

政府部门对会计工作的指导和管理，包括会计政策、标准的制定，政策标准贯彻执行情况的检查，会计专业技术资格的确认和会计从业资格的管理，督促基层单位加强会计工作和提高会计工作水平等内容，从而构成了我国的会计工作管理体制。

我国的会计工作管理体制，主要包括：①明确会计工作的主管部门；②明确国家统一的会计制度的制定权限；③明确对会计人员的管理内容。即主要解决谁管会计工作，谁主管，管什么的问题。

2.2.1 会计工作的主管部门

主管会计工作的部门，是指代表国家对会计工作行使行政管理的政府主管部门。《会计法》第 7 条规定："国务院财政部门主管全国的会计工作，县级以上地方各级人民政府财政部门管理本行政区域内的会计工作。"

1. 国务院财政部门主管会计工作

按照国家机构的设置和权责归属的划分，新中国一成立就在财政部设立专门管理会计工作的机构。几十年来，会计工作一直由财政部门管理，财政部门在管理会计工作方面积累了一定经验；并且会计工作与国家财税工作的关系十分密切，它是确定税基、规范财政收支的重要基础。作为财政部门来主管会计工作，有利于财政工作和会计工作相互结合，更好地为财政工作和其他经济工作服务。

因此，《会计法》充分肯定了财政部门主管会计工作的作用和经验，并以法律形式予以明确。

2. 财政部门主管会计工作是一种责任

财政部门的主要任务是组织财政收入，安排财政支出，实行宏观经济调控。财政部门抓好会计这项基础工作，就能在很大程度上维护财经纪律，抓好增收节支，强化财政管理职能。因为会计秩序混乱，财政制度得不到贯彻执行，必然会造成财政收入流失和支出失控，最终给财政工作带来不利影响。

《会计法》规定财政部门主管会计工作，这是国家法律赋予财政部门的重要责任。

3. 财政部门主管会计工作应遵循“统一领导，分级管理”的原则

“统一领导，分级管理”，是划分会计工作管理权责的重要原则，也体现了管理的效率原则。财政部门主管会计工作，是在统一规划、统一领导的前提下，实行分级负责、分级管理，充分调动地区、部门、单位管理会计工作的积极性和创造性，无论是在国家财政部门与地方财政部门的关系上，还是在财政部门与有关业务主管部门及企事业单位的关系上，都要适当分工并做好协调配合，上级对下级、财政部门对各业务主管部门都不能事无巨细一概包揽。

国务院财政部门在统一规划、统一领导会计工作的前提下，发挥各级人民政府财政部门和中央各部门管理会计工作的积极性；各级人民政府财政部门和中央各业务主管部门应积极配合国务院财政部门管理好本地区、本部门的会计工作；各级人民政府财政部门根据上级财政部门的规划和要求，结合本地区的实际情况，管理本地区的会计工作，并取得同级其他管理部门的支持和配合。

4. 发挥业务主管部门和其他政府管理部门在会计工作中的监管作用

对会计工作的监管，除了发挥财政部门的作用外，还要发挥业务主管部门、审计、税务等政府管理部门的作用。政府管理部门在履行管理职能时，会涉及有关单位的会计事务和会计资料，《会计法》同时也赋予了政府有关管理部门监督检查相关会计事务、会计资料的职责。

由于《会计法》赋予了财政部门对违法单位和个人以行政处罚权，为了使管理权和处罚权相统一，《会计法》将行使行政处罚权的财政部门限定在县级以上财政部门，这样做有利于规范财政部门的行政处罚行为，保证执法质量。

2.2.2 会计制度的制定权限

国家统一的会计制度，是指国务院财政部门根据本法制定的关于会计核算、会计监督、会计机构和会计人员以及会计工作管理的制度。

【注 意】

这里的“制度”与“规章”同义，包括制度、准则、办法等，不能仅理解为制度的名称。《会计法》将习惯称为的“规章”改为“会计制度”，使其规范的内容为规章和会计规范性文件。既是各单位组织会计管理工作和产生相互可比、口径一致的会计资料的依据，也是国家财政经济政策在会计工作中的具体体现。因此，会计制度作为法制化经济管理手段的重要组成部分，必须纳入政府部门的管理范围。

关于会计制度的制定权限有以下 3 点内容。

（1）国家统一的会计制度由国务院财政部门根据《会计法》制定并公布。

（2）对会计核算和会计监督有特殊要求的行业，国务院有关部门依照《会计法》和国家统一的会计制度制定具体办法或者补充规定，报国务院财政部门审核批准。

（3）中国人民解放军总后勤部可以依照《会计法》和国家统一的会计制度制定军队实施国家统一的会计制度的具体办法，报国务院财政部门备案。

有两点需要说明。

（1）法律授权国务院财政部门制定国家统一的会计制度，其他单位和部门没有权利制定国家统一的会计制度。

（2）由国务院财政部门制定并公布国家统一的会计制度，各单位和会计人员应当按照规定要求遵照执行。

【注意】

国务院财政部门制定的国家统一的会计制度应当予以“公布”。这一规定，体现了两层含义：①国务院财政部门有责任和义务及时公布国家统一的会计制度，公布的方式可以是在财政部、各省财政厅的网站或者指定的报刊上登载，广为宣传，便于各单位知晓；②会计工作相关人员应当经常上财政部等相关网站或从有关报刊上了解国家统一的会计制度的规定，不能再沿用传统的看“红头文件”的做法，不能认为没有见到“红头文件”就不执行国家统一的会计制度。会计工作相关人员应知而未知国家统一的会计制度的，因此造成会计行为违法，同样要承担法律责任。

2.2.3 会计人员的管理

会计人员管理制度是指会计行政管理部门与基层会计核算单位、各级会计主管部门之间在会计人员管理方面的权责关系。

1. 各种关系包括的主要内容

（1）会计行政管理部门与基层会计核算单位之间：主要指财政、税务、审计与某单位之间；（2）各级会计主管部门之间：主要指财政、税务、审计等机关之间。

2. 会计人员管理规定

《会计法》第38条规定：“从事会计工作的人员，必须取得会计从业资格证书。”即会计人员必须按照财政部门制定的有关从业资格管理办法的规定，取得会计从业资格证书后，方能从事会计工作，并接受财政部门的管理和监督。

3. 会计机构负责人任职资格管理

对于会计机构负责人任职资格，《会计法》第38条规定：“担任单位会计机构负责人（会计主管人员）的，除取得会计从业资格证书外，还应当具备会计师以上专业技术职务资格或从事会计工作3年以上经历。”

【注意】

会计从业资格证是一般会计人员和会计机构负责人都要求具备的。

4. 其他会计人员管理

财政部门还负责会计专业技术职务资格管理，会计人员评优表彰奖惩，以及会计人员继续教育等管理。

2.2.4 单位内部的会计工作管理

1. 单位负责人对单位会计工作的责任

单位负责人是指单位法定代表人或者法律、行政法规规定代表单位行使职权的主要负责人。

（1）单位负责人对本单位的会计工作和会计资料的真实性、完整性负责。

（2）单位负责人必须在对外报送财务会计报告上签名并盖章，单位负责人应当保证财务会计报告真实、完整。

《会计法》第21条规定："财务会计报告应当由单位负责人和主管会计工作的负责人、会计机构负责人（会计主管人员）签名并盖章；设置总会计师的单位，还须由总会计师签名并盖章。单位负责人应当保证财务会计报告真实、完整。"

（3）单位负责人应当保证会计机构、会计人员依法履行职责，不得授意、指使、强令会计机构、会计人员违法办理会计事项。

（4）单位负责人应当做好单位内部的会计工作管理，组织建立健全有效的内部会计控制制度、内部制约机制，明确会计工作相关人员的权限、工作规程和纪律要求，并及时了解上述制度的执行情况和会计工作相关人员履行职责情况，保证单位负责人的管理意志在各个环节得以实施，保证会计工作相关人员有效防范、控制违法、舞弊。

（5）对各单位会计工作中的违法行为，除追究直接责任人员的法律责任外，还要追究单位负责人的责任。

【例2-1】

某单位负责人为粉饰公司的业绩，授意公司的财务负责人采取虚增收入、延迟费用列支等手段，虚增利润3 000多万元。事发后，该公司的董事长是否能以"会计工作应当由会计机构负责人承担责任、自己不懂会计"为由推脱责任？

【解析】

不能，根据《会计法》的规定，单位负责人对本单位的会计工作和会计资料的真实性、完整性负责；应当保证财务会计报告真实、完整；应当保证会计机构和会计人员依法履行职责，不得授意、指使、强令会计机构和会计人员办理会计事项。

2. 《会计法》将单位负责人作为单位会计工作责任主体的意义

（1）明确单位负责人为本单位会计行为的责任主体，既能约束会计人员，又能约束法人代表本身。

单位负责人代表单位依法行使职权，应当对本单位的一切事务包括会计事务负责。如果由于会计资料是会计人员编制的，就将单位负责人、会计人员、其他人员都作为会计责任主体，或是赋予会计人员以"双重身份"，实际上会造成多重主体、无人负责，导致会计责任制度不科学且不切合实际。明确单位负责人为本单位会计行为的责任主体也能切实根治"官出数字、数字出官"的顽症。

【注 意】

针对单位负责人出差不能签字而报表的报送时效性又很强的情况，单位负责人可以委托别人代签。例如董事长可以委托总经理签字，总经理可以委托副总经理签字，如果这些人都不在，也可以委托单位的财务负责人签字。但是要特别注意，不管谁代签，法律责任还是由单位负责人承担，委托人要对代理人的行为负责。

（2）强调单位负责人为会计责任主体，有利于规范会计行为和保证会计信息质量。

从财政部门组织的会计工作检查情况看，造假账等许多违法会计行为都是在单位负责人的授意、指使、强令下进行的。会计人员除个人贪污、挪用公款等因素外，没有主动为单位做假账的主观动机。因此，强调单位负责人为会计责任主体，抓住了问题的关键，有利于规范会计行为和保证会计信息质量，有利于从根本上解决会计秩序混乱等突出问题。

（3）通过加强单位负责人的法律责任能促使单位负责人认真学习会计法律和业务知识、健全内部会计控制制度。

作为本单位会计行为的责任主体，单位负责人应当负责建立健全有效的内部会计控制制度、内部制约机制，明确会计工作相关人员的职责权限、工作规程和纪律要求，并确保有正常渠道了解上述制度的执行情况和会计工作相关人员履行职责情况，以保证单位负责人的管理意志在各个环节得以实施，保证会计工作相关人员按照经单位负责人认可的程序、要求办理会计事务，保证办理会计事务的规则、程序能够有效防范、控制违法、舞弊等会计行为的发生。

3. 单位负责人在会计工作中的具体做法

（1）单位负责人应当依照会计法律制度的规定，做好单位内部的会计工作管理，组织建立健全有效的内部会计控制制度、内部制约机制，明确会计工作相关人员的权限、工作规程和纪律要求，并及时了解上述制度的执行情况和会计工作相关人员履行职责情况，保证单位负责人的管理意志在各个环节得以实施，保证会计工作相关人员有效防范、控制违法、舞弊等行为。

（2）单位负责人不得授意、指使、强令会计机构和会计人员违法办理会计事项。使单位负责人的工作目标与会计人员的工作目标一致，可以大大缓解以往存在的单位负责人与会计人员之间的矛盾，从而为会计人员创造一个良好的工作环境，保护会计人员更好地开展工作。

（3）对做出显著成绩的会计人员进行表彰奖励。《会计法》第6条规定："对认真执行本法，忠于职守，做出显著成绩的会计人员，给予精神的或者物质的奖励。"这是针对依法做好会计工作的会计人员规定的奖励性保护措施。

2.3　会计核算

会计核算，是会计工作的基本职能之一，是会计工作的中心环节。会计核算是否规范，将直接影响和决定会计信息的质量。《会计法》所规范的会计核算，主要限于事后核算方面的内容，即对基本的会计核算方法和程序只做出原则性的规定，没有做出操作性的规定，也没有过多涉及事前预测、事中控制等管理会计的内容，目的是增强法律规定的适应性。

2.3.1 会计核算的基本规定

会计核算应当依法进行，会计核算必须合法，其程序、方法、会计凭证、会计账簿和会计报告都应按照《会计法》的规定进行。

1. 对会计核算依据的基本要求

《会计法》第9条规定："各单位必须根据实际发生的经济业务事项进行会计核算，填制会计凭证，登记会计账簿，编制财务会计报告。任何单位不得以虚假的经济业务事项或者资料进行会计核算。"

【注意】

经济业务事项包括两类：①经济业务又称经济交易，是指单位与其他单位或个人之间发生的各种经济利益交换，如产品销售；②经济事项是指在单位内部发生的具有经济影响的各类事件，如计提折旧。特别注意的是，并非所有实际发生的经济业务事项都需要进行会计记录和会计核算，例如借款计划。

以实际发生的经济业务事项为依据进行会计核算，是会计核算的重要前提，是会计人员填制会计凭证，登记会计账簿，编制财务会计报告的基础，也是保证会计资料质量的关键。没有经济业务事项，会计核算就失去了对象；以不实甚至虚拟的经济业务事项为核算对象，会计核算就成了没有规范，没有约束，没有科学可言的"魔术"手段，使会计资料不仅没有可信度，反而会误导使用者，侵害利益相关者的利益，扰乱社会经济秩序。

2. 单位进行会计核算必须遵循一定的程序

（1）一切经济业务必须及时办理会计手续。

单位所发生的经济业务，即各单位在生产经营或预算执行等过程中发生并引起资金增减变化的事项，如现金的收付，财物收发结存等；或者虽不引起资金增减变化，但需要在账簿中记录的事项，如费用的合理计算分配，有关账项结转等，都能客观地用货币计价，并影响资产负债表、利润表和现金流量表甚至税金中有关项目的增减变动。各单位对于发生的上述经济业务，都必须及时进行会计记录，办理会计手续，进行账务处理。

（2）办理会计手续由会计人员和经办人员共同进行。

办理会计手续，不仅涉及会计人员，还涉及采购、保管等经办人员以及会计事项有关的其他人员。为了保证会计手续完整、真实，会计人员、经办人员和其他人员要按照规定办理好会计手续，如计量检验、办理财务收支的审批手续，取得或填制原始凭证，经办人员、复核人员和主管人员进行签章等。

（3）会计核算方法应按统一的规范进行。

各单位进行会计核算，要严格按照国家规定的会计制度进行。为加强管理，各单位应该建立健全内部会计控制制度，不能按照不同的核算口径做账外账、两本账。如果单位内部使用的与向外部提供的会计数据不一致，会计核算就失去了意义。这也是法律不允许的，是一种严重违法行为。

2.3.2 会计资料的基本要求

会计资料是在会计核算过程中形成的，记录和反映实际发生的经济业务事项的资料，包括会计凭证、会计账簿、财务会计报告和其他会计资料。会计资料必须符合国家统一的会计制度的规定。

《会计法》第13条规定，“会计凭证、会计账簿、财务会计报告和其他会计资料必须符合国家统一的会计制度的规定。使用电子计算机进行核算的，其软件及其生成的会计凭证、会计账簿、财务会计报告和其他会计资料，也必须符合国家统一的会计制度的规定。任何单位和个人不得伪造、变造会计凭证、会计账簿及其他会计资料，不得提供虚假的财务会计报告。”这是《会计法》在会计资料方面提出的基本要求。

会计资料是记录会计核算过程和结果的重要载体，是反映单位财务状况和经营成果、评价经营业绩、选择合作对象、进行投资决策的重要依据。国家统一的规范会计资料的会计制度比较多，主要有：《会计基础工作规范》、《会计档案管理办法》以及2006年2月15日财政部发布的38项具体会计准则等。针对实际工作中存在的伪造、变造会计资料和提供虚假会计资料的情况，《会计法》从法律的角度，做出了限制性、禁止性规定。

1. 必须保证会计资料的真实性和完整性

各单位必须保证提供的会计资料的真实性和完整性，必须严格执行国家统一规定的会计制度。

真实性是指会计资料所反映的内容和结果应当同本单位实际发生的经济业务内容及其结果相一致。

完整性是指构成会计资料的各项要素都必须齐全，使会计核算能如实、全面地记录和反映经济业务的发生情况，便于会计报表的使用者全面、准确地了解一个单位经济活动情况。

2. 不得伪造和变造会计凭证、会计账簿，不得提供虚假的财务会计报告

伪造会计凭证、会计账簿及其他会计资料，是指以虚假的经济业务事项为前提编造不真实的会计凭证、会计账簿和其他会计资料，即以假充真。这种会计资料所记录和反映的经济业务事项的内容与实际发生的经济业务事项严重相违背，是一种虚假的会计资料，即无中生有。

变造会计凭证、会计账簿及其他会计资料，是指用涂改、挖补等手段来改变会计凭证、会计账簿的真实内容、歪曲事实真相的行为，即篡改事实。

提供虚假财务会计报告，是指通过编造虚假的会计凭证、会计账簿及其他会计资料或直接篡改财务会计报告上的数据，使财务会计报告不真实、不完整地反映真实财务状况和经营成果，借以误导、欺骗会计资料使用者的行为，即以假乱真。

伪造、变造会计资料和提供虚假财务会计报告行为的主体为“任何单位和个人”，这种行为既包括单位及其工作人员为单位内部非法目的而实施的伪造、变造会计资料和提供虚假财务会计报告的行为，也包括为他人伪造、变造会计资料和提供虚假财务会计报告提供方便的行为，是一种严重违法行为。

【例 2-2】

某单位的会计李某采用涂改手段将金额 2 万元的购货发票改为 8 万元，李某的行为是否违反法律规定？属于何种违法行为？

【解析】

李某的行为违反了《会计法》规定，属于变造会计凭证的行为。

2.3.3 会计处理方法和会计政策变更

会计处理方法，一般也称会计核算方法，包括会计确认方法、会计计量方法、会计记录方法和会计报告方法，这些方法共同构成了一个有机整体。

《会计法》第 18 条规定："各单位采用的会计处理方法，前后各期应当一致，不得随意变更；确有必要变更的，应当按照国家统一的会计制度的规定变更，并将变更的原因、情况及影响在财务会计报告中说明。"

一贯性原则，是会计核算的基本原则之一，主要目的是使同一单位不同会计期间的财务会计报告具有可比性。其基本含义为：在确认、计量、记录和报告经济业务事项时所采用的会计原则、会计方法和会计程序前后期应当保持一致。

在某些情况下，针对一项经济业务事项，在会计处理上有许多可供选择的方法，例如对存货发出成本的计价，可以根据实际情况，选择先进先出法、个别计价法和加权平均法等；固定资产的折旧方法，也可根据实际情况选择平均年限法、工作量法或双倍余额递减法、年数总和法等加速折旧法。由于所采用的会计处理方法不同，据此计算出来的结果也会有所差异，产生不同的计算结果。

假如各年度采用的会计处理方法不一致，则有可能造成当年利润高于（或低于）以前年度。这并不代表当年的经营业绩好于往年，因为当年利润的增加只是由于改变了会计处理方法的结果。据此产生的财务会计报告也就不能如实反映各会计年度的实际情况。在实际工作中，一些单位正是通过改变会计处理方法来弄虚作假，粉饰财务会计报告，以达到欺骗投资者、债权人和社会公众的目的，严重扰乱了会计秩序和社会经济秩序。因此，《会计法》强调企业提供的会计信息必须贯彻可比性原则。新企业会计准则中将可比性原则分为两个方面，一方面为纵向可比：同一企业不同时期发生的相同或者相似的交易或者事项，应当采用一致的会计政策，不得随意变更。确需变更的，应当在附注中说明。另一方面为横向可比：不同企业发生的相同或者相似的交易或者事项，应当采用规定的会计政策，确保会计信息口径一致、相互可比。

但是，为了与国际会计准则趋同，有些会计处理方法允许企业根据自己情况做出选择和变动，比如《企业会计准则第 4 号——固定资产》规定："企业应当根据固定资产的性质和使用情况，合理确定固定资产的使用寿命和预计净残值。固定资产的使用寿命、预计净残值一经确定，不得随意变更；"同时又规定："企业应当至少于每年年度终了，对固定资产的使用寿命、预计净残值和折旧方法进行复核。使用寿命预计数与原先估计数有差异的，应当调整固定资产折旧年限。预计净残值预计数与原先估计数有差异的，应当调整预计净残值。固定资产包含的经济利益预期实现方式有重大改变的，应当改变固定资产折旧方法。"

这表明，随着会计改革的深入和《企业会计准则》的实施，国家给了企业根据自身情况更多地选择会计政策的自主权。如何处理由于实施新的会计准则和会计制度引起的会计政策变更对会计信息可比性的影响，以及企业改变会计政策引起的会计信息可比性问题，企业应该根据财政部发布的《企业会计准则——会计政策、会计估计和会计差错更正》认真执行，以最大限度地保证会计信息可比性和会计信息的有用性，便于财务报告使用者更好地理解企业财务状况、经营成果和现金流量等信息。会计人员应不断提高职业判断能力，才能做到既遵守国家的会计政策，又能针对企业和单位的发展需要做出合理的选择和判断，这对当今会计人员的业务技能提出了比较高的要求。

2.4 会计核算的内容

2.4.1 会计核算的基本内容

《会计法》第10条规定："下列经济业务事项，应当办理会计手续，进行会计核算：（一）款项和有价证券的收付；（二）财物的收发、增减和使用；（三）债权债务的发生和结算；（四）资本、基金的增减；（五）收入、支出、费用、成本的计算；（六）财务成果的计算和处理；（七）需要办理会计手续、进行会计核算的其他事项。"

1. 款项和有价证券的收付

款项即货币资金，主要包括库存现金、银行存款和其他货币资金，以及保函押金、各种备用金等。其他货币资金包括外埠存款、银行汇票、银行本票、在途货币资金、信用证存款、保函押金和各种备用金等。有价证券是指以货币表示的，表明投资者拥有债权或所有权的凭证，如股票、国库券、企业债券、金融债券以及其他票证等。

2. 财物的收发、增减和使用

财物主要指原材料、燃料、包装物、低值易耗品、在产品、库存商品、自制半成品、产成品、固定资产等。这些财产物资大都是单位的重要生产设备、生产资料或生活资料，它们的价值较大，在单位的资产总额中占有非常大的比重。

3. 债权债务的发生和结算

债权主要包括应收账款、应收票据、其他应收款、交易性金融资产、长期股权投资等；债务主要包括短期借款、应付票据、应付账款、预收账款、应付职工薪酬、应交税费、应付利润、其他应付款、长期借款、应付债券、长期应付款等。债权、债务是单位日常生产经营和业务活动中经常发生的，是会计核算的重要内容。

4. 资本、基金的增减

资本实际上是指企业的"所有者权益"，即指企业资产扣除负债后由所有者享有的剩余权益。公司的所有者权益又称为股东权益。其来源包括所有者投入的资本、直接计入所有者权益的利得和损失、留存收益等。基金主要是指某些特定用途的资金，如投资基金、社会福利基金（包括职工养老保险金、职工失业保险金、医疗保险金等）、公益性基金（如希望工程基金、中华见义勇为基金等）等。

5. 收入、支出、费用、成本的计算

收入是指企业在日常活动中形成的、会导致所有者权益增加的、与所有者投入资本无关的经济利益的总流入，包括主营业务收入、其他业务收入、事业收入、其他收入等。支出主要是指行政、事业单位在执行预算或计划过程中的各项实际支出，如主营业务成本、其他业务成本、事业支出等。费用是指企业在日常活动中发生的、会导致所有者权益减少的、与向所有者分配利润无关的经济利益的总流出，包括管理费用、财务费用、销售费用等。成本是指企业生产产品和提供劳务等发生的各项直接支出，包括直接工资、直接材料、商品进价以及其他直接支出，直接计入生产经营成本。

收入、费用、成本是互相联系、密不可分的，收入的产生必将配比发生一定的成本和费用。

6. 财务成果的计算和处理

财务成果也称为利润，是指企业在一定会计期间的经营成果。利润包括收入减去费用后的净额、直接计入当期利润的利得和损失等。对利润的计算和处理往往涉及国家、企业、个人三者的经济利益，企业需要根据相关的会计政策进行处理。

7. 需要办理会计手续、进行会计核算的其他事项

《会计法》对会计核算的内容采用列举式方法规定，前六项规定基本上涵盖了会计核算的主要内容，但由于会计业务纷繁复杂，会计改革发展较快，会计核算中仍有可能出现一些新的业务和内容，如企业的股份制改组上市、企业合并、合并会计报表、终止清算、破产清算、资产评估等，对这些业务的核算，也是会计核算不可缺少的内容。

2.4.2 会计年度的基本规定

会计年度，是以年度为单位进行会计核算的时间区间，是反映单位财务状况、核算经营成果的时间界限。通常情况下，一个单位的经营和业务活动总是连续不断进行的，如果等到单位的经营和业务活动全部结束后，才核算财务状况和经营成果，既不利于单位外部利益关系方了解单位的经营情况，也不能满足企业自身经营管理的需要。因此，会计上就将连续不断的经营过程人为地划分为若干相等的时段，分段进行结算，分段编制财务会计报告，分段反映单位的财务状况和经营成果。这种分段进行会计核算的时间区间，会计上称为会计期间。在每一个会计期间终了，结一次账，编制各种会计报表，以反映该期间的财务状况和经营成果。以一年为单位的会计期间，叫做会计年度。

每个国家都根据其经济特点和管理需要，明确会计年度的起止日期。有的国家还设立多个会计年度供单位选择使用。

我国《会计法》第 11 条规定："会计年度自公历 1 月 1 日起至 12 月 31 日止。"我国会计年度采用公历制，这是为了与我国的财政、税务、计划、统计等年度保持一致，从而便于国家宏观经济管理。

【注 意】

①年度中间成立的，从成立之日起至12月31日为一个会计年度；②年度中间清算的，从1月1日起至清算日止为一个会计年度；③季节性单位的，按公历年度作为会计年度。

会计期间的划分有着重要的意义。由于有了会计期间，才产生了本期发生额、期初余额和期末余额；由于有了本期与非本期的区别，才会产生对会计确认、计量和报告的基础权责发生制和收付实现制，才使不同类型的会计主体有了记账的基准。同时，会计期间的划分，使单位连续不断的经营活动分为若干个较短的会计期间，有利于单位及时结清账目，编制财务会计报告，及时提供反映单位经营情况的会计信息，及时满足单位内部加强经济管理的需要。

2.4.3 记账本位币的基本要求

记账本位币，是指单位日常登记会计账簿和编制财务会计报告时用以计量的货币。《会计法》第12条规定："会计核算以人民币为记账本位币。业务收支以人民币以外的货币为主的单位，可以选定其中一种货币作为记账本位币，但是编报的财务会计报告应当折算为人民币。"

1. 会计核算原则上以人民币为记账本位币

人民币是我国的法定货币，在我国具有广泛的流通性。因此，《会计法》以法律形式明确规定我国境内各单位的会计核算以人民币为记账本位币，单位的一切经济业务事项一律通过人民币进行会计核算。

2. 业务收支以人民币以外的货币为主的单位，可以选定其中一种货币作为记账本位币

随着我国对外开放的进一步扩大，外商投资企业不断增多，对外贸易与合作发展迅速，人民币以外的其他币种在一些单位的日常会计核算中明显增多，有的甚至占据了支付的主导地位，如果要求这些单位平时的每笔外币核算业务都折算为人民币计算，不仅影响其经济业务往来，而且也会加大会计工作量。因此，《会计法》做出了业务收支以人民币以外的货币为主的单位，可以选定其中一种货币作为记账本位币的规定，体现了适应性的特点。

3. 编报的财务会计报告必须以人民币反映

以人民币以外的货币为记账本位币的单位，在编制财务会计报告时，应当依据国家统一的会计制度的规定，按照一定的外汇汇率将外币折算为人民币反映，以便于财务会计报告使用者阅读和使用，便于税务、工商等部门通过企业的财务会计报告检查应交税款和进行工商年检等。这是我国宏观经济管理和人民生活的客观要求，也是一国主权的体现。

【注 意】

①人民币是法定的货币，除我国港、澳、台地区外，全国统一使用，人民币作为记账本位币是一个原则，各单位应遵循这一基本原则。②允许以人民币以外货币作为记账本位币只是为方便个别企业会计核算而采取的一种例外处理，只有收支业务以非人民币为主的单位才可以选定一种货币作为记账本位币。以人民币以外的货币作为记账本位币的币种一经选定，不能随意变动。③编制财务会计报告时，应折算为人民币核算。由于人民币与非人民币的汇率变动而产生的汇率折算问题，我国会计制度对此有专门的规定。各单位应按有关会计准则和会计制度的规定进行核算。

记账以人民币“元”为单位。通常，“元”以下还有“角”、“分”、“厘”等。会计核算中，对于“元”以下填写几位数《会计法》未作规定，但财政部发布的《会计基础工作规范》对此作了具体的规定，要求填写到“分”即可。

2.4.4 会计记录文字的基本要求

《会计法》第22条规定：“会计记录的文字应当使用中文。在民族自治地方，会计记录可以同时使用当地通用的一种民族文字。在中华人民共和国境内的外商投资企业、外国企业和其他外国组织的会计记录可以同时使用一种外国文字。”这是对会计记录文字的规定。

【注 意】

①一般情况下，应当使用中文；②在民族自治地方，与中文同用的民族文字只能是一种当地通用的文字；③“三资”企业可以同时使用外文和中文。是“可以”而不是“必须”。当然，“三资”企业也可以只使用中文。

2.4.5 会计凭证、账簿和财务会计报告的基本规定

1. 会计凭证的基本规定

会计凭证，是记录经济业务事项的发生和完成情况，明确经济责任，并作为记账依据的书面证明，是会计核算的重要会计资料，包括原始凭证和记账凭证。填制、审核会计凭证是会计核算工作的首要环节，对会计核算过程、会计资料质量都起着至关重要的作用。

（1）原始凭证的规定。

原始凭证是记录经济业务已经发生、执行或完成，用以明确经济责任，作为记账依据的最初书面证明文件。及时填制或取得原始凭证，是会计核算工作正常进行的前提条件。

《会计法》第14条规定：“所列的经济业务事项，必须填制或者取得原始凭证并及时送交会计机构。”

一般情况下，对于原始凭证的填制和取得有如下要求。

1）从外单位取得的原始凭证必须盖有填制单位的财务专用公章，没有公章的原始凭证不能作为报账的依据。有些特殊的原始凭证，出于习惯或使用单位认为不易伪造，可不加盖公章。但这些凭证一般具有固定的特殊的公认的标志，如车船票、飞机票等。

2）从个人处取得的原始凭证应有填制人员的签名或盖章。一般还应在原始凭证上注明填制原始凭证的个人的经营地点或居住地点。

3）自制原始凭证不一定加盖公章，但一定要有完整的签审手续。自制原始凭证应有经办人、负责人、审核人、签领人的签名或盖章，经办单位负责人所指定人员的签名或盖章也视为有效。

4）对外开出的原始凭证，必须加盖本单位的财务专用章。不盖公章的原始凭证是无效凭证。

5）购买实物的原始凭证，必须有实物验收说明；支付款项的原始凭证，必须有收款单位和收款人的收款证明，付款人不能自己证明自己付出款项。

6）一式几联的原始凭证，必须用双面复写纸复写，并连续编号。因填写错误或其他原因而作废的原始凭证，应加盖“作废”戳记，整份保存，不得缺联。复印的原始凭证不能作为记账凭证的依据。

7）已销货物退回时，实物要验收入库或另作处理。退还款时，要填制退货红字发票。用现金退款时，要取得对方的收款收据；以银行存款退还的，以银行结算凭证记账联作为证明，不得以退货发票代替对方的收据。

8）职工因公借款，应填写单位自制的正式借据，作为记账凭证的附件；职工用报销的差旅费冲销或退还借款时，由出纳人员另开收据或用借款结算联一类单据作为证明。

9）对于经过行政机关批准的经济业务，批文是不可缺少的附件。如需将批文抽出另行保管，可复印一份作为附件替换正式批文。

10）对重要空白原始凭证，应指定专人保管，领用时填写领用单，注明用途、领用单位、领取人以及空白原始凭证的起讫号码。空白原始凭证用完后，要以存根销号。例如空白发货票、空白收款收据，运输企业的空白车票、船票等。

特殊情况下，对于原始凭证的填制和取得有如下要求。

1）购买专控商品，除附有银行转账或汇款凭证、销货方开出的发货票、本单位的购物入库或使用证明外，还必须附有“社会集团购买力专控办公室”签办的批准购买文件。没有批文，虽是真实的，却不合法，不能报账。

2）对于发生频率极高，性质、内容相同，只是每张凭证反映金额不同的原始凭证，在编制记账凭证之前，可按制度规定编制原始凭证汇总表，按经济业务发生的先后顺序号登记原始凭证汇总表，最后加以合计。例如每天收取的押金，向个人开出的销货发票车票报销等。这些原始凭证如果数量不太多，可以附在汇总表后面，如果数量太多，应单独编号装订，妥善保管备查。

3）外单位如需借用本单位的原始凭证，应经本单位负责人同意，但只能提供查阅或复制并办理登记。

4）原始凭证丢失应采取相应措施。对于一般票据，应取得原开出单位盖有公章的证明并经会计机构负责人和单位负责人批准。

对原始凭证进行审核，是确保会计资料质量的重要措施之一，也是会计机构、会计人员的重要职责。

1）会计机构、会计人员必须对原始凭证进行审核，这是法定职责。

2）会计机构、会计人员审核原始凭证应当按照国家统一会计制度的规定进行。审核原始凭证的具体程序、要求，应当由国家统一的会计制度规定。

3）会计机构、会计人员对不真实、不合法的原始凭证有权不予接受，并有权向单位负责人报告，请求查明原因，追究有关当事人的责任。

4）对记载不准确、不完整的原始凭证应予以退回，并要求经办人按照国家统一的会计制度的规定更正、补充。

填制或者取得原始凭证的人员应对原始凭证的内容及真实性、合法性负责。会计机构、会计人员担负审核责任，必须按照国家统一的会计制度的规定对原始凭证进行审核，这是法定责任。审核的依据是国家统一的会计制度。

审核原始凭证有5个具体程序。

1）原始凭证记载的各项内容均不得涂改。随意涂改原始凭证即为无效凭证，不能作为填制记账凭证或登记会计账簿的依据。

2）从个人处取得的原始凭证应当有填制人员的签名或者盖章；自制原始凭证应当有单位负责人或者其指定人员的签名或者盖章。单位在原始凭证上加盖的印章应当合法有效。

3）原始凭证所记载的内容有错误的，应当由出具单位重开或者更正，更正工作必须由原始凭证出具单位进行，在更正处应当加盖出具单位印章；重新开具原始凭证也应当由原始凭证出具单位进行。

4）原始凭证金额有错误的，只能由原始凭证出具单位重开，不能更正。因为原始凭证上的金额是反映经济业务事项情况的最重要的数据，如果允许随便更改，则易产生舞弊，不利于保证原始凭证的质量。

5）对于填制有误的原始凭证，出具单位负有更正和重新开具的法律义务，不得拒绝。

（2）记账凭证的规定。

《会计法》第14条规定：“记账凭证应当根据经过审核的原始凭证及有关资料编制。”

记账凭证是会计人员根据审核无误的原始凭证或汇总原始凭证，用来确定经济业务应借、应贷的会计科目和金额而填制的，作为登记账簿直接依据的会计凭证。

根据原始凭证反映的不同经济业务，对原始凭证加以归类和整理，填制具有统一格式的记账凭证，确定会计分录，并将相关的原始凭证附在后面，这样不仅可以简化记账工作、减少差错，而且有利于原始凭证的保管，并且作为登记账簿的直接依据，便于对账和查账，提高会计工作质量。

《会计法》对编制记账凭证的程序和要求做了规定，突出强调了以下两项原则性的要求：一是记账凭证必须以原始凭证及有关资料为依据编制；二是作为记账凭证编制依据的原始凭证和有关资料必须经过审核确保无误，以保证记账凭证的质量。

【注意】

结账、更正错账不要求附有原始凭证。

记账凭证主要包括填制凭证的日期、凭证编号、经济业务摘要、会计科目、金额、所附原始凭证张数以及记账人员、稽核人员、会计主管人员的签名或盖章等。

记账凭证填制的具体规定有下面9个方面的内容。

1）必须附有原始凭证。填制记账凭证的依据，必须是经审核无误的原始凭证或汇总原始凭证。

2）正确填写摘要。一级科目、二级科目或明细科目，账户的对应关系、金额都应正确无误。

3）记账凭证的日期。对于一笔收付款业务，为了便于登记当天的日记账，记账凭证的日期可以是原始凭证上货币资金收付的实际日期；如果是几笔相同经济业务的汇总，与原始凭证所记的日期不一定一致，可以是填制记账凭证的当天日期。转账凭证通常选择固定的日期或填制记账凭证的那天日期为记账凭证的日期。

4）要根据不同的情况采用不同的记账凭证的编号方法。同一笔经济业务需要填制两张以上凭证的，采用分数编号法。

5）记账凭证上应注明所附的原始凭证张数，以便查核。如果一张原始凭证涉及几张记账凭证，可把原始凭证附在一张主要的记账凭证后面，在未附原始凭证的记账凭证上注明“附件××张，见第××号记账凭证”。如果一张原始凭证所列支出需要几个单位共同负担，应将其他单位负担的部分，开给对方原始凭证分割单，进行结算。对于结账和更正错误的记账凭证可以不附原始凭证。

6）必须按照单位所执行的会计制度规定的会计科目，根据经济业务的性质，编制会计分录，以保证核算的口径一致，便于综合汇总。单位以自制的原始凭证或原始凭证汇总表代替记账凭证的，也必须具备记账凭证应有的项目。

7）在采用“收款凭证”、“付款凭证”和“转账凭证”等专用记账凭证的情况下，凡涉及现金和银行存款的收款业务，填制收款凭证；凡涉及现金和银行存款的付款业务，填制付款凭证；凡涉及转账业务，填制转账凭证。但涉及现金和银行存款之间的划转业务，按规定只填制付款凭证，不填制收款凭证以免重复记账。

8）记账人员、稽核人员、会计主管人员（收、付款凭证有出纳人员）必须在记账凭证上签名或盖章。为了明确责任，应该养成必须是记账凭证填制或稽核完再签名或盖章的习惯，最好是签名，不宜事先签名或盖章。

9）会计人员在填写会计凭证时必须字迹清晰、工整，不得潦草。

【例 2-3】 记账凭证先盖章，容易导致有人钻空子

企业的现金应由专职的出纳员保管。现金的收支应由出纳员根据收付款凭证办理，业务办理完毕后由出纳员在有关的凭证上签字盖章。这是现金收支业务的正常账务处理程序。但在某实业公司，企业的现金由会计人员张某保管，现金的收支也由他办理，甚至该企业的记账凭证也是由出纳员罗某先盖好印章放在张某那里，这给张某作弊提供了可乘之机。张某借用盖好章的记账凭证，编造虚假支出，贪污公款 1.4 万余元。

记账凭证的审核包括以下两个方面。

1）合规性审核。审核记账凭证是否附有原始凭证，原始凭证是否齐全，内容是否合法，记账凭证所记录的经济业务与所附原始凭证所反映的经济业务是否相符。

2）技术性审核。审核记账凭证的应借、应贷科目是否正确，账户对应关系是否清晰，所使用的会计科目及其核算内容是否符合会计制度的规定，金额计算是否准确，摘要是否填写清楚，项目填写是否齐全，包括日期、凭证编号、二级和明细会计科目、附件张数以及有关人员签章等。

记账凭证示样见图 2-1。

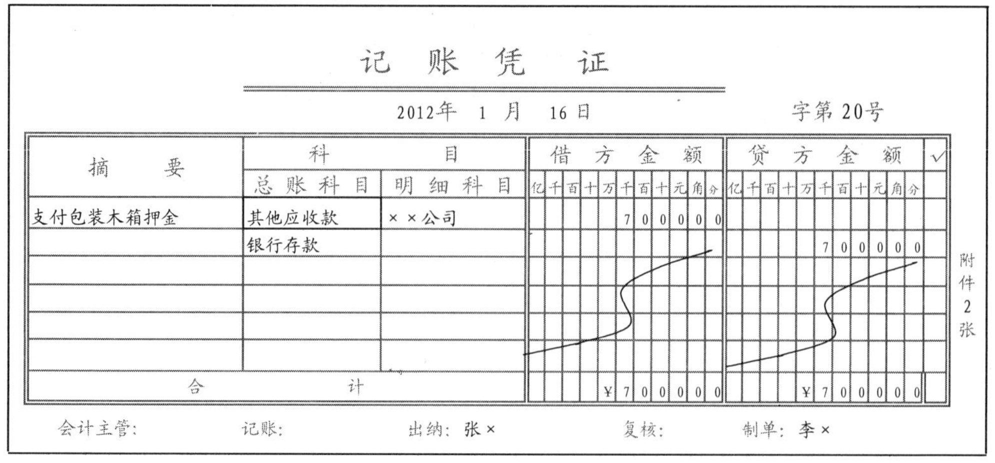

记 账 凭 证

2012年 1 月 16 日　　　　字第20号

摘要	科目		借方金额	贷方金额	✓
	总账科目	明细科目	亿千百十万千百十元角分	亿千百十万千百十元角分	
支付包装木箱押金	其他应收款	××公司	700000		
	银行存款			700000	
合计			¥700000	¥700000	

附件2张

会计主管：　记账：　出纳：张×　复核：　制单：李×

图 2-1

2. 会计账簿的基本规定

会计账簿是由一定格式、相互联系的账页所组成，用来序时、分类地全面记录和反映一个单位经济业务事项的会计簿籍，是会计资料的主要载体之一，也是会计资料的重要组成部分。依法设置会计账簿，是单位进行会计核算的最基本的要求。具体来说，会计账簿是按照会计科目开设账户、账页，以会计凭证为依据，用来序时和分类地登记有关经济业务的簿籍。

《会计法》第 16 条规定："各单位发生的各项经济业务事项应当在依法设置的会计账簿上统一登记、核算，不得违反《会计法》和国家统一的会计制度的规定私设会计账簿登记、核算。"按照《税收征收管理办法实施细则》第 17 条规定："从事生产经营的纳税人应当依照税收征管法第 12 条规定，自领取营业执照之日起十五日内设置账簿。"

（1）依法设置会计账簿的规定。

《会计法》之所以规定各单位按照国家统一的会计制度的规定设置会计账簿，是由会计账簿在会计工作和经济管理中的重要作用所决定的。设置会计账簿并在会计账簿上进行登记，把大量的、分散的数据或资料进行归类整理，逐步加工为有用的会计信息，有利于全面、系统地记录和反映一个单位的经济业务；会计账簿记录是编制会计报表的主要依据，会计报表中提供的会计资料是否可靠，会计报表的编制和报送是否及时，都同会计账簿的设置和登记有密切的联系；会计账簿是审计工作的重要依据，是重要的经济档案；在规模大的单位，设置会计账簿，有利于会计工作的分工。因此，各单位必须按照规定设置并登记会计账簿，不能不设会计账簿，更不能搞账外账。

（2）会计账簿的分类。

会计账簿的种类很多，在会计教科书中都有比较详细的阐述，但会计账簿的内容在有关会计法规中却没有相关的规定，尤其是进行会计电算化后，有的企业对会计账簿的划分不重视，这就容易造成会计账簿之间的核对相符工作名存实亡。实际上，会计账簿在单位管理中尤其是企业管理中常常发挥不可低估的作用。

1）总账，也称总分类账，是按照一级科目分类，连续地记录和反映资金增减变化、成本与利润情况的账簿，所有会计主体都必须设置总分类账。总分类账的格式一般为三栏式，外表形式为订本式账簿。

2）明细账，也称明细分类账，是用来登记某一类经济业务的账簿。各种明细账是根据实际需要，分别按照二级科目或明细科目开设的账户。明细账反映经济活动详细情况，提供较全面的核算资料，以满足经营管理的需要。根据其反映的经济业务的类别不同，明细分类账分为三栏式、数量金额式和多栏式，外表形式为活页式账簿。

3）日记账，也称序时账，包括现金日记账和银行存款日记账。日记账是各单位加强现金和银行存款管理的重要账簿。格式一般为三栏式，外表形式为订本式账簿。

4）其他辅助账簿，也称备查账簿，是为备忘备查而设置的。

应收票据明细账见图 2-2。

应收票据 明 细 账

二级科目或明细科目：×××商贸有限公司

2012年		凭证		摘要	借方										贷方										借或贷	余额										√
月	日	种类	号数		千	百	十	万	千	百	十	元	角	分	千	百	十	万	千	百	十	元	角	分		千	百	十	万	千	百	十	元	角	分	
1	7	记	1	销售吸尘器				2	3	4	0	0	0	0											借				2	3	4	0	0	0	0	

图 2-2

（3）登记会计账簿的基本要求。

依据《会计基础工作规范》第60条规定，登记会计账簿的基本要求包括以下几个方面内容。

1）准确完整。登记会计账簿时，应当将会计凭证日期、编号、业务内容摘要、金额和其他有关资料逐项记入账内，做到数字准确、摘要清楚、登记及时、字迹工整。每一项会计事项，一方面要记入有关的总账，另一方面要记入该总账所属的明细账。账簿记录中的日期，应该填写记账凭证上的日期；以自制的原始凭证，如收料单、领料单等，作为记账依据的，账簿记录中的日期应按有关自制凭证上的日期填列。登记账簿要及时，但对各种账簿的登记间隔应该多长，《会计基础工作规范》未做统一规定。一般说来，可以根据各单位所采用的具体会计核算形式来定。

2）注明记账符号。登记完毕后，要在记账凭证上签名或者盖章，并注明已经登账的符号，表示已经记账。在记账凭证上设有专门的栏目供注明记账的符号，以免发生重记或漏记。

3）书写留空。账簿中书写的文字和数字上面要留有适当空格，不要写满格，一般应占格距的二分之一。这样，一旦发生登记错误，能比较容易地做出更正，同时也方便查账工作。

4）正常记账使用蓝黑墨水。登记账簿要用蓝黑墨水或者碳素墨水书写，不得使用圆珠笔（银行的复写账簿除外）或者铅笔书写。在会计上，数字的颜色是重要的语素之一，它同数字和文字一起传达出会计信息。如同数字和文字错误会表达错误的信息，书写墨水的颜色用错了，其导致的概念混乱也不亚于数字和文字错误。

5）顺序连续登记。各种账簿按页次顺序连续登记，不得跳行、隔页。如果发生跳行、隔页，应该将空行、空页画线注销，或者注明“此行空白”、“此页空白”，并由记账人员签名或者盖章，防范在账簿登记中可能出现的漏洞。

6）结出余额。凡需要结出余额的账户，结出余额时，在“借或贷”等栏内写明“借”或者“贷”字。对于没有余额的账户，在“借或贷”等栏内写“平”字，并在余额栏“元”的位置用“0”表示。现金日记账和银行存款日记账必须逐日结出余额。

7）承前启后。每一账页登记完毕结转下页时，应当结出本页合计数及余额，写在本页最后一行和下页第一行有关栏内，并在摘要栏内注明“过次页”和“承前页”字样；也可以将本页合计数及金额只写在下页第一行有关栏内，并在摘要栏内注明“承前页”字样。

8）定期打印。实行会计电算化的单位，总账和明细账应当定期打印；发生收款和付款业务的，在输入收款凭证和付款凭证的当天必须打印出现金日记账和银行存款日记账，并与库存现金核对无误。

【注 意】

使用红墨水的限制条件有以下5个方面：

①按照红字冲账的记账凭证，冲销错误记录。

②在不设借贷等栏的多栏式账页中，登记减少数。

③在三栏式账户的余额栏前，如未印明余额方向的，在余额栏内登记负数余额。

④根据国家统一会计制度的规定可以用红字登记的其他会计记录。

⑤在“应交税费——应交增值税”的核算中，可以在“进项税额”专栏中用红字登记退回所购货物应冲销的进项税额；在“已交税金”专栏中用红字登记退回多交的增值税额；在“销项税额”专栏中用红字登记退回销售货物应冲销的销项税额，以及在“出口退税”专栏中用红字登记出口货物办理退税后发生退货或者退关而补交已退的税款。

3. 财务会计报告的规定

在会计资料中，会计法律制度对财务会计报告的规定是最多的，从法律层次到行政法规层次，再到统一的会计制度层次，对财务会计报告都有相应的规定。

（1）不同的会计政策对财务会计报告的定义。

财务会计报告，是企业和其他单位向有关方面及国家有关部门提供财务状况和经营成果的书面文件。不同的会计政策对财务会计报告的定义规定也不一样。

1）《会计法》第20条规定：“财务会计报告由会计报表、会计报表附注和财务情况说明书组成。”

2）《企业财务会计报告条例》第1条规定：“财务会计报告，是指企业对外提供的反映企业某一特定日期财务状况和某一会计期间经营成果、现金流量的文件。”

3）《企业会计准则——基本准则》第44条规定：“财务会计报告是指企业对外提供的反映企业某一特定日期的财务状况和某一会计期间的经营成果、现金流量等会计信息的文件。”财务会计报告包括会计报表及其附注和其他应当在财务会计报告中披露的相关信息和资料。会计报表至少应当包括资产负债表、利润表、现金流量表等报表。在具体企业会计准则中还有相关的几个准则也对此做出了规定。

【注 意】

修订后的《会计法》将过去常常称为的“会计报表”一词统一改为“财务会计报告”。主要是因为：①“财务会计报告”的内涵比“会计报表”大，前者包括了后者，用“财务会计报告”替代“会计报表”，不会缩小单位应提供信息的范围；②根据我国实际情况，会计报表往往是与一些不能分割的其他组成部分（如会计报表附注）一并提供的，只提会计报表，容易引起误解；③“财务会计报告”与国际通用的提法财务会计报告（financial report，直译为“财务报告”）基本一致，便于与国外沟通。

（2）财务会计报告的编制要求。

《会计法》第20条规定：“财务会计报告应当根据经过审核的会计账簿记录和有关资料编制，并符合本法和国家统一的会计制度的编制要求、提供对象和提供期限的规定；其他法律、行政法规另有规定的，从其规定。……向不同的会计资料使用者提供的财务会计报告，其编制依据应当一致。”这是对会计报表编制、报送、审计以及签章程序原则性的规定，是会计核算工作的重要环节。

1）依据经过审核的会计账簿和有关资料编制财务会计报告，是保证财务会计报告质量的重要环节。财务会计报告不能凭空而来或凭领导的“意志”而来，作为其编制依据的会计账簿和其他有关资料必须是真实的、完整的，而严格的审核正是一个不可或缺的重要环节。

2）财务会计报告的编制要求、提供对象和提供期限应当符合法定要求。这里的“法”，主要指《会计法》和国家统一的会计制度，其他法律（如《公司法》）、行政法规（如《税收征管法实施细则》）另有规定的，各单位也应当认真执行。

3）向不同的会计资料使用者提供的财务会计报告，其编制依据应当一致。这是《会计法》针对实际工作中为达到非法目的而编制多套财务会计报告而做出的强制性规定。在实际工作中，一些单位在提供财务会计报告时，往往存在“见什么人，说什么话”的现象，报给税务部门的是一套经营业绩较差的财务会计报告，目的是为了少纳税；报给主管部门和银行的是一套粉饰过的、业绩好的财务会计报告，目的是为了获得表彰、奖励和贷款；等等。以不同的依据编制的财务会计报告，实际上都是虚假的财务会计报告。编制虚假的财务会计报告是一种严重的违法行为，必须依法制止和惩治。

4）财务会计报告的编制依据、编制要求、提供对象和提供期限等具体要求，由国家统一的会计制度规定。由于财务会计报告的编制技术性和政策性都很强，内容具体，要求很细，且需要根据财务会计报告使用者的要求和国家政策变化的情况等及时做出补充、完善，因此，对这些问题《会计法》没有具体规定，《会计法》对财务会计报告的组成、编制依据、注册会计审计、签章仅做了原则性的规定。2000年6月29日国务院颁布的《企业财务会计报告条例》，也对财务会计报告作了原则性的规定。2006年2月财政部颁布的具体企业会计准则对企业会计报表的编制作了操作性的规定。

（3）年度会计报表审计的规定。

由注册会计师对财务会计报告进行审计，这是保证财务会计报告质量的重要措施，也是便于财务会计报告使用者有效利用财务会计报告的重要手段。《会计法》第20条规定：“有关法律、行政法规规定财务会计报告须经注册会计师审计的，注册会计师及其所在的会计师事务所出具的审计报告应当随同财务会计报告一并提供。”注册会计师通过对财务会计报告的全面审计，客观、公正地评价财务会计报告的内容是否真实、完整，向投资者、债权人等财务会计报告使用者提供鉴证服务，并承担相应的法律责任。

一般情况下，财务会计报告的使用者由于受专业水平、信息取得成本等因素的限制，无从了解财务会计报告的内容是否真实、完整，注册会计师却能够站在中介角度，通过对财务会计报告的全面审计，客观、公正地评价财务会计报告的内容是否真实、完整，向投资者、债权人、国家有关部门等财务会计报告使用者提供鉴证服务，并承担相应的法律责任。

需要经过会计师事务所进行年度会计报表审计的单位包括以下4种企业。

1）国有企业。2000年12月财政部在《关于国有企业年度会计报表注册会计师审计若干问题的通知》中规定：国有企业的资产负债表、利润表、现金流量表和其他附表以及会计报表附注，应于年度终了在规定的时间内，委托中国注册会计师和境内会计师事务所进行全面审计。财政部规定的不实行注册会计师审计制度的企业是：部分军工企业、国家物资、粮食及副食品三种储备企业、监狱劳教企业、新疆生产建设兵团、黑龙江垦区和边境农场以及企业在境外投资兴办的企业。

2）外商投资企业。根据《中外合资经营企业法》、《中外合作经营企业法》及其实施条例（细则）以及有关外商投资企业税法的有关规定，外资企业的验资业务、会计报表的审计业务，必须由中国注册会计师办理。

3）股份制企业。根据《公司法》、《证券交易与管理条例》及《证券披露规则》等国家法律、行政法规的规定，股份制企业的改组审计，年度会计报表审计，中期会计报表审计，合并、分立及解散清算会计报表审计业务，必须由会计师事务所和中国注册会计师办理。

4）其他企业。其他企业是指以上三种企业以外的集体企业和私营企业。根据《公司法》和国家有关法律、法规的规定，其他企业对外报送的会计报表，已经开始按规定委托注册会计师进行审计。

（4）财务会计报告的签章程序和责任主体的规定。

《会计法》第21条规定：“财务会计报告应当由单位负责人和主管会计工作的负责人、会计机构负责人（会计主管人员）签名并盖章；设置总会计师单位的，还须由总会计师签名并盖章。单位负责人应当保证财务会计报告真实、完整。”

1）在财务会计报告上签章是明确责任的重要程序。

以公司制企业为例，公司董事长（法定代表人）、总会计师、会计机构负责人（会计主管人员）应当在财务会计报告上签章，主管会计工作的负责人如总经理也需要在财务会计报告上签章。原因有以下3点。

第一，会计机构负责人、会计主管人员、总会计师直接主管会计工作，对会计报表数据的合法、真实、准确、完整必须负有直接责任。

第二，单位负责人是一个单位的最高管理者，必须对本单位的一切经济活动和管理工作全面负责，对会计报表数据的合法、真实、准确、完整负有直接责任。

第三，公司总经理负责日常经营管理活动。在实际工作中，许多具体的经济业务事项都是在公司总经理的指挥下进行的，公司总经理也往往是现实中一些造假账等问题的重要指挥者，所以应该对外提供的财务会计报告承担一定责任。因此，《会计法》中增设了财务会计报告的签章人——主管会计工作的负责人。

2）在财务会计报告签章程序上强调的是签名并且盖章，两者都是必要的。

这有很强的针对性。在实际工作中，许多单位负责人将在财务会计报告上签章视为一种手续，甚至是多余的手续，有的将个人印章干脆放在会计机构，由会计人员来操作。当有些单位的财务会计报告因内容虚假而被追究责任时，单位负责人往往以“章又不是我盖的，我不承担责任”为由而推脱。为了严格程序，督促单位负责人和其他负责人重视会计工作，明确责任，《会计法》在财务会计报告签章程序上强调的是签名并且盖章。而对于记账凭证签章程序的要求是签名或者盖章，二者选一即可。

【注 意】

《会计法》将在财务会计报告上的签章程序明确为“签名并盖章”是因为签名必须由当事人亲自书写，无法由他人替代，这样可以督促签章人直接接触财务会计报告，而无法以其他借口推脱对财务会计报告的责任。

3）单位负责人是对外提供财务会计报告的责任主体。

要求单位有关负责人员在财务会计报告上签章，这是督促有关责任人认真对财务会计报告内容负责的一种程序上的措施，如果责任主体不明确或责任主体过多，就会造成无法追究责任，可能发生签章人员之间互相推脱责任的现象。

《会计法》第21条规定“单位负责人应当保证财务会计报告真实、完整”，与《会计法》第4条“单位负责人对本单位的会计工作和会计资料的真实性、完整性负责”的规定是相呼应的，以使单位负责人对本单位会计工作和会计资料的真实性、完整性的责任得以具体化。

这就要求，单位负责人一方面要支持会计人员的工作，督促会计人员搞好正常的会计核算，按规定编制会计报表，另一方面要对会计人员编制的会计报表进行认真审核，确保会计报表数据的合法、真实、准确、完整。

【例2-4】 **郑百文提供虚假财务会计报告，导致单位负责人受到审判**

2002年11月17日上午，在郑州市中级人民法院大审判庭，郑州百文股份有限公司（简称“郑百文公司”）提供虚假财务报告一案开庭审理。上午10时，郑百文公司原董事长李福乾、原公司总经理兼家电分公司经理卢一德、原公司财务处主任都群福被带上了审判法庭。原告指出，被告人李福乾作为郑百文公司董事长、法人代表，在听取总经理卢一德、财务处主任都群福汇报1997年年度经营亏损，并看到1997年年底第一次汇总的财务报表也显示亏损的情况下，仍召集会议，指示财务部门和家电分公司完成年初下达的销售额80亿元，盈利8 000万元的“双八”目标。随后，作为财务主管的都群福指示总公司财务人员，将各分公司所报当年财务报表全部退回做二次处理，都群福明确提出要求不准显示亏损。二次报表出来后，显示公司完成利润指标。为了顺利通过审计，总经理卢一德亲赴四川，与厂家签订了两份返利协议，造成虚提返利1 897万元。对于被指控的犯罪事实，3名被告人在法庭上一致表示认罪，没有做过多辩护。

会计报表见表2-1～表2-4。

表2-1　资产负债表（《企业会计准则》）

企业01表

编制单位：　　　　　　　　　　年　月　日　　　　　　　　　　单位：元

资　产	行次	期末余额	年初余额	负债和所有者权益（或股东权益）	行次	期末余额	年初余额
流动资产：	1			流动负债：	36		
货币资金	2			短期借款	37		
交易性金融资产	3			交易性金融负债	38		
应收票据	4			应付票据	39		
应收账款	5			应付账款	40		
预付账款	6			预收账款	41		
应收股利	7			应付职工薪酬	42		
应收利息	8			应交税费	43		
其他应收款	9			应付利息	44		
存货	10			应付股利	45		
其中：消耗性生物资产	11			其他应付款	46		
一年内到期的非流动资产	13			预计负债	48		
其他流动资产	14			一年内到期的非流动负债	49		
流动资产合计	15			其他流动负债	50		
非流动资产：	16			流动负债合计	51		
可供出售金融资产	17			非流动负债：	52		
持有至到期投资	18			长期借款	53		
投资性房地产	19			应付债券	54		
长期股权投资	20			长期应付款	55		
长期应收款	21			专项应付款	56		
固定资产	22			递延所得税负债	57		
在建工程	23			其他非流动负债	58		
工程物资	24			非流动负债合计	59		
固定资产清理	25			负债合计	60		
生产性生物资产	26			所有者权益（或股东权益）：	61		
油气资产	27			实收资本（或股本）	62		
无形资产	28			资本公积	63		
开发支出	29			盈余公积	64		
商誉	30			未分配利润	65		
长摊待摊费用	31			减：库存股	66		
递延所得税资产	32			所有者权益（或股东权益）合计	67		
其他非流动资产	33				68		
非流动资产合计	34				69		
资产总计	35			负债和所有者（或股东权益）合计	70		

表2-2 利润表（《企业会计准则》）

会企02表
编制单位：　　　　年　月　　　　单位：元

项　目	行次	本年金额	上年金额
一、营业收入			
减：营业成本			
营业税金及附加			
销售费用			
管理费用			
财务费用（收益以“－”号填列）			
资产减值损失			
加：公允价值变动净收益（净损失以“－”号填列）			
投资净收益（净损失以“－”号填列）			
二、营业利润（亏损以“－”号填列）			
加：营业外收入			
减：营业外支出			
其中：非流动资产处置净损失（净收益以“－”号填列）			
三、利润总额（亏损总额以“－”号填列）			
减：所得税费用			
四、净利润（净亏损以“－”号填列）			
五、每股收益：			
（一）基本每股收益			
（二）稀释每股收益			

表2-3 资产负债表（《小企业会计准则》）

会小企01表
编制单位：　　　　年　月　日　　　　单位：元

资　产	行次	期末余额	年初余额	负债和所有者权益	行次	期末余额	年初余额
流动资产：				流动负债：			
货币资金	1			短期借款	31		
短期投资	2			应付票据	32		
应收票据	3			应付账款	33		
应收账款	4			预收账款	34		
预付账款	5			应付职工薪酬	35		
应收股利	6			应交税费	36		
应收利息	7			应付利息	37		
其他应收款	8			应付利润	38		

（续）

资　　产	行次	期末余额	年初余额	负债和所有者权益	行次	期末余额	年初余额
存货	9			其他应付款	39		
其中：原材料	10			其他流动负债	40		
在产品	11			流动负债合计	41		
库存商品	12			非流动负债：			
周转材料	13			长期借款	42		
其他流动资产	14			长期应付款	43		
流动资产合计	15			递延收益	44		
非流动资产：				其他非流动负债	45		
长期债券投资	16			非流动负债合计	46		
长期股权投资	17			负债合计	47		
固定资产原价	18						
减：累计折旧	19						
固定资产账面价值	20						
在建工程	21						
工程物资	22						
固定资产清理	23						
生产性生物资产	24			所有者权益（或股东权益）			
无形资产	25			实收资本（或股本）	48		
开发支出	26			资本公积	49		
长期待摊费用	27			盈余公积	50		
其他非流动资产	28			未分配利润	51		
非流动资产合计	29			所有者权益（或股东权益）合计	52		
资产总计	30			负债和所有者权益（或股东权益）总计	53		

表2-4　利润表（《小企业会计准则》）

会小企02表

编制单位：　　　　　　　　年　月　　　　　　　　单位：元

项　　目	行次	本年累计金额	本月金额
一、营业收入	1		
减：营业成本	2		
营业税金及附加	3		
其中：消费税	4		
营业税	5		
城市维护建设税	6		
资源税	7		

（续）

项　　目	行次	本年累计金额	本月金额
土地增值税	8		
城镇土地使用税、房产税、车船税、印花税	9		
教育费附加、矿产资源补偿费、排污费	10		
销售费用	11		
其中：商品维修费	12		
广告费和业务宣传费	13		
管理费用	14		
其中：开办费	15		
业务招待费	16		
研究费用	17		
财务费用	18		
其中：利息费用（收入以“－”号填列）	19		
加：投资收益（损失以“－”号填列）	20		
二、营业利润（亏损以“－”号填列）	21		
加：营业外收入	22		
其中：政府补助	23		
减：营业外支出	24		
其中：坏账损失	25		
无法收回的长期债券投资损失	26		
无法收回的长期股权投资损失	27		
自然灾害等不可抗力因素造成的损失	28		
税收滞纳金	29		
三、利润总额（亏损总额以“－”号填列）	30		
减：所得税费用	31		
四、净利润（净亏损以“－”号填列）	32		

2.4.6 公司、企业会计核算的特别规定

《会计法》增加了对公司、企业会计核算的特别规定，并且作为单独的一章。这一章共3条，规定了两方面的内容：①如何对经济业务进行确认、计量和记录；②明确了哪些是违反会计法规的行为。这一章的规定，加大了对公司、企业会计行为执法的力度。使会计人员有法可依，依法行事，明确责任。之所以要对公司、企业的会计核算单独做出规定，主要是因为公司、企业与其他单位有较大的区别。

（1）公司、企业是盈利性的经济组织，为了追求经济利益，进行虚假会计核算的动机比其他单位强；

（2）公司、企业的会计核算比其他组织的会计核算复杂，因而需要更多和更明确的规定；

（3）公司、企业会计的法律要求不同于其他单位，我国的公司法、证券法对公司、企业的会计行为有更多的特别规定；

（4）对公司、企业会计核算的监管是我国会计工作管理的重点。

公司、企业的会计行为影响到国家、投资者和潜在投资者、债权人、社会公众的利益，影响资金市场乃至整个社会经济秩序的稳定。从目前的情况看，会计秩序混乱的问题在公司、企业中更为突出。

2.4.7 财产清查制度

《会计法》第17条规定："各单位应当定期将会计账簿记录与实物、款项及有关资料相互核对，保证会计账簿记录与实物及款项的实有数额相符、会计账簿记录与会计凭证的有关内容相符、会计账簿之间相对应的记录相符、会计账簿记录与会计报表的有关内容相符。"对账工作每年至少进行一次。

会计账簿与实物、款项及其相关资料核对，通常被称做"财产清查"。这是会计核算工作的一项重要程序，特别是在编制年度会计报表之前，必须进行财产清查，并对账实不符的问题根据有关规定正确地进行会计处理，以保证会计报表的数据真实、准确。

1. 财产清查的方式

财产清查制度是通过定期或不定期、全面或部分地对库存现金、财产物资进行实地盘点，与银行提供的银行对账单进行银行存款核对，与债权债务方进行询证核对的一种清查核对制度。

《会计法》第29条规定："会计机构、会计人员发现会计账簿记录与实物、款项及有关资料不符的，按照国家统一的会计制度的规定有权自行处理的，应当及时处理；无权处理的，应当立即向单位负责人报告，请示查明原因，做出处理。"

2. 财产清查的作用

通过建立财产清查，可以发现财产管理工作存在的问题，以便查清原因，改善经营管理，保护财产的完整与安全；通过清查，可以确定各项财产的实存数，以便查明实存数与账面数是否相符，并查明不符的原因和责任，制定措施，做到账实相符，保证会计资料的真实性。

【例2-5】 保险公司进行财产清查，减少赔偿损失

某厂2007年12月26日发生一起重大火灾，一座三层楼房的第一、第五车间和一个劳动保护用品库被大火烧毁，造成了该厂固定资产和流动资产的巨大损失。该厂组成的财产损失核算小组对火灾事故造成的财产损失数额上报为464万元，其中流动资产损失174万元。为了查明该厂火灾事故造成的财产损失数额，该厂投保的保险公司对该厂发生火灾造成的损失进行鉴定。保险公司运用财产清查中的实地清查法对该厂的生产成本账、成本计算单和火灾前后的在产品盘点表和流动资产损失表等进行核对，并且对厂财务科提供的供销科劳动保护用品仓库损失表及其明细表进行了复核，得出结论，该厂火灾事故造成的财产损失总金额竟然多报87余万元，其中流动资产损失多报52万元。

2.4.8 会计电算化和珠算管理的规定

1. 对会计电算化的基本规定

(1) 会计电算化的定义。

会计电算化是以电子计算机为主的当代电子技术和信息技术在会计领域中应用的简称，是采用计算机代替手工记账、算账、报账，以及对会计资料进行电子化分析和利用的现代化会计手段。实现会计电算化，是现代科技发展的必然，对实现会计核算手段现代化和提高会计参与经营管理的能力具有十分重要的意义。

《会计法》第13条规定："使用电子计算机进行会计核算的，其软件及其生成的会计凭证、会计账簿、财务会计报告和其他会计资料，也必须符合国家统一的会计制度的规定。"第15条规定："使用电子计算机进行会计核算的，其会计账簿的登记、更正，应当符合国家统一的会计制度的规定。"这是为保证计算机生成的会计资料真实、完整和安全，以加强对会计电算化工作的规范。

(2) 会计电算化的执行情况。

目前我国大中型企业中，开展会计电算化的单位占95%以上。有些行业，如银行、海关、电力、民航、铁路、邮电等会计电算化已全面普及。已通过财政部评审的商品化软件，如"用友"、"金蝶"、"浪潮"等会计软件很好地帮助企业替代了手工记账、算账和报账等传统的会计工作，成为会计核算工作的一部分。

(3) 电算化会计与手工会计的关系。

电算化会计与手工会计的相同点是，会计资料和对会计资料的基本要求都是一致的，都必须保证会计资料的真实、完整和安全；不同点是，在实现会计电算化后，会计资料是由电子计算机按照既定的程序生成。

(4) 执行会计电算化的要求。

1) 使用电子计算机进行会计核算的单位，使用的会计软件必须符合国家统一的会计制度的规定。会计软件是会计电算化的重要手段和工具，会计软件是否符合国家统一的会计制度规定的核算要求，是保证会计资料质量和会计工作正常进行的重要前提。

2) 用电子计算机生成的会计资料必须符合国家统一的会计制度的要求。尽管一个质量可靠的会计软件可以为生成真实、完整的会计资料提供前提条件，但仍然可能由于技术上、设备上、操作人员水平上等方面的原因，造成所生成的会计资料不符合国家统一的会计制度的要求，导致会计资料失真、失实。所以，《会计法》要求实行会计电算化的单位，其用电子计算机生成的会计凭证、会计账簿、财务会计报告在格式、内容以及会计资料的真实性、完整性等方面，都必须符合国家统一的会计制度的规定。

2. 珠算的规定

中国是珠算的发源地，珠算历史源远流长，算盘的发明是中华民族古老文明对世界科技发展的卓越贡献，东汉蒙阴人刘洪在187～188年发明的珠算对改变世界人类生产、生活起了巨大的推动作用。2007年，英国《独立报》、印度《印度时报》对改变世界的发明创造进行排名，都把中国珠算排在了第一位。珠算成为我国乃至世界计算史上的一个重要学科，在对外文化交流中发挥着越来越重要的作用。2008 年 6 月，国务院将中国珠算文化正式列为国家级非物质文化遗产，并正式向联合国申请，争取列为人类非物质文化遗产。

珠算在现代的电子时代仍有很高的实用价值和教育功能，不失为一种优良的计算技术。算盘是一个优良的教具和学具，不仅要求手、眼、耳、脑协调配合，而且要求形象思维与抽象思维交替运用，是开发智力尤其是启智训练的好工具。同时，在会计、统计工作中，会计人员用算盘能够十分方便地进行运算和验算。

我国对珠算技术非常重视，在全国成立了珠算协会。随着现代人的智力开发水平的提高，人们对珠算技术有了新的开拓和创造，将“心算”、“珠算”相结合，提高了广大会计、统计人员的珠算技术水平。各地财政部门都设有由负责人具体负责的珠心算协会。珠心算是将数变成算珠在脑海中描绘的算盘上进行计算的一种方法，目前在东南亚一带甚为流行，日本、新加坡、马来西亚、韩国、中国台湾地区，如雨后春笋般掀起了珠心算热潮。

2005 年 2 月，财政部颁布的《会计从业资格管理办法》中规定，作为考试科目，初级会计电算化和珠算五级证书二选一即可。

2.4.9 会计档案管理

世界著名的会计丑案安然事件发生前后，为安然公司提供审计服务的主审计师邓肯销毁了大量与安然公司有关的业务文件。案情暴露后，邓肯辩解是安达信的律师暗示他这样做的，他本人只是在履行别人的建议而已，而安达信则称，这是个别人所为。尽管双方互相推诿责任，在 2002 年 6 月 15 日，经过美国联邦大陪审团 10 天的激烈辩论后，安达信仍然被认定在销毁安然公司文件一案中的妨碍司法罪成立。由此可见会计档案管理的重要性。

1. 会计档案的基本内容

会计档案包括会计凭证、会计账簿和财务会计报告等会计核算资料，它是记录和反映经济业务的重要史料和证据。单位的预算、计划、制度等文件资料属于文书档案，不属于会计档案。会计档案对于总结经济工作，指导单位管理，查验经济问题，防止贪污舞弊，研究单位发展的方针和战略都具有重要作用。

为加强我国会计档案的科学管理，统一全国会计档案工作制度，《会计法》原则规定了会计档案的范围、保管、销毁等问题，从而将会计档案管理纳入法制化轨道。

2. 会计档案的管理规定

《会计法》第 23 条规定：“各单位对会计凭证、会计账簿、财务会计报告和其他会计资料应当建立档案，妥善保管。”会计档案的保管期限和销毁办法，由国务院财政部门会同有关部门制定。国务院财政部门会同国家档案局在 1998 年 8 月制定了《会计档案管理办法》，对会计档案的立卷、归档、保管、调阅和销毁，以及单位变更后的会计档案管理等具体管理办法做出了更加明确的规定。

（1）会计档案应当妥善保管。

当年形成的会计档案，在会计年度终了后，可暂由会计机构保管一年，期满之后，应当由会计机构编制移交清册，移交本单位档案机构统一保管；未设立档案机构的，应当在会计机构内部指定专人保管。出纳人员不得兼管会计档案。

各单位保存的会计档案不得借出。如有特殊需要，经本单位负责人批准，可以提供查阅或者复制，并办理登记手续。查阅或者复制会计档案的人员，严禁在会计档案上涂画、拆封和抽换。各单位应当建立健全会计档案查阅、复制登记制度。

（2）会计档案应当分期保管。

会计档案保管期限分为永久和定期两类。定期保管期限分为3年、5年、10年、15年和25年5类，保管期限从会计年度终了后第1天算起。

采用电子计算机进行会计核算的单位，应当保存打印出的纸质会计档案。具备采用磁带、磁盘、光盘、微缩胶片等磁性介质保存会计档案条件的，由国务院业务主管部门统一规定，并报财政部、国家档案局备案。

企业和其他组织会计档案保管期限见表2-5。

（3）会计档案应当按规定程序销毁。

会计档案保管期限满需要销毁的，除特殊规定外，可以按照规定程序予以销毁。

1）编造会计档案销毁清册。对于保管期满的会计档案，需要销毁时，由本单位档案机构会同会计机构提出销毁意见，编制会计档案销毁清册，列明销毁会计档案的名称、卷号、册数、起止年度和档案编号、应保管期限、已保管期限、销毁时间等内容。

2）单位负责人在会计档案销毁清册上签署意见。会计档案需要销毁时由单位负责人在会计档案销毁清册上签署意见，以明确单位负责人的会计责任。

表2-5 企业和其他组织会计档案保管期限表

序 号	档案名称	保管期限（年）	备 注
一	**会计凭证类**		
1	原始凭证	15	
2	记账凭证	15	
3	汇总凭证	15	
二	**会计账簿类**		
4	总账	15	包括日记总账
5	明细账	15	
6	日记账	15	现金和银行存款日记账保管25年
7	固定资产卡片		固定资产投资清理后保管5年
8	辅助账簿	15	
三	**财务报告类**		包括各级主管部门汇总财务报告
9	月、季度财务报告	3	包括文字分析
10	年度财务报告（决算）	永久	包括文字分析
四	**其他类**		
11	会计移交清册	15	
12	会计档案保管清册	永久	
13	会计档案销毁清册	永久	
14	银行余额调节表	5	
15	银行对账单	5	

3）专人负责销毁。不同的单位监销人员不同：单位销毁会计档案时，应当由单位档案机构和会计机构共同派员监销。国家机关销毁会计档案时，应当由同级财政部门、审计部门派员参加监销。财政部门销毁会计档案时，应当由同级审计部门派员参加监销。

4）监销人在销毁会计档案前，应当按照会计档案销毁清册所列内容清点核对所要销毁的会计档案；销毁后，应当在会计档案销毁清册上签名盖章，并将监销情况报告本单位负责人。

（4）不得销毁的会计档案。

1）对于保管期限届满但未结清的债权债务原始凭证，以及涉及其他未了事项的原始凭证，不得销毁，而应当单独抽出立卷，保管到未了事项完结为止。单独抽出立卷的会计档案，应当在会计档案销毁清册和会计档案保管清册上注明。

2）正在建设期间的建设单位，其保管期满的会计档案也不得销毁。

2.5 会计监督

会计监督与会计核算一样是会计的两大基本职能之一，是我国经济监督体系的重要组成部分。为了促进有效竞争和资源优化配置，必须实行有效的会计监督，规范会计工作，打击违法行为，保证会计资料质量，为投资者、债权人、社会公众以及政府宏观调控部门提供真实、准确的会计资料，为维护市场经济秩序服务。

《会计法》对“会计监督”一章做了较大的修改和补充，进一步明确了单位负责人、会计人员、社会中介机构、政府有关部门在会计监督中的作用。

会计监督具有很深远的现实意义。

（1）在我国激烈的市场经济下，必须加强会计监督。市场经济是法制经济，市场经济要求各单位的经济活动必须在法律、法规、制度允许的范围内进行。任何违法活动，都是成熟的市场经济国家所不允许的。为了促进有序竞争和有效配置资源，必须实行有效的会计监督，规范会计工作，打击违法行为，保证会计资料质量，为投资者、债权人、社会公众以及政府宏观调控部门提供真实、准确的会计资料，为维护社会经济秩序服务。

（2）必须建立和完善与当今形势要求相适应的三位一体的会计监督体系。单位内部会计监督应当突出内部会计控制和内部约束机制的健全，强化单位负责人的会计责任，明确会计人员对单位负责人负责的同时，还要受到职业道德纪律的约束；应发挥社会监督在维护会计监督中的作用，政府部门应当加强对注册会计师及其会计师事务所的再监督，同时，还应发挥社会公众的检举、监督作用；由政府部门行使的国家监督，应当明确主体，权责统一，并不断转变监管职能和监督方式。

（3）执法必严，违法必究，是会计监督的关键。经过多年的努力，我国的会计法律法规已趋健全，但造假账等问题仍然屡禁不止，原因是多方面的，监管不力始终是重要原因之一。会计监督，是权力，更是责任。承担会计监督职责的主体，必须职责明确并切实到位，避免相互推诿、扯皮。

（4）不断变化的经济形势需要构筑适应新形势要求的会计监督体系，构筑适应新形势要求的会计监督体系往往会涉及许多会计理论和实务问题。作为指导会计工作最高准则的《会计法》，只能对一些原则性的规定做出规定，不能将所有问题都在《会计法》中规定，这不是务实的态度。所以，《会计法》、《会计基础工作规范》、《内部会计控制规范指引》、《财政部门实施会计监督办法》等会计法律制度，对会计监督都做出了相应的规定。

会计监督可分为单位内部会计监督、国家监督和社会监督。

2.5.1 单位内部会计监督

为了加强管理，往往需要建立和健全单位内部会计监督，这需要耗费一定的时间和人力，甚至物力，从效率角度来看，内部监督与效率是不相容的。比如，为了加强管理，要求采购人员购买材料时需要填写“请购单”等相关申请文件，报主管人员批准后，再向财务部门申请款项以便支付货款。这一过程需要耗费时间，从而降低了办事效率。既然内部会计监督会牺牲效率，为什么还要设立这种制度？这个问题，可以通过理性经济人假设的观点来解释：人都是自私的经济人，只要有可能，他总是尽最大限度地满足自己的欲望，企业经营活动离不开资本与财富，几乎每一个经营环节都要接触、处理大量的财产物资，尤其如此。

比如，在资本投入阶段，需要有人负责登记从各种渠道筹集的资本；在供应阶段，需要有人购买各种原材料、支付货款；生产阶段、销售阶段同样如此。企业再生产过程中，几乎每个岗位的工作都需要有人去从事，几乎每个岗位都直接或间接地接触到企业的财产物资。如果这些人可以不加限制地处理、支配财产物资，则有可能导致财产的大量流失，最终使得企业的再生产难以继续。若设立相应的内部控制制度，牵制、约束并监督经济人的各种自利行为，则在牺牲部分效率的同时，却可保证再生产过程的顺利、有序进行。所以，为了加强企业的管理，需要建立和完善单位内部监督制度，财政部因此也制定和颁布了内部会计监督制度，并专门制定了内部牵制制度。

《会计法》第27条规定：“各单位应当建立、健全本单位内部会计监督制度。单位内部会计监督制度应当符合下列要求：

（一）记账人员与经济业务事项和会计事项的审批人员、经办人员、财物保管人员的职责权限应当明确，并相互分离、相互制约；

（二）重大对外投资、资产处置、资金调度和其他重要经济业务事项的决策和执行的相互监督、相互制约程序应当明确；

（三）财产清查的范围、期限和组织程序应当明确；

（四）对会计资料定期进行内部审计的办法和程序应当明确。”

这是对各单位建立内部会计监督制度问题做出的原则性规定。

1. 内部会计监督的内容

从制度的建立来看，内部会计监督通常包括内部牵制制度、授权批准制度、内部稽核制度、财产清查制度和内部审计制度。

（1）内部牵制制度。

内部牵制，是以账目间的相互核对为主要内容并实施岗位分离，以确保所有账目正确无误的一种控制机制。

一般情况下，习惯将内部牵制制度称为“上下牵制，左右制约”。从纵向看，每项经济业务的处理，至少要经过上下级有关人员之手，使下级受上级监督，上级受下级制约，促使上下级均能忠于职守，不可疏忽大意。从横向看，每项经济业务的处理，至少要经过彼此不相隶属的两个部门的处理，使每一部门工作或记录受另一部门的牵制，不相隶属的不同部门均有完整的记录，使之互相制约，自动检查，防止或减少错误和弊端；同时，通过交叉核对也能及时发现错误和弊病。内部牵制制度的核心内容是不相容职务的分离与牵制。不相容职务指的是不能同时由一个人兼任的职务。

1）内部牵制制度的内容。

在不相容职务分离控制下，为达到有效控制的目的，任何部门或个人不能独揽业务处理的全过程，不同步骤应交由不同的部门或人员去完成，即“五分离”原则：授权进行某项经济业务的职务与执行该项业务的职务要分离；执行某项经济业务的职务与批准该项业务的职务要分离；执行某项经济业务的职务与记录该项业务的职务要分离；保管某项财产的职务与记录该项财产的职务要分离；保管与记录某项资产的职务与账实核对的职务要分离等。

2）内部牵制制度具体做法。

①识别不相容职务，即对通常不能由一个人兼任的职务必须有全面的了解，这些职务包括出纳与记账、业务经办与记账、业务经办与业务审批、业务审批与记账、财物保管与记账、业务经办与财物保管、业务操作与业务复核；

②合理界定不同职务的职责与权限，才能在有关各司其职的前提下，合理地分离不相容职务，即便出现问题，也能准确地分清责任；

③分离不相容职务，即在进行定岗和分工时，注意将不相容职务分离，使其相互牵制、相互制约；

④建立必要的保障措施，如物理措施（保险柜、专用钥匙等）或技术措施（网络口令等），定期的岗位等。

（2）授权批准制度。

授权批准是指单位在处理经济业务的过程中，必须经授权批准以便进行控制。在公司制企业中，一般由股东会授权给董事会，然后再由董事会授权给企业的总经理和有关管理人员。单位每一层的管理人员既是上级管理人员的授权客体，又是对下级管理人员授权的主体。授权一般包括一般授权和特别授权。

1）一般授权是对办理常规性的经济业务的权力、条件和有关责任者做出的规定，这些规定在管理部门中采用文件形式或在经济业务中规定一般性交易办理的条件、范围和对该项交易的责任关系。在日常业务处理中可以按照规定的权限范围和有关职责自行办理。

2）特别授权是授权处理非常规性业务，比如重大的筹资行为、投资决策、资本支出和股票发行等。特别授权也可用于超过一般授权限制的常规业务。《会计法》对重要经济业务事项决策和执行程序明确规定，决策和执行的程序应当明确，要求做到制度化、规范化；决策和执行程序中应当体现决策人员与执行人员之间能够相互监督、相互制约，既要防止权限过于集中，也要防止政出多门、各行其是。

（3）内部稽核制度。

《会计法》第37条规定：“会计机构内部应当建立稽核制度。出纳人员不得兼任稽核、会计档案保管和收入、支出、费用、债权债务账目的登记工作。”这是对会计机构内部稽核制度的规定，也称为“钱账分管”，俗称“管钱的不管账，管账的不管钱”。

稽核是稽查和复核的简称。内部稽核制度是内部控制制度的重要组成部分。会计稽核是会计机构本身对于会计核算工作进行的一种自我检查或审核工作。建立会计机构内部稽核制度，其目的在于防止会计核算工作上的差错和有关人员的舞弊。通过稽核，对日常会计核算工作中出现的疏忽、错误等及时加以纠正或者制止，以提高会计核算工作的质量。会计稽核是会计工作的重要内容，也是规范会计行为、提高会计资料质量的重要保证。因此，《会计法》始终强调各单位应该建立、健全内部稽核制度。

对于会计机构内部稽核制度的内容，财政部发布的《会计基础工作规范》做了原则性规定，包括：稽核工作的组织形式和具体分工；稽核工作的职责、权限；审核会计凭证和复核会计账簿、会计报表的方法等。

会计机构内部稽核工作一般包括以下主要内容。

1）审核财务、成本、费用等计划指标项目是否齐全，编制依据是否可靠，有关计算是否正确，各项计划指标是否互相衔接等。审核之后应提出建议或意见，以便修改和完善计划与预算。

2）审核实际发生的经济业务或财务收支是否符合现行法律、法规、规章制度的规定。对审核中发现的问题，及时予以制止或者纠正。

3）审核会计凭证、会计账簿、财务会计报告和其他会计资料的内容是否真实、完整，计算是否正确，手续是否齐全，是否符合有关法律、法规、规章、制度的规定。

4）审核各项财产物资的增减变动和结存情况，并与账面记录进行核对，确定账实是否相符。不符时，应查明账实不符的原因，并提出改进的措施。

内部稽核制度不同于内部审计制度，内部稽核制度是会计机构内部的一种工作制度；而内部审计制度是单位在会计机构之外另行设置的内部审计机构或者审计人员对会计工作进行再检查的一种制度。

（4）财产清查制度。

财产清查制度历来是《会计法》强调的重要制度之一，财产清查规定不仅在《会计法》中会计核算的部分对财产清查做出规定，在会计监督中也做出了规定。财产清查制度既是加强财产物资管理的一项重要制度，也是会计核算工作的一项重要制度。单位不仅要建立财产清查制度，而且要明确规定财产清查的范围、期限、组织程序，保证财产清查制度得以具体落实，为有关管理部门监督检查财产清查制度建立和执行情况提供可靠依据。

财产清查是对各项财产、物资进行实地盘点和核对，查明财产物资、货币资金和结算款项的实有数额，确定其账面结存数额和实际结存数额是否一致，以保证账实相符的一种专门的会计核算方法。财产清查是内部牵制制度的一个部分，其目的在于定期确定内部牵制制度执行是否有效。在企业日常工作中，在考虑成本、效益的前提下，可选择范围大小适宜、时机恰当的财产清查。即：可按照财产清查实施的范围、时间间隔等把财产清查适当地进行分类。尤其需要对实物资产进行盘点，并将盘点结果与会计记录进行比较，盘点结果与会计记录如不一致，可能说明资产管理上出现错误、浪费、损失或其他不正常现象。为了防止差错再次发生，可以采取加强保护控制、积极采取改进措施等以保证财产物资的安全与完整。

（5）内部审计制度。

内部审计是建立于组织内部、服务于管理部门的一种独立的检查、监督和评价活动，它既可用于对内部牵制制度的充分性和有效性进行检查、监督和评价，也可用于对会计及相关信息的真实、合法、完整，对资产的安全、完整，对企业自身经营业绩、经营合规性进行检查、监督和评价。内部审计是外部审计的对称，是由本部门、本单位内部的独立机构和人员对本部门、本单位的财政、财务、收支和其他经济活动进行的事前和事后的审查和评价。内部审计是为加强管理而进行的一项内部经济监督工作。

在我国，已有不少部门、企业、单位设置了内部审计机构或内部审计人员，主要从事内部财务审计，对会计工作实行控制和再监督。内部审计对会计资料的监督、审查，不仅是内部控制的有效手段，也是保证会计资料真实、完整的重要措施。

《会计法》第27条规定："对会计资料定期进行内部审计的办法和程序。"由于我国目前内部审计还很不健全，内部审计人员的数量和素质还难以完全适应工作的需要，《会计法》对于内部审计，仅作了两点原则性规定，即各单位应该进行定期内部审计；明确各单位内部审计的方法和程序。

内部审计机构和审计人员应该设在单位内部。有条件的单位，应该使内部审计部门直接隶属于部门、单位最高管理当局，使内部审计部门具有相对的独立性，保持组织上的独立地位。没有设置内部审计机构或内部审计人员的单位，也可以由其他负责监督的机构、人员来进行，比如由监审部门、行政部门进行。

2. 会计机构、会计人员在内部会计监督中的职权规定

《会计法》第28条规定："会计机构、会计人员对违反本法和国家统一的会计制度规定的会计事项，有权拒绝办理或者按照职权予以纠正。"这是对会计机构、会计人员在内部会计监督中的职权的规定。

（1）会计机构、会计人员有权拒绝办理或纠正违法会计事项。

单位内部会计监督，在许多情况下是由会计机构、会计人员在处理会计业务过程中进行的。由于会计机构、会计人员熟悉会计业务及相关法规、制度，对会计事项是否合法的界限比较清楚，由会计机构、会计人员在处理会计业务过程中严格把关、实行监督，可以有效防范违法会计行为的发生，这也是单位负责人的会计责任得以具体落实的重要措施。

【注意】

《会计法》将会计人员的监督规定为"有权"监督，有助于增强会计人员工作的主动性和单位领导人与会计人员的工作协调，减少矛盾冲突。这里的"有权"和"按照职权"，应当理解为该"职权"是《会计法》、国家统一的会计制度和单位内部规章赋予的，如果会计机构、会计人员不行使或不认真行使这一职权，其他人员阻挠会计机构、会计人员行使这一职权，都是违法或违规行为，单位负责人应当加以制止和纠正，有关管理部门也有权加以干预。

（2）会计机构、会计人员有权监督会计资料和财产物资。账实、账款、账账与账表相符，是会计工作的基本要求，也是加强物资管理的重要措施。

在实际工作中，账实不符、账款不符的问题在许多单位经常发生，造成会计工作混乱和会计资料失真，除内部财产物资管理制度不健全等原因外，与这些单位相关人员不重视对财产物资的监督或者故意在这方面造成混乱以牟取非法利益有很大关系。所以，为了明确经济责任，也为了能够保证财产物资的安全与完整，会计机构、会计人员应该建立健全对财产物资的监督制度，加强对财产物资的管理。

3. 内部会计监督的具体做法

会计机构、会计人员应从本单位业务特点出发，加强对本单位财产物资、款项等的监督和管理，应针对不同的情况，进行内部会计监督。

（1）各单位要建立账簿、款项和实物核查制度，保证账账相符、账款相符、账实相符、账表相符。

通过建立健全制度，使会计机构、会计人员对本单位各项财物、款项的增减变动和结存情况及时进行记录、计算、反映、核对等。一方面要做到账簿上所反映的有关财物、款项的结存数同它们的实存数完全一致，即账实相符、账款相符；另一方面要通过账簿记录和记账凭证、原始凭证的核对，保证账账相符。在检查核对过程中，如发现账实不符时，会计机构、会计人员应先将查明属实的财产盈亏数做出会计记录，在账簿上据实反映，然后，根据差异发生的原因和责任以及经过批准的处理办法，将处理结果登记入账。

（2）会计人员对账实不符的情况要及时做出处理。

发生账实不符的现象是常见的，但造成账实不符的原因是多方面的，有的是由于工作上的差错，有的是由于生产技术上或经济管理上存在问题，有的来自自然界的影响，有的则是由于不法分子徇私舞弊引起的。对于账实不符问题，会计机构、会计人员要及时查明原因，提出处理意见。根据国家统一的会计制度规定，有些问题是会计人员可以直接处理的，例如一些合理的物资损耗和应收账款中的尾差等，只要在规定的损耗标准和范围内，会计人员可以按照规定及时做出处理；对于超出国家统一的会计制度规定的职权范围，会计机构、会计人员无权自行处理的账实不符等情况，会计机构、会计人员应当及时报请单位负责人做出处理。如因管理不善，发生大量盘盈盘亏，或库存物资大量被盗、霉烂变质等，会计人员无权对这些问题做出处理，应当立即向单位负责人报告，请求查明原因，及时做出处理，以保证会计资料的真实、完整以及单位财产的安全。

（3）会计机构、会计人员对违法违规的会计事项制止无效时，应当向本单位负责人书面报告。本单位负责人应当自收到书面报告之日起7日内做出处理或者提出书面处理意见。

（4）会计人员因依法履行职责受到错误处理的，有权向财政、审计、监察或者其他有关部门投诉。收到投诉的部门，对不属于本部门管辖范围的，应当及时移交有管辖权的部门处理。受理投诉的部门，应当在30日内提出处理意见，并书面答复投诉者。

2.5.2 会计工作的国家监督

国家监督是指财政、审计、税务、人民银行、证券监督等部门代表国家对各单位财务会计工作实行监督，这是经济监督体系中一个重要方面，它与单位内部监督是相辅相成的。国家经济监督制度和体系的健全与发展，是单位内部实行严格的会计监督制度的必要保证。

《会计法》第33条规定：“财政、审计、税务、人民银行、证券监管、保险监管等部门应当依照有关法律、行政法规规定的职责，对有关单位的会计资料实施监督检查。”被监督单位应当如实提供会计资料和有关情况，不得拒绝、隐匿、销毁、谎报。

1. 财政部门的监督

财政部门的监督目标主要是为保证会计信息质量，提高会计信息的相关性和可靠性，满足会计信息使用者的需要。

（1）财政部门对各单位经济事项实施监督的内容。

1）监督单位是否依法设置会计账簿。具体包括：按照法律、行政法规和国家统一的会计制度的规定，应当设置会计账簿的单位是否设置账簿；设置会计账簿的单位，其设置会计账簿情况是否符合法律、行政法规和国家统一的会计制度的要求；单位是否存在账外设账违法行为等。

2）监督单位的会计资料是否真实、完整。具体包括：单位对实际发生的经济业务事项，是否及时办理会计手续，进行会计核算；单位填制的会计凭证、登记的会计账簿、编制的财务会计报告，是否与实际发生的经济业务事项相符，是否做到账实相符、账证相符、账账相符、账表相符；单位提供的财务会计报告是否符合法律、行政法规和国家统一的会计制度规定等。

3）监督单位的会计核算是否符合法定要求。具体包括：单位会计核算的内容是否真实、完整；单位采用的会计年度、记账本位币、会计处理方法、会计记录文字等是否符合法律、行政法规和国家统一的会计制度规定；单位对资产、负债、所有者权益、收入、支出、费用、成本、利润的确认、计量、记录和报告，是否符合国家统一的会计制度的规定；单位会计档案保管是否符合法定要求等。

4）监督单位从事会计工作的人员是否具备从业资格。具体包括：单位从事会计工作的人员是否取得了会计从业资格证书并接受管理；会计机构负责人（会计主管人员）是否符合任职条件等；总会计师的任职资格、任免程序、职责权限是否符合国务院规定。

5）实施会计监督，发现重大违法嫌疑的，可以实施查询权。财政部门在对单位会计凭证、会计账簿、财务会计报告和其他会计资料实施监督时，如果发现有重大违法嫌疑的，国务院财政部门及其派出机构可以向与被监督单位有经济业务往来的单位、被监督单位开立账户的金融机构查询有关情况，有关单位和金融机构应予以支持和配合。财政部门在对会计资料质量实施监督，需要有关单位和金融机构支持时，有关单位和金融机构应给予支持。

【注 意】

查询被监督单位银行账号的权利只有司法机关、税务部门和国务院财政部门及其派出机构才拥有。之所以在《会计法》中规定国务院财政部门及其派出机构可以到被监督单位开立账户的金融机构查询，主要是为解决当发现有重大嫌疑时，需要金融机构予以配合时，金融机构则以《商业银行法》中的为客户保密为由而使整个检查工作功亏一篑的问题。现在国家对会计报表信息质量和反腐倡廉提出了更高的要求，国务院财政部门及其派出机构应当在今后的财政监督中充分运用法律赋予的权力与金融机构密切配合，把财政监督工作推上一个新台阶。

但是，财政部门在行使查询权时是附有限制条件的。第一，只有在财政部门对会计凭证、会计账簿、财务会计报告和其他有关资料实施监督，发现有重大违法嫌疑时，才能行使查询权，以避免少数监督人员滥用职权，侵犯被监督单位和其他有关单位的合法权益。第二，行使查询权的财政部门应当是国务院财政部门及其派出机构，即财政部和财政部派驻的监督机构。除此以外，地方各级人民政府财政部门无权行使查询权。

此外，国务院财政部门和省、自治区、直辖市人民政府财政部门，依法对注册会计师、会计师事务所和注册会计师协会进行监督、指导。财政部门有权对会计师事务所出具审计报告的程序和内容进行监督。随着企业年度会计报表注册会计师审计工作的广泛实行以及上市企业的日益增多，对年度会计报表审计的工作量也会越来越大，从保证审计质量的要求出发，增加财政部门对社会审计机构监督的再监督是非常必要的。

会计师事务所出具审计报告的程序，即审计过程，是指审计工作从开始到结束的整个过程，一般包括计划阶段、实施阶段和审计完成阶段。审计内容主要指会计报表的编制是否符合《企业会计准则》和国家其他有关会计法规的规定；会计报表在所有重大方面是否公允地反映了被审计单位资产负债表显示的财务状况和所审计期间的经营成果、资金变动情况；会计处理方法的选用是否遵循了一贯性原则。财政部门根据有关法律、法规的规定，对会计师事务所出具审计报告的程序和内容进行监督，并对违反有关规定的会计师事务所及注册会计师依法予以处罚。

【注 意】

只有国务院财政部门和省、自治区、直辖市人民政府财政部门才有权利对会计师事务所进行监督，县级财政部门没有此权利。这里的检查不是普查，而是抽查。

（2）财政部门实施会计监督检查采用的形式。

1）对单位遵守《会计法》、会计行政法规和国家统一的会计制度情况进行全面检查；

2）对单位会计基础工作、从事会计工作的人员持有会计从业资格证书、会计人员从业情况进行专项检查或者抽查；

3）对有检举线索或者在财政管理工作中发现有违法嫌疑的单位进行重点检查；

4）对经注册会计师审计的财务会计报告进行定期抽查；

5）对会计师事务所出具的审计报告进行抽查；

6）依法实施其他形式的会计监督检查。

（3）特殊情况下财政部门有权进行的监督。

1）财政部门实施会计监督检查，可以在被检查单位的业务场所进行；必要时，经财政部门负责人批准，也可以将被检查单位以前会计年度的会计凭证、会计账簿、财务会计报告和其他有关资料调回财政部门检查，但须由组织检查的财政部门向被检查单位开具调用会计资料清单，并在3个月内完整退还。

2）财政部门在被检查单位涉嫌违法的证据可能灭失或者以后难以取得的情况下，经财政部门负责人批准，可以对证据先行登记保存，并应当在7日内对先行登记保存的证据做出处理决定。

2. 审计部门的监督

审计部门的监督，即政府审计监督，是指国务院审计机关和各级人民政府的审计机关依据我国宪法和法律对各级政府的财政收支，对国家的财政金融机构和企业事业组织的财务收支，进行审计监督。

审计部门监督的主要目标是各级政府财政部门预决算的执行情况、国有单位的财务收支和国有资产、国有资金的使用情况。各单位必须按照法律规定接受审计机关的监督，各级审计机关独立行使审计监督权，不受其他行政机关、社会团体的干涉。一切属于政府审计范围的机关、企事业单位，都必须接受审计监督。审计机关做出的审计结论和决定，有关单位和个人必须接受。加强政府的审计监督，有利于维护国家财经纪律，也有利于各单位会计工作的依法进行。

3. 税务部门的监督

税务机关是负责组织国家财政收入的专门机关，从历史、现实和任务、性质或理论、实践上看都属国家财政监督的一个分支。税务机关通过税务登记、纳税鉴定、纳税申报、纳税检查、发票监督对单位纳税情况和财务会计情况进行检查。

税务部门监督的主要目标是依据《税收征管法》对纳税人税款的解缴情况进行检查。根据国家税收法律、法规的规定通过日常税收征管工作；促使各单位依法经营，建立健全有利于正确计算和反映纳税所得情况的各项基础工作，推动各单位加强包括会计工作在内的管理工作；督促各单位依法纳税，遵纪守法，堵塞各种税收漏洞，纠正和查处违反税法的行为，保证《会计法》等各项财经纪律、法律、法规的贯彻实施；加强发票管理，逐步实行发票跟踪抽查制度，尤其是增值税专用发票，对在发票领用、填制、报销入账等环节违反国家规定的，要依照法律规定从严处理。

4. 人民银行的监督

中国人民银行依照《中国人民银行法》依法对金融机构及其业务实施管理，维护金融业的合法、稳健运行。人民银行监督的管理对象主要是金融机构，范围比财政、审计、税务等的监督对象要小得多。

人民银行监督的主要目标是依法对金融机构及其业务实施监督管理，对金融机构的存款、贷款、结算、呆账等情况随时进行稽核、检查监督，对金融机构违反规定报送资产负债表、利润表以及其他财务会计报表和资料监督检查。

中国人民银行有权对金融机构的存款、贷款、结算、呆账等情况随时进行稽核、检查监督；有权对金融机构违反规定提高或者降低存款利率的行为进行检查监督；有权要求金融机构按规定报送资产负债表、利润表、现金流量表和其他会计资料。

5. 证券监管部门的监督

为了规范证券发行和交易行为，保护投资者的合法权益，维护社会经济秩序和社会公众利益，促进社会主义市场经济的发展，1998 年第九届全国人大第六次会议通过的《证券法》明确规定：“国务院证券监督管理机构对上市公司年度报告、中期报告、临时报告以及公告的情况进行监督，对上市公司分派或者配售新股情况进行监督。”

证券监管部门监督的主要目标是为了规范证券发行和交易行为，保护投资者的合法权益，维护社会经济秩序和社会公众利益，促进社会主义市场经济的发展。国务院证券监督管理机构对上市公司年度报告、中期报告、临时报告及公告的情况进行监督，对上市公司分派或者配售新股情况进行监督。证券监管部门对会计的监督范围仅限于上市公司。

上市公司的目标是追求利润的最大化，吸引投资，上市公司往往为了自己的目的，加大会计政策的选择和运用，甚至贸然选择违规行为。因此，证券监管部门的监督显得尤为重要，证券监管部门监督的作用是维护证券市场，保障其合法运行。

6. 财政、审计、税务部门的相互协调

《会计法》第33条规定：“财政、审计、税务、人民银行、证券监管、保险监管等部门应当依照有关法律行政法规的职责，对有关单位的会计资料实施监督检查。”

财政、审计、税务、人民银行、证券监管、保险监管等部门负责《会计法》执行情况的监督检查，至于相互之间的职责分工，《会计法》没有加以明确。由多个执法部门共同作为《会计法》的执法部门，与其他法律一般都有明确的执法部门专司执法的情况是不同的，这样规定的目的是使财政、审计、税务、人民银行、证券监管、保险监管等部门在实施国家监督时，都能够以检查会计资料的合法性、真实性为主要目的，使会计资料也纳入执法检查范围。同时，6个部门共同作为执法部门有利于加大监督检查的力度。

为了防止实际执行过程出现都管都不管的现象，《会计法》第33条又规定：“前款所列监督检查部门对有关单位的会计资料依法实施监督检查后，应当出具检查结论。有关监督检查部门已做出的检查结论能够满足其他监督检查部门需要的，其他监督检查部门应当加以利用，避免重复查账。”解决了多个执法部门共同作为《会计法》执法部门所造成的分工不清、相互推诿、扯皮或者重复检查问题。

尽管审计、税务、人民银行、证券监管、保险监管等部门实施监督都是借助于对会计资料的检查，但检查会计资料只是他们各自完成监督检查目标的手段，其监督检查本身不是对会计资料的合法性、真实性、完整性实施的监督，也不单纯是对会计资料的合法性、真实性和完整性做出结论。《会计法》明确规定：“国务院财政部门主管全国的会计工作。”财政部门是国家监督的执法主体。财政部门行使对会计工作的监督检查权，并使其职权切实到位，是《会计法》得以有效实施的保证，也是实现我国会计秩序、会计信息质量根本好转的关键。

财政部门行使对会计工作的监督检查权，应该按照《会计法》等法律、法规规定，使其监督检查制度化、规范化。财政部门可以主要通过注册会计师对审计单位的会计信息质量进行独立审计，财政部门监督检查注册会计师出具的审计报告来实现其监督检查职权，必要的时候也可以由财政部门人员直接到单位进行会计基础工作等的监督检查。

我国财政监管与其他管理部门的协同发展，完整的国家监督体系的形成，将有利于加强会计基础工作，有利于提高会计信息质量，从而保证国家宏观调控政策的执行。

2.5.3 会计工作的社会监督

会计工作的社会监督主要是指由注册会计师及其所在的会计师事务所依法对委托单位的经济活动进行的审计、鉴证的一种监督制度。此外，单位和个人检举违反《会计法》和国家统一的会计制度规定的行为，也属于会计工作社会监督的范畴。

1. 社会监督的基本规定

《会计法》第31条规定：“有关法律、行政法规规定，须经注册会计师进行审计的单位，应当向受委托的会计师事务所如实提供会计凭证、会计账簿、财务会计报告和其他会计资料以及有关情况。任何单位或者个人不得以任何方式要求或者示意注册会计师及其所

在的会计师事务所出具不实或者不当的审计报告。”

（1）接受注册会计师审计的单位具有的基本义务。

1）须经注册会计师进行审计的单位，应当向受委托的会计师事务所如实提供会计凭证、会计账簿、财务会计报告和其他会计资料以及有关情况。

须经注册会计师进行审计的单位应当将实际发生的经济业务事项涉及的会计凭证、会计账簿、财务会计报告和其他会计资料及有关的情况全部提供给会计师事务所，不得将虚假的上述会计资料和有关情况提供给会计师事务所。如须经注册会计师进行审计的单位不如实提供会计资料和有关情况，会计师事务所有权予以拒绝接受委托或者如实在有关报告中注明。

2）任何单位或者个人不得以任何方式要求或者示意注册会计师及其所在的会计师事务所出具不实或者不当的审计报告。

这一规定的目的是确保社会中介机构公正客观地行使职权，确保社会中介机构所出具的报告具有法律效力，确实起到监督的效果，以维护会计工作的权威性。

（2）注册会计师及其所在的会计师事务所的业务范围。

《注册会计师法》第 2 条规定："注册会计师是依法取得注册会计师证书并接受委托从事审计和会计咨询、会计服务业务的执业人员。"

《注册会计师法》第 6 条的规定："注册会计师执行业务，必须遵守法律、行政法规；会计师事务所依法独立、公正执行业务，受法律保护。"

注册会计师主要承办下列审计业务：①年度会计报表审计，出具审计报告。②特殊目的审计，对按照特殊编制基础编制的会计报表进行审计；对会计报表组成部分的审计。③对法规、合约遵循情况的审计，主要有验证企业资本，出具验资报告；厂长、经理离任审计；办理企业合并、分立、清算事宜中的审计业务，出具有关的报告；经济案件的鉴证。④法律、行政法规规定的其他审计业务。

注册会计师依法执行审计业务出具的报告，具有证明效力。注册会计师可以承办会计咨询、会计服务业务。

2. 会计师事务所的监督部门

《会计法》第 31 条规定"财政部门有权对会计师事务所出具审计报告的程序和内容进行监督"，进一步重申和强调了财政部门监管注册会计师及其会计师事务所审计报告质量的要求。

财政部门监督检查会计师事务所出具审计报告的程序和内容，不得干预注册会计师独立、公正地开展审计业务，财政部门的监督检查不是对会计师事务所出具的所有审计报告再进行一次普查，而是根据管理需求有重点地进行抽查。

3. 保密责任

《会计法》第 34 条规定："依法对有关单位的会计资料实施检查的部门及其工作人员对在监督检查中知悉的商业秘密负有保密的义务。"

《审计法》第 6 条规定："审计机关和审计人员办理审计事项，应当客观公正，实事求是，廉洁奉公，保守秘密"；第 14 条规定："审计人员对其在执行职务中知悉的国家秘密和被审计单位的商业秘密，负有保密的义务”；《注册会计师法》第19条规定：“注册会计师对在执业中知悉的商业秘密，负有保密义务”；《证券法》第169条规定：“国务院证券监督管理机构工作人员依法履行职责，进行监督检查或者调查时，应当出示有关证件，关对知悉的商业秘密负有保密义务”等。

不管是社会审计机构还是国家审计机构，他们的职业性质，决定了能够掌握和了解被审计单位大量的信息。这些信息有些属于被审计单位的商业秘密，如即将进行的合并、拟议中的资金筹措、预期的股票分割、即将签订的合同等，这些商业秘密一旦泄露，可能会给被审计单位造成不良影响和经济损失。为此，《会计法》把注册会计师和国家检查机构、检查人员的保密责任作为重要内容纳入法律规定，以保证市场经济的健康发展，保护企业平等竞争，维护经营者的合法权益。通过立法，一方面敦促商业秘密的所有者和权利人提高自我保密意识，不断完善保密措施，防止商业秘密的不必要扩散；另一方面通过宣传教育，使检查部门和检查人员认识到保护商业秘密的重要性，同时能依法严肃查处泄露商业秘密的部门和个人。

4. 社会公众的监督

《会计法》对违法会计行为检举的规定，主要强调以下两方面的内容：

（1）任何单位和个人有权检举违法会计行为。

发现违反《会计法》和国家统一会计制度规定的行为，任何单位和个人均有权检举，这是法律赋予各单位和每个公民的权利，同时也是一项义务，当有关单位和个人发现有违反《会计法》和国家统一会计制度规定的行为时，有义务向有关部门检举。法律应当保护任何单位和个人行使这一权利和义务。

（2）有关部门应当及时处理并为检举人保密。

为了使检举人所检举的违法会计行为得到及时处理，维护社会经济和会计秩序，收到检举的部门有权处理的，应当依照有关法律规定和部门的职责分工及时做出处理；超出该部门职责权限不能处理的，应当及时移送其他有权处理的部门处理。这是法律赋予有关部门的职责，如果不认真履行这一职责，应当承担法律责任。收到检举的部门、负责处理的部门，应当为检举人保密，不得将检举人姓名和检举材料转给被检举单位和被检举人个人。

2.5.4 对会计违法行为的检举权

《会计法》第30条规定：“任何单位和个人对违反本法和国家统一的会计制度的行为，有权检举。收到检举的部门有权处理的，应当依法按照职责分工及时处理；无权处理的，应当及时移送有权处理的部门处理。收到检举的部门、负责处理的部门应当为检举人保密，不得将检举人的姓名和检举内容转给被检举单位和被检举人。”

1. 会计机构、会计人员有权对严重违法、损害国家利益和社会公众利益的收支进行检举

为了强化会计机构、会计人员在会计监督中的责任，《会计法》规定会计机构、会计人员对严重违法、损害国家利益和社会公众利益的收支，有权向政府有关部门检举。

会计机构、会计人员作为财经法律、法规的执行者和维护者，秉公执法、无私无畏维护财经法律、法规和各项规定，是会计人员应当具有的职业道德和品质。由于严重违法、损害国家和社会公众利益的收支一般来说数额较大，损害程度严重，危害面广，会计机构和会计人员进行制止和纠正的难度较大，只有依靠外部监督，即政府有关部门的力量才能使问题得到解决。

2. 会计机构、会计人员有权对单位领导人任意决定办理的违法收支进行监督和检举

如果单位领导人知法犯法，对会计机构、会计人员提出的要求予以制止和纠正违法收支的书面意见决定办理，会计机构、会计人员有责任将上述情况向政府有关部门检举，以防止违法行为的进一步发展，维护法律的尊严和国家、社会公众的利益。

3. 相关政府职能部门应对检举内容进行及时处理

为了强化政府部门对有关单位的监督，财政、审计、税务机关接到会计机构、会计人员的报告后，应当及时处理，以保障内部会计监督的顺利进行。

《会计法》规定收到检举的政府部门应及时处理，不得拖着不办，对无权处理的政府部门，收到会计机构、会计人员的检举后，应当及时移送给有权处理部门进行处理。收到检举的部门、负责处理的部门，对检举人负有保密的责任。《会计法》对检举权的规定，是保护和支持检举人合法权益和积极性的重要举措。

【注意】

现在，很多单位尤其是机关管理部门都加强了对检举的信件、电话的及时处理和处理后的应答制度的管理。

2.6 会计机构和会计人员

2.6.1 会计机构的设置和会计人员的配备

1. 会计机构的设置

《会计法》第36条规定："各单位应当根据会计业务的需要，设置会计机构，或者在有关机构中设置会计人员并指定会计主管人员；不具备设置条件的，应当委托经批准设立从事会计代理记账业务的中介机构代理记账。"对各单位设置会计机构规定，单位应当根据单位规模的大小、会计业务的繁简和经济管理的需要来决定是否设置会计机构。

（1）各单位可以根据本单位的会计业务繁简情况决定是否设置会计机构。

会计机构是各单位办理会计事务的职能机构，会计人员是直接从事会计工作的人员，建立健全会计机构，配备数量和素质都相当的、具备从业资格的会计人员，是各单位做好会计工作，充分发挥会计职能作用的重要保证。为了科学、合理地组织开展会计工作，保证本单位正常的经济核算，各单位原则上应设置会计机构。但考虑到单位有大有小，业务有

繁有简，《会计法》如果“一刀切”，要求每个单位都必须设置会计机构，势必脱离实际。而且，是否设置机构，设置哪些机构，应当是单位的内部事务，不宜由法律来强制规定。因此，《会计法》规定各单位根据自身的情况自行决定是否设置会计机构，是较为适宜的。无论是否需要设置会计机构，会计工作必须依法开展，不能因为没有会计机构而对会计工作放任不管。因没有会计机构而对会计工作放任不管是法律所不允许的。

（2）各单位原则上应该设置会计机构。

为了保证单位正常的会计核算，各单位原则上应设置会计机构。特别是实行企业化管理的事业单位，大、中型企业（包括集团公司、股份公司、有限责任公司等），应当设置会计机构；业务较多的行政单位、社会团体和其他组织也应设置会计机构。

（3）不能单独设置会计机构的单位，应当在有关机构中设置会计人员并指定会计主管人员。

这是提高工作效率，明确岗位责任的内在要求，同时也是由会计工作专业性、政策性强等特点所决定的。对于不能单独设置会计机构的单位，单位应当在有关机构中配备相应的会计人员，并指定会计主管人员。会计主管人员具体负责组织管理会计事务，行使会计管理机构负责人的职权。会计主管人员作为中层管理人员，行使会计机构负责人的职权，按照规定的程序任免。指定会计主管人员的目的是强化责任制度，防止出现会计工作无人负责的局面。如，有的会计业务较少的单位可以不单独设置会计机构，把会计业务并入单位办公室，各设一名会计和出纳，并指定一名会计主管人员。

（4）不具备设置会计机构和会计人员条件的，应当委托经批准设立从事会计代理记账业务的中介机构代理记账。

对于不设置会计机构和会计人员的单位，应当委托经过财政部门批准的中介机构进行代理记账。这要求单位在委托代理记账时，一是要选择经过财政部门批准的，具有代理记账许可证和工商营业执照的中介机构进行代理记账，不能随意找某个人或者某个单位进行代理记账。否则，单位要承担相应的法律责任。二是单位在委托代理记账时，要与被委托的中介机构按照代理记账的规定，签订代理记账的合同，明确当事人双方的权利和义务。

在现实中，各单位对会计机构的叫法不一，有的称“财务部（处、科、股）”、有的称“会计部”、“计财部”、“财会部”等。考虑到这一情况，《会计法》没有对会计机构的名称做统一规定，而是统称为“会计机构”。

【注 意】

会计机构是否建立，由单位根据单位经济业务量和管理的需要自己决定。而是否建账，单位则需要根据会计法律制度的规定，不能自行决定。

2. 会计机构负责人（会计主管人员）的任职资格

（1）会计机构负责人（会计主管人员）的概念。

会计机构负责人（会计主管人员）是指在一个单位内具体负责会计工作的中层领导人员。在单位负责人的领导下，会计机构负责人（会计主管人员）负有组织、管理本单位所有会计工作的责任，其工作水平的高低、质量的好坏，直接关系到整个单位会计工作的水平和质量。

（2）会计机构负责人（会计主管人员）的任职资格。

会计机构负责人（会计主管人员）任用是否得当，对一个单位会计工作的好坏关系重大，对能否保证国家的财经政策等在一个单位正确得到贯彻执行关系重大，对能否有效地维护广大投资者、债权人等的合法权益关系重大。所以，《会计法》对会计机构负责人（会计主管人员）的任职资格作了专门的要求，除了要求其具备一般会计人员应具备的条件外，还要求其具备会计师以上专业技术职务资格或者3年以上从事会计工作的经历等条件。财政部《会计基础工作规范》对会计机构负责人的素质还提出了以下6点要求。

1）政治素质。应当遵纪守法，坚持原则，廉洁奉公，具备良好的职业道德。

2）专业技术资格条件。会计机构负责人（会计主管人员），除取得会计从业资格证书外，还应当具备会计师以上专业技术职务资格或者从事会计工作3年以上经历。

3）工作经历。会计机构负责人（会计主管人员）必须具有一定的实践经验，比较熟悉和了解单位的会计工作。

4）政策业务水平。应当熟悉国家的财经纪律、法规、规章制度和方针、政策，掌握本行业业务管理的有关知识。

5）组织能力。要求具备一定的领导才能和组织能力，包括协调能力、综合能力等。

6）身体条件。有较好的身体状况，以适应和胜任本职工作。

【注意】

会计主管人员（会计机构负责人）≠会计主管（主管会计、主办会计）。

3. 总会计师的设置

总会计师是单位主要管理人员，承担着经济预测、决策、控制和分析等工作。随着国际经济形势的变化和发展，总会计师在企业中的地位全面提升，已经成为决定企业前途命运的至关重要的决策者。尤其是大型企业、金融企业、上市公司的总会计师们，已经成为企业价值的创造者、资本运营的设计师、财务创新的引路人、建立和完善中国社会主义市场经济体制的重要力量。

【注意】

我国将大中型企事业单位总会计师素质提升工程列入会计人才规划六大工程之一。从2005年开始，中国财政部启动企业类、行政事业类、注册会计师类、学术类四大类别全国会计领军人才培养工程，以6年为一个周期，下大决心、花大力气培养造就高素质、国际化、复合型高端会计人才。截至2011年9月，已从各行各业“海选”并培养了750名领军后备人才，其中企业类约300人，行政事业类约120人，注册会计师类约260人，学术类约70人，企业领军一期班学员已顺利结业，不少人已经或即将走上总会计师岗位。

（1）总会计师的设置。

《会计法》第36条规定：“国有的和国有资产占控股地位或者主导地位的大、中型企业必须设置总会计师。”以法律形式明确了设置总会计师的要求，充分肯定了总会计师制度。《会计人才规划》进一步提出：“所有具备条件的企业必须设置总会计师。”《总会计师条例》第2条规定：“事业单位和业务主管部门根据需要，经批准可以设置总会计师。”2010年出台《国家中长期教育改革和发展规划纲要（2010～2020年）》从“坚持依法理财，严格执行国家财政资金管理法律制度和财经纪律”出发，提出“在高等学校试行设立总会计师职务，提升经费使用和资产管理专业化水平。公办高等学校总会计师由政府委派”。这将对事业单位推行总会计师制度起到示范作用，应当随着相关政策的贯彻落实，在总结经验的基础上积极推广。

【注 意】

总会计师是一个行政职务，不是技术职称，但是要求只有具备中级会计技术职称以上的人员才能担任。

（2）总会计师的管理体制。

《总会计师条例》规定：“企业的总会计师由本单位主要行政领导人提名，政府主管部门任命或者聘任；免职或者解聘程序与任命或者聘任程序相同。”

实际工作中，总会计师主要实行4种管理模式：

1）由政府主管部门或上级组织部门直接委派或任命；

2）由单位主要负责人聘任，外商独资企业采用的主要是这种模式；

3）由企业董事会任命，股份制企业采用的主要是这种模式；

4）由集团公司委派或提名。

（3）总会计师的职责权限。

要在继续保持传统财务会计管理功能的前提下，充分发挥总会计师在提升企业价值和股东价值方面的重要作用。总会计师除了在编制和执行预算、进行成本管理和经济核算、实施会计监督和控制、配备和管理会计人员等方面具备职权外，还在企业价值管理、风险管理、信息管理、人力资源管理等方面具备职责。

（4）总会计师能力框架体系。

1）决策能力，即进行财务决策及参与其他战略决策的能力；

2）战略规划能力，即规划公司财务目标、财务战略及财务功能远景的能力；

3）分析能力，即建立和运用模型，进行财务分析，提供决策支持的能力；

4）领导能力，即领导团队实施财务战略，实现财务功能远景，建立高效会计核算系统和财务流程的能力；

5）协作能力，即维护相关关系的能力，以及与其他高层管理人员、业务部门形成业务伙伴关系的能力；

6）控制能力，即以内部控制制度控制交易流程的能力，以及运用预算管理、成本管理、风险管理等手段，控制既定业绩目标的能力；

7）资源管理能力，即管理财务信息资源的能力，以及保全公司资产并使之高效运转的能力。

【注 意】

“着眼于全面提升大中型企事业单位总会计师的能力素质，促进我国大中型企事业单位进一步提高现代化经营管理水平和国际竞争力。要充分发挥国家会计学院培养高层次会计人才的教学资源优势，以5年为一个周期、每年1万人左右的规模，对全国所有大中型企事业单位的总会计师开展轮训。”这是《会计行业中长期人才发展规划（2010～2020年）》就总会计师素质提升提出的明确要求。

2.6.2 会计代理记账的规定

1. 代理记账的概念

代理记账是针对不具备设置会计机构与会计人员的单位而提出的。所谓代理记账，是指具有特许资格的中介机构接受委托，替不具备设置会计机构和会计人员条件的单位，代理从事会计记账业务的行为。《会计法》第36条规定：“不具备设置条件的，应当委托经批准设立从事会计代理记账业务的中介机构代理记账。”

2. 代理记账机构应具备的条件

在我国从事代理记账业务的机构，应具备下列4个条件。

（1）至少有3名持有会计从业资格证书的专职人员，同时聘用一定数量相同条件的兼职从业人员；

（2）代理记账业务的负责人必须具有会计师以上专业技术资格；

（3）代理记账机构有健全的代理记账业务规范和财务会计管理制度；

（4）机构的设立依法经过工商行政管理部门或者其他管理部门核准登记。

申请成立代理记账机构，必须经过县级以上财政部门审查批准，并领取由财政部统一印制的《代理记账许可证书》，才能从事代理记账业务。

【注 意】

代理记账机构除了必须有营业执照外，还必须有县级以上财政部门批准的代理记账许可证。

3. 代理记账机构的业务范围

代理记账机构可以根据委托人的委托，办理下列几项业务。

（1）根据委托人提供的原始凭证和其他资料，按照国家统一的会计制度的规定，进行会计核算，包括审核原始凭证、填制记账凭证、登记会计账簿、编制财务会计报告；

（2）定期向政府有关部门和其他财务会计报告使用者提供财务会计报告；

（3）定期向税务机构提供税务资料；

（4）委托人委托的相关经济业务。

4. 代理记账机构与委托人的关系

（1）委托人与代理记账机构应当签订合同，明确双方的权利和义务。合同应具备以下内容：委托人、代理记账机构对会计资料真实性、完整性承担责任；明确会计凭证传递程序和签收手续；编制和提供财务会计报告的要求；会计档案保管的要求；双方终止合同应办理的会计交接事宜。

（2）委托人应当履行的义务有：对本单位发生的经济业务事项，必须填制或者取得符合国家统一的会计制度规定的原始凭证；应当配备专人负责日常货币收支和保管；及时向代理记账机构提供真实、完整的凭证和其他相关资料；对于代理记账机构退回的、要求按照国家统一的会计制度规定进行更正、补充的原始凭证，应当及时予以更正、补充。

5. 代理记账人员应当履行的义务

代理记账人员应当遵守会计法律、法规和国家统一的会计制度，依法履行职责；对在执行业务中知悉的商业秘密，负有保密义务；对委托人示意要求做出的会计进行处理。对提供不实会计资料，以及其他不符合法律、法规规定要求的，代理记账人员应当拒绝；对委托人提出的有关会计处理原则问题负有解释的责任等。

6. 代理记账的法律责任

代理记账机构对其专职从业人员和兼职从业人员的业务活动承担责任。代理记账机构违反本办法和国家有关规定造成委托人会计核算混乱、损害国家和委托人利益，委托人故意向代理记账机构隐瞒真实情况或者委托人会同代理记账机构共同提供不真实会计资料的，应当承担相应的法律责任。

2.6.3 会计从业资格管理

1. 会计从业资格的概念

会计从业资格是指进入会计职业、从事会计工作的一种法定资格，是进入会计职业的“门槛”。持证者才能上岗，这既是对用人单位的要求，也是对用人单位利益的保护，因为用人单位一般难以对拟聘用的会计人员的专业素质进行考核。同时，这一规定也在一定的程度上保护了已经持证的人员的工作权利，对希望从事会计工作但尚未具备条件的人员来说，这项规定为他们确立了努力的方向。

《会计法》第38条规定：“从事会计工作的人员，必须取得会计从业资格证书。”凡是要从事会计工作的人员，必须取得会计从业资格证书后，才能从事会计工作。会计从业资格证书是证明能够从事会计工作的法律证书，是进入会计职业的“准入证”，往往被称为会计工作的岗位证书。

不具备从业资格的人员，不能从事会计工作，单位也不能聘用。否则，将承担相应的法律责任。

2. 会计从业资格证的适用范围

财政部《会计从业资格管理办法》对会计从业资格的适用范围作了明确规定：在国家机关、事业单位、企业、公司、社会团体和其他组织（以下简称单位）从事会计工作的人员，必须取得会计从业资格，持有会计从业资格证书。

3. 会计从业资格证的取得

会计从业资格是依法对从事会计工作的人员实行的市场准入制度，是进入会计岗位的“上岗证”。根据《中华人民共和国会计法》和《会计从业资格管理办法》，从事会计工作的人员应当具备相应的专业基础知识，通过严格考试取得会计从业资格。财政部要求各地的财政部门加强会计从业资格管理，依据会计人员的知识结构和能力框架要求，在全国范围内实行会计从业资格考试统一大纲、统一题库、统一标准。

国务院法制办和财政部网站同时发布了《会计从业资格管理办法》（修订草案征求意见稿），于2011年11月30日前在全国公开征求意见。草案规定在国家机关、社会团体、公司、企业、事业单位和其他组织从事会计岗位工作，无论学历、职称、职务高低都必须先取得会计从业资格证才能上岗。

（1）报考条件。

凡符合《会计法》、《会计从业资格管理办法》等有关法律、法规规定，申请取得会计从业资格的人员，均可报名考试：坚持原则，具备良好的道德品质；遵守国家法律、法规；具备一定的会计专业知识和技能；热爱会计工作，秉公办事。

【注意】

被吊销会计从业资格证的人员，符合重新申请取得会计从业资格条件的，均须参加会计从业资格考试。

因有提供虚假财务会计报告、做假账、隐匿或者故意销毁会计凭证、会计账簿、财务会计报告，贪污、挪用公款，职务侵占等与会计职务有关的违法行为，被依法追究刑事责任的人员，不得取得或者重新取得会计从业资格。

（2）报名地点。

会计从业资格管理实行属地原则。县级以上财政部门（含县级，下同）负责本行政区域内的会计从业资格管理。新疆生产建设兵团负责所属农场、连队等单位的会计从业资格管理。中央在京单位的会计从业资格管理，委托中共中央直属机关事务管理局、国务院机关事务管理局分别负责。中国人民解放军、中国人民武装警察部队、铁道部系统的会计从业资格管理，委托中国人民解放军总后勤部、中国人民武装警察部队后勤部和铁道部分别负责。

县级以上财政部门（含县级）负责本行政区域内的会计从业资格管理，所以各地的网上报名入口都不同。比如，北京考试报名的网站是北京会计网 http://www.kuaiji.com.cn/和北京市财政局 http://www.bjcz.gov.cn/。

（3）报考人员需携带的资料。

报考时，报考人员需携带本人身份证、近期同底片免冠一寸照片两张，到指定报名地点填写相关表格，办理报名手续。有条件的地区，要求考生先在网上注册报名，将报名表打印后贴上照片，再到指定报名地点交表、交费办理报名手续。

（4）考试科目。

会计从业资格考试科目为《财经法规与会计职业道德》、《会计基础》、《初级会计电算化》（或者《珠算五级》）。

考试教材由各省级财政部门分别编写，为体现考试的时效性，一般每年都会有所调整。由于考试大纲是由财政部统一制定的，各省的教材也有一定的通用性。财政部要求各地财政部门加快推进会计从业资格无纸化考试，提高会计从业资格考试的公正性、科学性。

【注 意】

会计从业资格考试方式在修订草案中有变化：取消了中专以上会计类专业考试科目免试的规定，凡要求取得会计从业资格的人员都必须参加全部科目的考试，并且所有科目必须一次性通过，考试将全部采用无纸化方式进行。同时在考试科目的设置上，取消了珠算考试项目。截至2012年1月，从2005年开始执行的珠算考试项目没有取消。

（5）领取证书方式。

参加会计从业资格证考试通过的人员，必须在成绩公布后6个月内申领会计从业资格证书，逾期不领取证书的，将视同自动放弃。

【注 意】

会计从业资格证书将设置有效期，规定会计从业资格证书从发证之日起6年内有效，按规定办理持证人员基本信息、从事会计工作情况、信息变更或调转等项目登记并按时完成继续教育的，可以在证书到期前6个月内办理换发证书手续。对死亡或丧失行为能力、超过有效期、被吊销资格证书将予以注销。

2.6.4 会计从业资格证书管理

1. 上岗注册登记管理

会计从业资格证书管理实行注册登记制度。

持证人员从事会计工作，应当自从事会计工作之日起90日内，填写注册登记表，并持会计从业资格证书和所在单位出具的从事会计工作的证明，按从业资格的管理级次向会计从业资格管理机构办理注册登记。

会计从业资格管理机构依法对从事会计工作的人员持有会计从业资格证书注册登记情况实施监督检查。

2. 离岗备案管理

会计从业资格证书管理实行离岗备案制度。

持证人员离开会计工作岗位超过6个月的，应当填写注册登记表，并持会计从业资格证书，向原注册登记的会计从业资格管理机构备案。

3. 调转登记管理

持证人员在同一会计从业资格管理机构管辖范围内的调转工作单位，且继续从事会计工作的，应当自离开原工作单位之日起90日内，填写调转登记表，持会计从业资格证书及调入单位开具的从事会计工作的证明，办理调转登记。

持证人员在不同会计从业资格管理机构管辖范围内调转工作单位，且继续从事会计工作的，应当填写调转登记表，持会计从业资格证书，及时向原注册登记的会计从业资格管理机构办理调出手续；并自办理调出手续之日起90日内，持会计从业资格证书、调转登记表和调入单位开具的从事会计工作证明，向调入单位所在地区的会计从业资格管理机构办理调入手续。

【注意】

如果在A市获得会计从业资格证，现在到B市工作了，要办会计档案调转手续。先到会计从业资格证上注明的财政局会计科或者会计学会办理会计证调出手续，然后到现在实际工作地的单位开具介绍信，将转出的相应会计档案材料调人工作地所属的县级财政局。

4. 变更登记管理

持证人员的学历或学位、会计专业技术职务资格等发生变更的，应向所属会计从业资格管理机构办理从业档案信息变更登记。

2.6.5 会计人员继续教育

会计职业是一项政策性、专业性都很强的职业，也是广泛涉及经济社会领域的职业。会计和相关经济社会领域的法律、法规、规章制度的变化，需要会计人员学习、掌握并运用到具体工作实践中。因此，《会计法》第39条规定："会计人员应当遵守职业道德，提高业务素质，对会计人员的教育和培训工作应当加强。"将会计人员继续教育作为实现会计人员知识更新、能力提升的重要制度安排。《会计人才规划》要求进一步"完善会计人员继续教育制度"。

财政部要求严格会计人员继续教育学时制度，创新和丰富会计人员继续教育内容和手段，积极引入远程网络化教学等现代化培训方式。要采取评估、考核、备案、公示等有效措施，加强对会计人员继续教育施教机构的管理，严厉打击施教机构乱收费、乱办班、虚假培训等行为。

1. 会计人员继续教育的培训内容

会计人员继续教育的内容主要包括：会计理论、政策法规、业务知识培训和技能训练、职业道德等。

（1）会计理论继续教育，重点应加强会计基础理论和应用理论的培训，提高会计人员用理论指导实践的能力。

（2）政策法规继续教育，重点加强会计法规制度及其他相关法规制度的培训，提高会计人员依法理财的能力。

（3）业务知识培训和技能训练，重点加强履行岗位职责所必备的专业知识和经营管理、内部控制、信息化等方面的培训，提高会计人员的实际工作能力和业务技能。

（4）职业道德继续教育，重点加强会计职业道德的培训，提高会计人员职业道德水平。

在继续教育内容上尽可能体现行业特色，针对会计人员工作的不同类别有所侧重，如金融企业会计人员的学习内容应包括金融制度和相关规定及知识，行政事业性单位会计人员的学习内容应包括行政事业单位特定的会计制度及相关规定，会计师事务所会计人员的学习内容应侧重于审计、内部控制方面的内容，高等院校会计人员的学习重点应放在会计理论研究的最新动态。

2. 会计人员继续教育的形式

会计人员继续教育采用网络教育与面授教育双轨并行的形式，会计人员可按照注册地财政部门的具体实施方案自主选择。鼓励省级主管部门和大型企业举办本系统、本单位的会计人员继续教育培训班。

【注 意】

一般情况下，高级会计人员的继续教育，由省财政厅组织和实施。中、初级会计人员由市、县（市、区）财政部门组织实施。注册在省财政厅或由省财政厅颁发会计从业资格证书的非注册人员可参加网络继续教育，也可参加省财政厅认可的培训机构的面授教育或省级主管部门组织的系统培训。

2.6.6 会计专业技术职称

会计职称证（会计专业技术资格证）是专业技术资格证书，是一个人专业水平程度的反映。会计职称制度是长期形成并被社会广泛认可的培养、选拔不同层级会计专业技术人才的有效政策措施。

财政部提出，要突出重点，兼顾一般，在着力培养高级会计人才的同时，重视会计从业人员、会计初级和中级人才的培养，促进会计人才资源结构优化、布局合理，努力打造一支职业道德水准高、业务娴熟、技能综合、职业判断能力强的会计人才队伍。到2015年，实现高级、中级、初级会计人才比例为5∶35∶60；到2020年，使这一比例为10∶40∶50。

1. 增加正高级会计技术职称

财政部正在着力改革现行会计专业技术资格制度，增设正高级会计专业技术资格，形成初级、中级、高级（含副高级和正高级）等层次清晰、相互衔接、体系完整、逐级递进的会计专业技术资格体系。即截至2012年1月，会计职称级别有初级会计技术职称（助理会计师）、中级会计技术职称（会计师）、高级会计技术职称（高级会计师）。

财政部拟增加正高级会计技术职称（正高级会计师），因为会计专业技术资格作为一种技术等级，是与其工资、待遇挂钩的。由于现行会计职称制度设计上的限制，会计人员的最高等级只能享受副高级职称的待遇和评价，而且以后的进步和提升都不能带来评价和待遇的相应提高。如不能加快改革步伐，会计人员最多只能停留在“副高水平”，享受“副高待遇”。会计专业缺少正高级专业技术资格，在一定程度上限制了高级会计人员的工作积极性和发展空间。建立更高层次的会计专业技术资格，既是深化会计职称制度改革的要求，也是拓宽会计人员的职业发展空间，充分调动会计人员的工作积极性、主动性和创造性的必然要求。

【注意】

截至2012年1月，初、中级会计专业技术资格（会计员、助理会计师、会计师）实行全国统一的考试制度；高级会计专业技术资格（高级会计师），实行考试（笔试）与评审相结合评价制度；对正高级会计专业技术资格（正高级会计师），采用何种评价方式，是否需要实行考试与评审相结合的评价制度，考试方式是笔试还是面试，财政部现在还没有确定。

截至2011年5月，初、中级会计专业技术资格已成功举办了19次全国性的大规模考试（1995年因考试政策调整，停考1年）。截至2011年9月，高级会计师共举办了9次考试。实行会计专业技术资格考试和考评结合制度，有利于建立科学、合理、公正的会计人才评价和选拔机制，在调动广大会计人员学习专业知识的积极性、提高会计人员素质、加强会计工作等方面都发挥了积极的促进作用。

2. 会计专业技术资格的知识结构和能力框架

（1）初级会计专业技术资格的知识结构和能力框架。初级会计专业技术资格（含会计员、助理会计师），是会计专业职称序列中最低的技术职称。初级会计专业技术资格是在取得会计从业资格证书、掌握运用会计从业资格应具备的知识基础上的能力提升。具有初级专业技术资格的会计人员应当具备会计基本操作能力，能够独立处理一般会计业务，协助会计主管完成相关财务、会计工作；应当较为系统地掌握会计实务原理和专业知识，熟悉财务管理的基本原理，并正确执行基本的财经法律制度。

（2）中级会计专业技术资格的知识结构和能力框架。中级会计专业技术资格相当于会计人员中级职称，一般具有能够担任单位会计机构负责人或会计主管人员的能力和水平。具备中级会计专业技术资格的会计人员应当能够独立负责并组织开展某一领域的会计工作，能够协助会计部门负责人或独立完成相关财务会计的领导工作。因此，要求中级会计资格人员具有扎实的财务会计理论功底，较为系统地掌握最新的会计准则制度，熟悉并能正确执行有关会计等财经法律制度，熟悉财务管理理论和方法，能够熟练运用上述专业知识草拟本单位比较重要的财务会计制度、规定和办法，对单位日常财务事项做出及时准确的职业判断等。具备对一般或常规业务的分析处理和专业判断能力，是中级会计专业技术人员的显著特征。

（3）高级会计专业技术资格的知识结构和能力框架。高级会计专业技术资格属于会计高级职称，其持有者具有较高的专业水平和丰富的会计工作经验，是单位高层次会计人员，一般能够胜任大中型企业的总会计师或财务总监，能够独立领导和组织开展本单位财务会计工作。具有高级会计专业技术资格的人员应当系统掌握经济、财务会计理论和专业知识，熟悉并能正确组织执行财经法律制度，具有较高的政策水平和丰富的财务会计工作经验，能够组织开展单位财务会计工作，制定本单位会计工作方案与办法，参与单位经营管理，能够对单位重大财务事项进行独立、合理的职业判断，能够协助单位负责人完成单位财务会计等相关工作。

（4）正高级会计专业技术资格的知识结构和能力框架。正高级会计专业技术资格是会计专业技术资格中最高技术等级，拥有正高级会计专业技术资格的人员应当具有相当于大型企业集团或特大型企业总会计师、财务总监等企业高级管理人员的能力和水平，能够从财务的视角全面介入企业的经营管理决策。正高级会计专业技术资格的知识结构和能力框架应当定位于在全面掌握会计实务、财经法规和财务管理的基础上，侧重考评大型企业集团内部控制、资本运作、企业并购、信息系统规划等内容。具有正高级会计专业技术资格的总会计师的能力框架的显著特征，是具备全面参与企事业单位管理活动的能力。

3. 会计技术职称考试

近年来，会计资格考试采取了一系列措施，考务管理水平不断提高，取得了不少突破，如开展网上报名、网上编排考场、网上打印准考证、网上评卷等。

（1）报考会计职称考试的基本要求见表2-6。

表2-6 我国会计职称考试情况

会计职称	考试科目	报名基本条件	报名附加条件	成绩保留年限
初级（会计员、助理会计师）	闭卷：《初级会计实务》、《经济法基础》	（1）坚持原则，具备良好的职业道德品质 （2）认真执行《会计法》和国家统一会计制度，无严重违反财经纪律行为 （3）履行岗位职责，热爱本职工作 （4）具备会计从业资格，持有会计从业资格证书	高中以上学历	1
中级（会计师）	闭卷：《会计实务》、《经济法》、《财务管理》		大学专科：从事会计工作5年 大学本科：从事会计工作4年 双学士：从事会计工作2年 硕士：从事会计工作1年 博士：从事会计工作0年	2
高级（高级会计师）	开卷《高级会计实务》+评审		具备资格：会计师、审计师、经济师等	3
高级（正高级会计师）	待定		具备资格：高级会计师、高级审计师、高级经济师等	待定

【注 意】

报名条件中所规定的从事会计工作年限是指取得规定学历前、后从事会计工作的合计年限，其截止日期为考试报名年度当年年底。

（2）会计技术职称考试时间。

会计专业初级、中级职称考试原则上每年举行一次，考试日期一般为每年5月第3个星期六、星期日。如遇特殊情况需要调整考试时间，财政部、人事部将及时通知各地。

高级会计职称的考试日期一般为每年9月的第1个星期六或者星期日上午。

2.6.7 注册会计师

注册会计师是向社会提供审计、咨询等专业服务的执业人员。注册会计师是我国会计人才队伍中对外开放需求较大、对外开放程度较高的专业人员。《会计人才规划》提出了2020年建成“国际一流会计人才队伍”的战略目标，要实现这一目标，必须形成独特的注册会计师人才竞争优势。

为妥善化解我国注册会计师行业人才队伍建设面临的困难和问题，逐步缩小与国际同行的人才差距，努力提高全行业的整体素质，《会计人才规划》提出要凝聚三类高素质注册会计师，建立注册会计师行业“人才方阵”，形成“领军人才辐射带动、开拓国际，优秀人才奋力拼搏、大展宏图，潜在人才不断积聚、蓄势待发，行业队伍人才济济、充满活力的生动局面”。

注册会计师考试科目为：会计、审计、财务成本管理、公司战略与风险管理、经济法、税法六个科目；综合阶段考试设职业能力综合测试一个科目。鼓励具有一定英语基础的考生，进一步学习会计、审计、财务、经济等方面的专业英语知识，以处理英文环境下的实务问题。

《会计人才规划》以培养造就具有国际认可度的注册会计师为重点，提出“到2015年，培养造就600名具有国际认可度的中国注册会计师；到2020年，在2015年的基础上再新增2000人，推荐其中50名左右的高端人才到国际性或区域性会计审计组织任职或服务”，为注册会计师行业加快发展提供人才保障。

【注意】

目前，财政部正与国务院学位办和教育部沟通，已经在许多高等院校推出会计专业硕士（MPAcc）改革方案，这是对现行会计教育制度的重大改革，是对注册会计师行业人才建设的重大利好。MPAcc改革方案通过相应的课程设置和业务学习制度，将培养出大批既有学历又有学位的高水平、应用型人才。改革方案初步考虑推行注册会计师与专业学位双挂钩的政策，即MPAcc毕业的学生在考取注册会计师资格时可以免试相应的科目，注册会计师在考取MPAcc专业学位时可以享受加分等优惠政策。MPAcc教育注重实证研究和案例教学，进一步促进了学历教育和在职应用的协调发展，为注册会计师提升理论素养和综合分析能力提供了广阔的开发平台。

2.6.8 会计工作岗位设置

会计工作岗位是指单位在其会计机构内部根据业务分工不同而设置的职能岗位。企业应根据自身规模大小、业务量多少等具体情况设置会计岗位，一般大中型企业应设置会计主管、出纳、固定资产核算、材料物资核算、工资核算、成本核算、收入、利润核算、资金核算、总账报表和稽核等会计岗位。小型企业因业务量较少，应适当合并减少岗位设置，例如可设置出纳、总账报表和明细分类核算等会计岗位。

会计工作岗位的设置，可以一人一岗、一人多岗或者一岗多人。在设置会计岗位时，应当符合以下4点要求。

（1）适合本单位会计业务的需要。由于各单位所属行业的性质、自身的规模、义务内容和数量以及会计核算与管理的要求等不同，会计工作岗位的设置条件和要求也不相同。在设置会计工作岗位时，必须结合单位的实际情况，有的分设、有的合并、有的不设，以满足会计业务需要为原则。

（2）建立稽核岗位，符合内部会计控制制度的要求。单位要按照不相容职务相分离的原则，合理设置会计及相关工作岗位，明确职责权限，形成相互制衡机制。

《会计法》第37条规定："会计机构内部应当建立稽核制度。出纳人员不得兼任稽核、会计档案保管和收入、支出、费用、债权债务账目的登记工作。"

（3）实行定期轮岗制度。《会计基础工作规范》要求："会计人员的工作岗位应当有计划地进行轮换。"这样做不仅可以激励会计人员不断进取，改进工作，在一定程度上也有助于防止违法乱纪，保护会计人员。

（4）建立岗位责任制。对于每个会计岗位，应当制定相应的岗位责任制，明确职责和权限。

2.6.9 会计人员回避制度

回避制度是指为了保证执法或者执业的公正性，对由于某种原因可能影响其公正执法或者执业的人员实行任职回避和业务回避的一种制度。回避制度已成为我国人事管理的一项重要制度。事实表明，在会计工作中由于亲情关系而通同作弊和违法违纪的不在少数，在会计人员中实行回避制度，其必要性已经十分明显。我国已有相关法规对会计人员回避制度做出了规定，如1993年8月14日国务院发布的《国家公务员暂行条例》第61条规定："国家公务员之间有夫妻关系、直系血亲关系、三代以内旁系血亲关系以及近姻亲的……也不得在其中一方担任领导职务的机关从事监察、审计、人事、财务工作"。

亲属关系是因婚姻、血缘或收养而产生的社会关系。亲属关系作为一种基本的社会关系，他们之间通过父、母、夫、妻、儿、女、兄、弟、姐、妹、姑、舅、侄等称谓来表示，他们之间在法律上和道义上都相互具有一定的权利义务关系。这种权利义务关系，在家庭生活中表现为相互抚养的权利和义务；在一般事情上表现为比他人更为紧密的合作与支持；在工作和个人事业上，这种密切关系往往表现为相互提携、相互支持。在工作和个人事业上，这种密切关系就容易滋生用人唯亲、相互利用甚至徇私枉法的弊端，所以，要实行回避。

需要回避的主要亲属关系包括以下3个方面。

（1）夫妻关系。夫妻关系是血亲关系和姻亲关系的基础和源泉，它是亲属关系中最核心、最重要的部分。属亲属回避的主要内容之一。

（2）直系血亲关系。直系血亲关系是指具有直接血缘关系的亲属。法律上讲有两种情况：一种是出生于同一祖先，有自然联系的亲属，如祖父母、父母、子女等；第二种是指本来没有自然的或直接的血缘关系，但法律上确定其地位与血亲相等，如养父母和养子女之间的关系。直系血亲关系是亲属关系中最为紧密的关系之一，也应当列入回避范围。

（3）三代以内旁系血亲以及近姻亲关系。旁系血亲是指源于同一祖先的非直系的血亲。所谓三代，就是从自身往上或者往下数三代以内，除了直系血亲以外的血亲，就是三代以内旁系血亲，实际上就是自己的兄弟姐妹及其子女与父母的兄弟姐妹及其子女。所谓近姻亲，主要是指配偶的父母、兄弟姐妹，儿女的配偶及儿女配偶的父母。三代以内旁系血亲以及近姻亲关系在亲属中也是比较亲密的关系，所以也需要回避。

【注意】

国家机关、国有企业、事业单位任用会计人员应当实行回避制度。单位负责人的直系亲属不得担任本单位的会计机构负责人、会计主管人员。会计机构负责人、会计机构人员的直系亲属不得在本单位的会计机构中担任出纳工作。出纳人员不得兼管稽核、会计档案保管和收入、费用、债权债务账目的登记工作。

【例2-6】

2011年6月，某国有企业新领导班子上任后做出了精简内设机构等决定，将会计科撤并到企业管理办公室（简称企业管办），同时任命企管办主任王某兼任会计主管人员。会计科撤并到企管办后，会计工作的分工如下：原会计科会计继续担任会计；原企管办工作人员、企管办主任王某的女儿担任出纳工作。企管办主任王某自参加工作后一直从事文秘工作，为了尽快胜任会计主管人员岗位，企业同意王某半脱产参加会计培训班，并参加2011年10月的会计从业资格考试。

【解析】

企业撤并会计机构符合会计法律规定；王某不符合担任会计主管条件，有会计从业资格并从事会计工作3年以上或中级以上专业技术资格才行。王某的女儿不能担任出纳工作，因为会计机构负责人、会计主管人员的直系亲属不得在本单位会计机构担任出纳工作。

至于其他单位是否实行会计人员回避制度，《会计基础工作规范》没有明确规定。但是，鉴于会计人员回避制度在防范上的积极作用，其他单位应当有必要对会计人员实行必要的回避或参照《会计基础工作规范》的有关规定执行。

2.6.10 会计人员的工作交接

会计人员工作交接是会计工作中的一项重要内容。《会计法》第41条规定：“会计人员调动工作或者离职，必须与接管人员办理交接手续。一般会计人员办理交接手续，由会计机构负责人（会计主管人员）监交；会计机构负责人（会计主管人员）办理交接手续，由单位负责人监交，必要时主管单位可以派人会同监交。”这是对会计人员工作交接问题做出的法律规定。

做好会计交接工作，可以使会计工作前后衔接，保证会计工作连续进行；做好会计交接工作，可以防止因会计人员的更换出现账目不清、财务混乱等现象；做好会计交接工作，也是分清移交人员和接管人员责任的有效措施。

除《会计法》规定的会计人员在调动工作或离职时必须办理会计工作交接的情况之外，会计人员在临时离职或其他原因暂时不能工作时，也应办理会计工作交接，《会计基础工作规范》对此作了进一步的规定。

1. 会计工作交接的内容

（1）临时离职或因病不能工作、需要接替或代理的，会计机构负责人（会计主管人员）或单位负责人必须指定专人接替或者代理，并办理会计工作交接手续。

（2）临时离职或因病不能工作的会计人员恢复工作时，应当与接替或代理人员办理交接手续。

（3）移交人员因病或其他特殊原因不能亲自办理移交手续的，经单位负责人批准，可由移交人委托他人代办交接，但委托人应当对所移交的会计凭证、会计账簿、财务会计报告和其他有关资料的真实性、完整性承担法律责任。

2. 办理会计工作交接的基本程序

（1）办理会计工作交接前的准备工作。

1）已经受理的经济业务尚未填制会计凭证的应当填制完毕。

2）尚未登记的账目应当登记完毕，结出余额，并在最后一笔余额后加盖经办人印章。

3）整理好应该移交的各项资料，对未了事项和遗留问题要写出书面说明材料。

4）编制移交清册，列明应该移交的会计凭证、会计账簿、财务会计报告、公章、现金、有价证券、支票簿、发票、文件、其他会计资料和物品等内容；实行会计电算化的单位，从事该项工作的移交人员应在移交清册上列明会计软件及密码、会计软件数据盘、磁带等内容。

5）会计机构负责人（会计主管人员）移交时，应将财务会计工作、重大财务收支问题和会计人员的情况等向接替人员介绍清楚。

（2）移交点收。

移交人员离职前，必须将本人经管的会计工作，在规定的期限内，全部向接管人员移交清楚。接管人员应认真按照移交清册逐项点收。

1）现金要根据会计账簿记录余额进行当面点交，不得短缺，接替人员发现不一致或“白条抵库”现象时，移交人员在规定期限内负责查清处理。

2）有价证券的数量要与会计账簿记录一致，有价证券面额与发行价不一致时，按照会计账簿余额交接。

3）会计凭证、会计账簿、财务会计报告和其他会计资料必须完整无缺，不得遗漏。如有短缺，必须查清原因，并在移交清册中加以说明，由移交人负责。

4）在会计账簿中，移交人在最后一笔余额上加盖个人印章。

5）银行存款账户余额要与银行对账单核对相符，如有未达账项，应编制银行存款余额调节表调节相符；各种财产物资和债权债务的明细账户余额，要与总账有关账户的余额核对相符；对重要实物要实地盘点，对余额较大的往来账户要与往来单位、个人核对。

6）公章、收据、空白支票、发票、科目印章以及其他物品等必须交接清楚。

7）实行会计电算化的单位，交接双方应在电子计算机上对有关数据进行实际操作，确认有关数字正确无误后，方可交接。

3. 专人负责监交

为了明确责任，会计人员办理工作交接时，必须有专人负责监交。通过监交，可以保证双方都按照国家有关规定认真办理交接手续，防止流于形式，确保会计工作不因人员变动而受影响；保证交接双方处在平等的法律地位上享有权利和承担义务，不允许任何一方以大压小，以强凌弱，或采取非法手段进行威胁。移交清册应当经过监交人员审查和签名或者盖章，作为交接双方明确责任的根据。

（1）一般会计人员办理交接手续，由会计机构负责人（会计主管人员）监交。

（2）会计机构负责人（会计主管人员）办理交接手续，由单位负责人监交，必要时主管单位可以派人会同监交。

所谓必要时由主管部门派人会同监交，是指有些交接需要主管单位监交或者主管单位认为需要参与监交。

（1）所属单位负责人不能监交，需要由主管单位派人代表主管单位监交。如因单位撤并而办理交接手续等。

（2）所属单位负责人不能尽快监交，需要由主管单位派人督促监交。如主管单位责成所属单位撤换不合格的会计机构负责人（会计主管人员），所属单位负责人却以种种借口拖延不办交接手续时，主管单位就应派人督促会同监交等。

（3）不宜由所属单位负责人单独监交，而需要主管单位会同监交。如所属单位负责人与办理交接手续的会计机构负责人（会计主管人员）有矛盾，交接时需要主管单位派人会同监交，以防止可能发生的单位负责人借机刁难等情况。

此外，主管单位认为交接中存在某种问题需要派人监交时，也可派人会同监交。

4. 交接后的有关事宜

（1）会计工作交接完毕后，交接双方和监交人在移交清册上签名或盖章，并应在移交清册上注明：单位名称，交接日期，交接双方和监交人的职务、姓名，移交清册页数以及需要说明的问题和意见等。

（2）接管人员应继续使用移交前的账簿，不得擅自另立账簿，以保证会计记录前后衔接，内容完整。即新人接旧账。

（3）移交清册一般应填制一式3份，交接双方各执1份，存档1份。

5. 会计交接注意事项

（1）交接表清楚。注意检查交接表上的内容与事实是否相符。

（2）发票认真审核。检查发票本数与事实相符；单位的银行存款日记账要与银行对账单相符；现金日记账要与保险柜的库存现金相符；财产明细账要与财产保管账相符。认真清点仓库，同时对固定资产也要进行清查。

（3）单位、个人往来账应该进行核对。

6. 办理会计工作交接后，移交人与接交人的会计责任

《会计基础工作规范》第35条规定：“移交人员对移交的会计凭证、会计账簿、会计报表和其他会计资料的合法性、真实性承担法律责任。”

如果移交人员所移交的会计资料是在其经办会计工作期间内发生的，则移交人员应当对这些会计资料的合法性、真实性负责，即使接替人员在交接时因疏忽没有发现所接会计资料在合法性、真实性方面的问题，如事后发现，也应由原移交人员负责，原移交人员不应以会计资料已经交接而推卸责任；如果所发现的会计资料真实性、合法性方面的问题不在原移交人员的经办期间发生，而是在其后，则不应有原移交人员承担责任，而应有接管人

员承担责任。

作为会计人员，必须认识到会计交接是一项严肃认真的工作，不仅涉及会计工作的连续性，而且关系到有关人员的法律责任，交接双方和监交人员以及其他的相关人员，必须认真对待，不得敷衍了事，马虎应付。

2.7 会计法律责任

2.7.1 违反《会计法》的法律责任概述

我国的法律责任包括行政责任和刑事责任。

行政责任，是指由国家行政机关或国家授权的组织对违反法律规定的单位和个人依法采取的行政制裁。行政责任包括行政处罚和行政处分。《会计法》的不少规定涉及对会计行为的行政管理，属于行政法律规范。

1. 行政处罚

行政处罚是指特定的行政主体基于一般行政管理职权，对其认为违反行政法上的强制性义务、违反行政管理程序的行政管理相对人所实施的一种行政制裁措施。

根据《行政处罚法》的规定，行政处罚的种类包括：警告；罚款；没收违法所得、没收非法财物；责令停产、停业；暂扣或吊销许可证、暂扣或吊销营业执照；行政拘留；法律、行政法规规定的其他行政处罚。

1996 年 3 月 17 日第八届人民代表大会第四次会议通过的《行政处罚法》，对处罚的种类和实施做出了规定：

（1）行政处罚主要分为警告、罚款、没收违法所得、没收非法财物、责令停产停业、暂扣或者吊销许可证、暂扣或者吊销执照、行政拘留。

（2）“一事不再罚”。当事人因同一个违法行为可能触犯一个法律规范，也可能触犯多个法律规范。在触犯多个法律规范尤其是各个法律规范的执法主体不同的情况下，往往出现多头处罚或重复处罚的情况，加重了行为人的处罚负担，达不到处罚的目的。因此，《行政处罚法》规定了对同一违法行为不得给予两次罚款的行政处罚。

（3）当事人主动消除或者减轻违法行为危害后果，或者是受人胁迫而违法，或者配合行政机关查处违法行为有立功表现的，应当依法从轻或者减轻行政处罚。违法行为轻微并及时纠正，没有造成危害后果的，不予行政处罚。

（4）行政机关在做出处罚决定之前，应当告知当事人处罚的理由、依据，告诉当事人有权陈述和申辩。

（5）行政处罚决定做出以后，当事人应当在处罚决定的期限内履行。注意了对行政处罚相对人合法权益的司法保护。

（6）我国对违法或者不当行政处罚的法律救济形式包括行政复议和行政诉讼。

1）行政复议。根据《行政诉讼法》的规定，公民、法人或者其他组织认为行政机关和行政机关工作人员的具体行政行为侵犯其合法权益，有权向上一级行政机关或者法律、法规规定的行政机关申请复议。

2）行政诉讼。对复议不服的，可以向人民法院提起行政诉讼，也有权直接向人民法院提起诉讼。

2. 行政处分

行政处分是国家工作人员违反行政法律规范所应承担的一种行政法律责任，是行政机关对国家工作人员故意或者过失侵犯行政相对人的合法权益所实施的法律制裁。

按照《刑法》第 93 条的规定，国家工作人员，是指国家机关中从事公务的人员；国有公司、企业、事业单位、人民团体中从事公务的人员和国家机关、国有公司、企业、事业单位委派到非国有公司、企业、事业单位、社会团体从事公务的人员，以及其他依照法律从事公务的人员，以国家工作人员论。

3. 行政处罚和行政处分的不同

行政处罚和行政处分都属于承担行政责任的方式，两者之间的区别主要有以下 4 点。

(1) 行为性质不同：行政处罚属于外部行政行为，以管辖关系为基础；行政处分属于内部行政行为，以行政隶属关系为基础。

(2) 制裁对象不同：行政处罚的对象则是任何违法的单位和个人；行政处分的对象仅限于行政机关系统内部的国家工作人员。

(3) 法律依据不同：行政处罚所依据的是有关行政管理的法律规范，如《治安管理处罚法》、《土地管理法》、《环境保护法》等；而行政处分的依据是有关行政机关工作人员或公务员的法律规范，如《公务员法》和《人民警察法》等。

(4) 救济途径不同：对行政处罚决定不服的，可以申请行政复议，也可以向法院起诉；对行政处分决定不服的，只能向做出处分决定的机关或者行政监察部门申诉，不能向法院起诉。

2.7.2 刑事责任

刑事责任是指行为人犯罪后应当承担的法律责任，即对犯罪分子依照刑事法律的规定追究的法律责任。包括犯罪和刑罚。

1. 犯罪

根据《刑法》规定，一切危害国家主权、领土完整和安全，分裂国家、颠覆人民民主专政的政权和推翻社会主义制度，破坏社会秩序和经济秩序，侵犯国有财产或者劳动群众集体所有的财产，侵犯公民私人所有的财产，侵犯公民的人身权利、民主权利和其他权利，以及其他危害社会的行为，依照法律应当受刑罚处罚的，都是犯罪。但是情节显著轻微危害不大的，不认为是犯罪。

2. 刑罚

刑罚是由国家最高立法机关在《刑法》中确定的，由人民法院对犯罪分子适用并由专门机构执行的最为严厉的国家强制措施。根据我国《刑法》规定，刑罚分为主刑和附加刑。

（1）主刑。是对犯罪分子适用的主要刑罚方法，只能独立适用，不能附加适用，对犯罪分子只能判一种主刑。主刑分为管制、拘役、有期徒刑、无期徒刑和死刑。

（2）附加刑。是既可以独立适用又可以附加适用的刑罚方法。即对同一犯罪行为既可以在主刑之后判处一个或两个以上的附加刑，也可以独立判处一个或两个以上的附加刑。附加刑分为罚金、剥夺政治权利、没收财产。对犯罪的外国人，也可以独立或者附加适用驱除出境。

此外，我国《刑法》还规定了非刑罚的处理方法，即对犯罪分子判处刑罚以外的其他方法。包括：由于犯罪行为而使被害人遭受经济损失的，对犯罪分子除刑事处罚外，判处赔偿经济损失；对于犯罪情节轻微不需要判处刑罚的，根据情况予以训诫或者责令具结悔过、赔礼道歉，赔偿损失，或者由主管部门给予行政处罚或者行政处分。

3. 刑事责任与行政责任的不同

（1）追究的违法行为不同：追究刑事责任的是犯罪行为，追究行政责任的是一般违法行为。

（2）追究的机关不同：追究刑事责任的是司法机关，追究行政责任的是国家特定行政机关。

（3）依据的法律法规不同：刑事责任依据刑法，行政责任依据有关行政法规。

（4）承担的法律后果不同：承担刑事责任是最为严厉的制裁，可以判处死刑，比追究行政责任更为严厉。

2.7.3 违反《会计法》行为所应承担的责任及其惩治

《会计法》扩大了惩治对象的范围，加大了对违法行为的惩罚力度，加重了违法行为的法律责任。

针对会计工作中存在的突出问题，《会计法》把伪造、变造会计凭证、会计账簿，编造虚假财务会计报告，以及隐匿、销毁应当保存的会计凭证、会计账簿、财务会计报告及其他会计资料等行为作为惩治的重点。

1. 违反会计制度应承担的法律责任

（1）根据《会计法》的规定，违反国家统一会计制度的行为有以下几个方面。

1）不依法设置会计账簿的；

2）私设会计账簿的；

3）未按照规定填制、取得原始凭证或者填制、取得的原始凭证不符合规定的；

4）以未经审核的会计凭证为依据登记会计账簿或者登记会计账簿不符合规定的；

5）随意变更会计处理方法的；

6）向不同的会计资料使用者提供的财务会计报告编制依据不一致的；

7）未按照规定使用会计记录文字或者记账本位币的；

8）未按照规定保管会计资料，致使会计资料毁损、灭失的；

9）未按照规定建立并实施单位内部会计监督制度或者拒绝依法实施的监督或者不如实提供有关会计资料及有关情况的；

10）任用会计人员不符合本法规定的。

（2）违反《会计法》的规定，应当承担相应的法律责任。

1）责令限期改正。即要求违法行为人在一定期限内停止违法行为并将其违法行为恢复到合法状态。违法单位或者个人应当按照县级以上人民政府财政部门的责令限期改正决定的要求，停止违法行为，纠正错误。

2）罚款。县级以上人民政府财政部门根据行为的性质、情节及危害程度，可以对单位并处3000元以上5万元以下的罚款，对其直接负责的主管人员和其他直接责任人员，可以处2000元以上2万元以下的罚款。

3）行政处分。对直接负责的主管人员和其他直接责任人员中的国家工作人员，视情节轻重，还应当由其所在单位或者其上级单位或者行政监察部门给予警告、记过、记大过、降级、降职、撤职、留用察看和开除等行政处分。

4）吊销会计从业资格证书。会计人员有上述所列行为之一，情节严重的，由县级以上人民政府财政部门吊销会计从业资格证书。

5）依法追究刑事责任。行为人为偷逃税款、骗取出口退税、贪污、挪用公款等目的，从事上述行为，造成严重后果，构成犯罪的，应当依照《刑法》的规定分别定罪、量刑。

2. 伪造、变造会计凭证、会计账簿，编制虚假财务会计报告应承担的法律责任

（1）行政责任。

伪造、变造会计凭证、会计账簿或者编制虚假财务会计报告，情节较轻，社会危害不大，尚不构成犯罪的，应当按照《会计法》第43条规定予以处罚，处罚内容具体包括以下4个方面。

1）通报。由县级以上人民政府财政部门予以通报。通报决定由县级以上人民政府财政部门送达被通报人，并通过一定的媒介公布。

2）罚款。县级以上人民政府财政部门对违法行为视情节轻重，可以对单位并处5000元以上10万元以下的罚款，对其直接负责的主管人员和其他直接责任人员可以处3000元以上5万元以下的罚款。

3）行政处分。对上述所列违法行为直接负责的主管人员和其他直接责任人员中的国家工作人员，应当由其所在单位或者其上级单位或者行政监察部门给予撤职、留用察看直至开除的行政处分。

4）吊销会计从业资格证书。对上述所列违法行为中的会计人员，并由县级以上人民政府财政部门吊销会计从业资格证书。

（2）刑事责任。

对于伪造、变造会计凭证、会计账簿，编制虚假财务会计报告的行为，我国《刑法》明确为犯罪的，主要有以下几种情况。

1）根据《刑法》第201条的规定，纳税人采取伪造、变造账簿、记账凭证，在账簿上多列支出或者不列、少列收入等手段，不缴或者少缴应纳税款，偷税数额占应纳税额的10%以上不满30%并且偷税数额在1万元以上不满10万元的，或者因偷税被税务机关

给予二次行政处罚又偷税的，处3年以下有期徒刑或者拘役，并处偷税数额1倍以上5倍以下罚金；偷税数额占应纳税额的30%以上并且偷税数额在10万元以上的，处3年以上7年以下有期徒刑，并处偷税数额1倍以上5倍以下罚金。扣缴义务人采取前述手段，不缴或者少缴已扣、已收税款，数额占应缴税额的10%以上并且数额在1万元以上的，依照前述规定处罚。对多次犯有上述行为，未经处理的，按照累计数额计算。

2）根据《刑法》第161条的规定，公司向股东和社会公众提供虚假的或者隐瞒重要事实的财务会计报告，严重损害股东或者其他人利益的，对其直接负责的主管人员和其他直接责任人员，处3年以下有期徒刑或者拘役，并处或者单处2万元以上20万元以下罚金。

3）根据《刑法》第229条的规定，承担资产评估、验资、验证、会计、审计、法律服务等职责的中介组织的人员故意提供虚假证明文件（包括虚假的财务会计报告），情节严重的处5年以下有期徒刑或者拘役，并处罚金。上述人员索取他人财物或者非法收受他人财物，犯罪的，处5年以上10年以下有期徒刑或者拘役，并处罚金。

此外，如果行为人为虚报注册资本、虚假出资、抽逃出资、贪污、挪用公款、侵占企业财产、私分国有资产、私分罚没财物，实施伪造、变造会计凭证、会计账簿或者编制虚假财务会计报告的行为，应当按照刑法的有关规定分别定罪、量刑。

3. 隐匿或者故意销毁依法应当保存的会计资料应承担的法律责任

行政责任有以下几个方面：

1）通报。由县级以上人民政府财政部门予以通报。通报决定由县级以上人民政府财政部门送达被通报人，并通过一定的媒介公布。

2）罚款。县级以上人民政府财政部门对违法行为视情节轻重，可以对单位并处5000元以上10万元以下的罚款，对其直接负责的主管人员和其他直接责任人员可以处3000元以上5万元以下的罚款。

3）行政处分。属于国家工作人员的，还应当由其所在单位或者有关单位依法给予撤职直至开除的行政处分。

4）吊销会计从业资格证书。对其中的会计人员，由县级以上人民政府财政部门吊销其会计从业资格证书。

4. 授意、指使、强令会计机构、会计人员及其他人员伪造、变造会计凭证、会计账簿，编制虚假财务会计报告或者隐匿、故意销毁依法应当保存的会计凭证、会计账簿、财务会计报告应承担的法律责任

（1）行政责任。

1）罚款。尚不构成犯罪的，可以处5000元以上5万元以下的罚款。

2）行政处分。属于国家工作人员的，还应当由其所在单位或者有关单位依法给予降级、撤职、开除的行政处分。

（2）刑事责任。

对于隐匿或者故意销毁依法应当保存的会计凭证，会计账簿、财务会计报告的行为，我

国刑法未将其作为犯罪单独加以规定，而是作为犯罪的情节、手段，按不同的罪名予以处罚。

5. 单位负责人对依法履行职责、抵制违反本法规定行为的会计人员以降级、撤职、调离工作岗位、解聘或者开除等方式实行打击报复所应承担的法律责任

（1）行政责任。

1）行政处分。由其所在单位或者有关单位依法给予行政处分。

2）作更正。对受打击报复的会计人员，应当恢复其名誉和原有职务、级别。

（2）刑事责任。

根据《刑法》第255条规定，公司、企业、事业单位、机关、团体的领导人对依法履行职责、抵制违反《会计法》规定行为的会计人员打击报复，情节恶劣的，构成打击报复会计人员罪。根据刑法规定，对犯打击报复会计人员罪的，处3年以下有期徒刑或者拘役。

6. 财政部门及有关行政部门的工作人员滥用职权、玩忽职守、徇私舞弊或者泄露国家秘密、商业秘密的行为应承担的法律责任

（1）行政责任。

对此项行为应依法给予行政处分。

（2）刑事责任。

财政部门及有关行政部门的工作人员滥用职权、玩忽职守、徇私舞弊以及泄露国家秘密、商业秘密的行为可能构成以下几种犯罪。

1）滥用职权罪和玩忽职守罪。根据《刑法》第397条的规定，财政部门及有关行政部门的工作人员滥用职权或者玩忽职守，致使公共财产、国家和人民利益遭受重大损失的，构成滥用职权罪或者玩忽职守罪。对犯罪的，处3年以下有期徒刑或者拘役；情节特别严重的，处3年以上7年以下有期徒刑。财政部门及有关行政部门的工作人员徇私舞弊，犯上述罪行的，处5年以下有期徒刑或者拘役；情节特别严重的，处5年以上10年以下有期徒刑。

2）泄露国家秘密罪。根据刑法第398条的规定，财政部门及有关行政部门的工作人员违反《保守国家秘密法》的规定，故意或者过失泄露国家秘密，情节严重的，构成泄露国家秘密罪。对犯罪的，处3年以下有期徒刑或者拘役；情节特别严重的，处3年以上7年以下有期徒刑。

7. 将检举人姓名和检举材料转给被检举单位和被检举人个人的行为应承担的法律责任

行政责任：由所在单位或者有关单位视情节轻重，依法给予行政处分。

违反《会计法》的法律责任见表2-7。

表2-7 违反《会计法》的法律责任

违法行为	法律责任
1. 违反会计制度规定的行为 ①不依法设置会计账簿的 ②私设会计账簿的 ③未按照规定填制、取得原始凭证或者填制、取得的原始凭证不符合规定的 ④以未经审核的会计凭证为依据登记会计账簿或者登记会计账簿不符合规定的 ⑤随意变更会计处理方法的 ⑥向不同的会计资料使用者提供的财务会计报告编制依据不一致的 ⑦未按照规定使用会计记录文字或者记账本位币的 ⑧未按照规定保管会计资料，致使会计资料毁损、灭失的 ⑨未按照规定建立并实施单位内部会计监督制度或者拒绝依法实施的监督或者不如实提供有关会计资料及有关情况的 ⑩任用会计人员不符合本法规定的	①县级以上政府财政部门责令限期改正 ②对单位处3000～50 000元罚款，对直接负责人处2000～20 000元罚款 ③对属于国家工作人员的给予行政处分 ④对其中的会计人员吊销会计从业资格证 ⑤构成犯罪的依法追究刑事责任
2. 伪造、变造凭证、账簿，编制虚假财务报告 3. 隐匿、故意销毁依法应保存的会计资料	①尚不构成犯罪的，由县级以上人民政府财政部门予以通报 ②对单位并处5000元以上10万元以下的罚款 ③对其直接负责的主管人员和其他直接责任人员，可以处3000元以上5万元以下的罚款 ④属于国家工作人员的，还应当由其所在单位或者有关单位依法给予撤职直至开除的行政处分 ⑤对其中的会计人员，并由县级以上人民政府财政部门吊销会计从业资格证书
4. 授意、指使、强令会计机构、会计人员及其他人员伪造、变造会计凭证、会计账簿，编制虚假财务会计报告或者隐匿、故意销毁依法应当保存的会计凭证、会计账簿、财务会计报告	①构成犯罪的，依法追究刑事责任 ②尚不构成犯罪的，可以处5000元以上5万元以下的罚款 ③属于国家工作人员的，还应当由其所在单位或者有关单位依法给予降级、撤职、开除的行政处分
5. 单位负责人对依法履行职责抵制违法行为的会计人员实行打击报复	①尚未构成犯罪的，给予行政处分 ②构成犯罪的，追究刑事责任，处3年以下有期徒刑
6. 财政部门及有关部门的工作人员滥用职权、玩忽职守、徇私舞弊、泄露国家秘密、商业秘密	①尚未构成犯罪的，给予行政处分 ②构成犯罪的，追究刑事责任，处3年以下有期徒刑或拘役，情节严重者处3年以上7年以下有期徒刑

2.8 会计法律制度案例分析

2.8.1 原始凭证出错、会计档案保管和会计报表签章人案例

【例2-7】 某公司是一家工业企业，2011年度发生了以下事项

（1）3月10日，公司会计科一名档案管理人员丁某脱产学习一个星期，公司董事长兼总经理孙某委托单位出纳员李某临时保管会计档案，未办理会计工作交接手续。

（2）4月15日，公司从外地购买了一批原材料，收到发票后与实际支付款项进行核对

时发现发票金额错误，经办人员在原始凭证上进行了更改并加盖了自己的印章，作为报销凭证。

（3）5月8日，公司会计科科长退休，公司决定任命自参加工作以来一直从事文秘工作的办公室副主任王某为会计科科长。

（4）6月28日，公司有一批保管期满的会计档案按规定需要进行销毁，公司档案管理部门编制了会计档案销毁清册，档案管理部门的负责人在会计档案销毁清册上签了字，并于当天销毁。

（5）9月10日，公司人事部门从外省招聘了一名具有高级会计师资格的会计人员，该会计师持有外省的会计从业资格证书，其相关的会计从业资格业务档案资料仍保留在外省的原单位所在地财政部门。

（6）12月7日，公司董事会研究决定，公司以后对外报送的财务会计报告由王科长签字、盖章后报出。

【解析】

（1）由出纳员临时保管会计档案不符合会计法律制度规定。根据我国现行会计法律制度的规定，出纳人员不得兼管稽核、会计档案保管和收入、费用、债权债务账目的登记工作。档案管理员丁某和出纳员李某应当办理会计交接。

（2）公司经办人员更改原始凭证金额的做法不符合规定。根据《会计基础工作规范》的规定，原始凭证金额有错误的，应当由出具单位重开，不得在原始凭证上更正。

（3）该公司任命王某担任会计科科长不符合会计法律制度规定。根据规定，担任会计机构的负责人除取得会计从业资格证书外，还应当具备会计师以上专业技术资格或者从事会计工作3年以上工作经历。

（4）公司档案部门销毁会计档案的做法不符合会计法律制度规定。根据我国会计法律制度的规定，会计档案保管期满需要销毁的，要由本单位档案部门提出意见，会同本单位的会计部门共同进行审查和鉴定，编制会计档案销毁清册，并经单位负责人在会计档案销毁清册上签字，销毁时要有单位档案部门和会计部门共同派人监销。

（5）该高级会计师应当办理会计从业资格证书的转调手续。根据有关规定，从事会计工作的人员因调任等原因离开原单位到其他地区继续从事会计工作的，应当办理注册登记和转调手续。

（6）公司董事会做出关于对外报送财务会计报告的决定不符合会计法律规定。根据《会计法》的规定，公司对外报出的财务会计报告应当由企业负责人和主管会计工作的负责人、会计机构负责人签名并盖章；设置总会计师的，还应由总会计师签名并盖章。

2.8.2 任用会计人员、会计工作交接和会计档案销毁案例

【例2-8】 2011年3月，某市财政局派出检查组对市属某国有企业的会计工作进行检查。检查中了解到以下情况

（1）2010年10月，公司领导调换，新的负责人林总上任后，将其儿子林进调入该厂会计科任出纳，兼管会计档案保管工作。林进没有会计从业资格证书。

（2）2010年11月，会计张某申请调离该厂，厂人事部门在其没有办清会计工作交接手

续的情况下，即为其办理了调动手续。

(3) 2011年1月6日，该厂档案科会同会计科编制会计档案销毁清册，经厂长签字后，按规定程序进行了监销。经核实，销毁的会计档案中有一些是保管期满但未结清的债务原始凭证。

【解析】

(1) 林总将其儿子林进调入该公司担任出纳一职，兼管会计档案保管工作的行为不符合规定。根据《会计法》和《会计从业资格管理办法》的规定，各单位从事会计工作的人员必须取得会计从业资格，持有会计从业资格证书。此外，根据《会计基础工作规范》的规定，出纳人员不得兼管稽核、会计档案保管和收入、费用、债权债务账目的登记工作。

(2) 会计张某没有办清会计工作交接手续即办理调动手续的行为不符合规定。根据《会计法》的规定，会计人员工作调动或者因故离职，必须将其本人所经管的会计工作全部移交接管人员；没有办理交接手续的，不得调动或者离职。

(3) 销毁保管期满但未结清债权、债务的原始凭证的行为不符合规定。根据《会计档案管理办法》的规定，对于保管期满但未结清债权债务的原始凭证，不得销毁；而应当单独抽出立卷，保管到未了事项完结时为止。

2.8.3 单位负责人的会计责任案例

【例2-9】

东方公司是一家股份制企业。2010年12月，公司总经理针对公司效益下滑、面临亏损的情况，电话请示正在外地出差的董事长。董事长指示把财务会计报告做得漂亮一些，总经理把这项工作交给公司总会计师，要求按董事长意见办。总会计师按公司领导意图，对当年度的财务会计报告进行了技术处理，虚拟了若干笔无交易的销售收入，从而使公司报表由亏变盈。经某会计师事务所审计后，公司财务会计报告对外报出。

2011年4月，在《会计法》执行情况检查中，当地财政部门发现该公司存在重大会计作假行为，依据《会计法》及相关法律、法规、制度，拟对该公司董事长、总经理、总会计师等相关人员进行行政处罚，并分别下达了行政处罚告知书。东方公司相关人员接到行政处罚告知书后，均要求举行听证会。

在听证会上，有关当事人作了如下陈述：

公司董事长称："我前一段时间出差在外，虽然在财务会计报告上签名并盖章，但只是履行会计手续，我不能负任何责任。具体情况可由公司总经理予以说明。"

公司总经理称："我是搞技术出身的，主要抓公司的生产经营，对会计我是门外汉，我虽在财务会计报告上签名并盖章，那也只是履行程序而已。以前也是这样做的，我不应承担责任。有关财务会计报告情况应由公司总会计师解释。"

公司总会计师称："公司对外报出的财务会计报告是经过某会计师事务所审计的，他们出具了无保留意见的审计报告。该会计师事务所应对本公司财务会计报告的真实性、完整性负责，承担由此带来的一切责任。"

【问题】

根据我国会计法律、法规、制度规定，分析公司董事长、总经理、总会计师在听证会上的陈述是否正确，并分别说明理由。

【解析】

（1）《会计法》规定会计报表的签章人是单位负责人、主管会计工作的负责人、会计机构负责人以及总会计师。这不仅是一份权利，更重要的是一份责任。《会计法》规定法人代表是会计工作的责任主体，不能因为不在场或不懂会计知识而推脱责任。所以，董事长、总经理和单位负责人、主管会计工作的负责人、会计机构负责人（会计主管人员）一样，都是财务会计报告的责任人，应承担相应的法律责任，不能以不在现场或不懂会计专业知识相推脱。

（2）会计责任与审计责任的关系：对财务会计报告的真实性、完整性负责是公司应承担的会计责任；会计师事务所应当承担相应的审计责任。

2.8.4 审核原始凭证的案例

【例 2-10】

甲公司会计人员李某在办理报销工作中发现收到两张乙公司开具的销货发票均有更改现象：其中一张发票更改了数量和用途，另一张发票更改了金额。两张发票均有乙公司的单位印章。张某全部予以报销。要求：会计人员张某将原始凭证均予以报销的做法是否正确？简要说明理由。

【解析】

（1）原始凭证记载内容有错误的，应当由开具单位重开或更正，更正处应该加盖公章，所以第一张发票是可以报销的。

（2）原始凭证的金额出现错误，不得更正，只能由原始凭证开具单位重开，所以第二张发票不能报销，必须重开。

2.8.5 违反内部牵制制度和设置账外账的案例

【例 2-11】

2011 年 6 月，甲公司发生如下事项：

（1）会计王某休病假，公司一时找不到合适人选，决定由出纳兼任王某的收入、费用账目的登记工作。

（2）处理生产剩余的边角料，取得收入（含增值税）2340 元。总经理授意出纳李某将该笔收入未计入公司账册，另立账登记。

【解析】

（1）出纳李某兼任王某的收入、费用账目登记工作不合法。我国《会计法》规定，出纳人员不得兼任收入、支出、费用、债权债务账目的登记工作。

（2）甲公司对处理边角料的收入在公司会计账册外另立账登记的行为，是私设会计账簿的行为，即常说的“账外账”，应责令限期改正，对单位处以 3000 元以上 50 000 元以下罚款。对其直接负责的主管人员和其他直接责任人员，处 2000 元以上 20 000 元以下的罚款，构成犯罪的，依法追究刑事责任。

2.8.6　原始凭证和会计档案销毁的案例

【例2-12】

（1）甲公司收到一张应由甲公司与乙公司共同负担费用支出的原始凭证，甲公司会计人员张某以该原始凭证及应承担的费用进行账务处理，并保存该原始凭证；同时将该原始凭证复印件给乙公司用于账务处理。

（2）年终，甲公司拟销毁一批保管期限满的会计档案，其中有一张未结清债权债务的原始凭证，会计人员李某认为只要保管期满的会计档案就可以销毁。

【解析】

（1）会计人员张某的做法不正确。根据《会计基础工作规范》的规定，一张原始凭证所列的支出需要由两个以上的单位共同负担时，应当由保存该原始凭证的单位开具原始凭证分割单给其他应负担的单位，而不是给复印件。

（2）会计人员李某的观点不正确。根据《会计基础工作规范》的规定，保管期满但未结清的债权债务原始凭证，不得销毁。

2.8.7　会计人员回避制度案例

【例2-13】

乙企业会计主管离任，由李某接任。李某接任后其女儿已取得会计从业资格证书，于是安排其女儿任出纳。因财务人员较少，乙企业未设立会计档案机构，李某要求由出纳兼管会计档案。一天，反贪局到乙企业调查上任会计主管的经济问题，会计档案保管人员得到李某同意后，将部分记账凭证和数本账册借给反贪局。由于记账凭证太多，李某要求财会人员将保存满10年的会计凭证销毁。

【问题】

（1）李某的女儿已取得会计从业资格证书，李某能否安排其任出纳？为什么？

（2）出纳能否兼任会计档案？

（3）会计档案能否借给反贪局？

（4）会计凭证应保留多少年才能销毁？

【解析】

（1）李某不能安排其女儿任出纳。根据《会计基础工作规范》的相关规定，国家机关、国有企业、事业单位任用会计人员应当实行回避制度。会计机构负责人、会计主管人员的直系亲属不得在单位会计机构中担任出纳工作。李某作为会计主管人员显然不能让其女儿出任本单位的出纳。

（2）出纳不能兼任会计档案。根据《会计基础工作规范》的规定，会计工作岗位的设置应遵循相互牵制的原则。出纳人员兼管审核、会计档案保管和收入、费用、债权债务账目的登记工作。

（3）会计档案不能外借。根据《会计档案管理办法》的规定，各单位保存的会计档案不得借出。如有特殊需要，经本单位负责人批准，可以提供查阅或复制，并办理登记手续。

（4）根据《会计档案管理办法》的规定，会计凭证应保留15年才能销毁。

附录2A 出纳岗位的设置

（1）一人一岗：规模不大的单位，出纳工作量不大，可设专职出纳员一名（一般情况）。

（2）一人多岗：规模较小的单位，出纳工作量较小，可以设兼职的出纳一名。如无条件单独设置会计机构的单位，至少要在有关机构中（如单位的办公室、后勤部门等）配备兼职出纳一名，但兼职的出纳不得兼管收入、费用、债权、债务、账目的登记工作及稽核工作和会计档案保管工作。

（3）一岗多人：规模较大的单位，可设多名出纳。如分设管理收付的出纳和管账的出纳，或分设现金出纳和银行结算出纳等。

附录2B 出纳人员日常工作事项

出纳人员日常工作事项主要包括以下4个方面：

（1）现金收支业务；

（2）银行转账业务；

（3）日记账登记与对账；

（4）银行账户的开立、变更和撤销；

（5）银行借款办理、营业执照、代码证和贷款卡年检、税款的缴纳等工作。

附录2C 如何整理原始凭证附件

在实际工作中记账凭证所附的原始凭证种类繁多，为了便于装订和保管，在填制记账凭证的时候应对附件进行必要的外形加工。

（1）过宽过长的附件，应进行纵向和横向的折叠。折叠后的附件外形尺寸，不应长于或宽于记账凭证，同时还要便于翻阅；附件本身不必保留的部分可以裁掉，但不得因此影响原始凭证内容的完整。

（2）过窄过短的附件，不能直接装订时，应进行必要的加工后再粘贴于特制的原始凭证粘贴纸上，然后再装订粘贴纸。

（3）原始凭证粘贴纸的外形尺寸应与记账凭证相同，纸上可先印一个合适的方框。各种不能直接装订的原始凭证，如汽车票、地铁车票、市内公共汽车票、火车票、出租车票等，都应按类别整齐地粘贴于粘贴纸的方框之内，不得超出。粘贴时应横向进行，从右至左，并应粘在原始凭证的左边，逐张左移，后一张右边压住前一张的左边，每张附件只粘左边的0.6~1厘米长，粘牢即可。粘好以后要捏住记账凭证的左上角向下抖几下，看是否有未粘住或未粘牢的。

（4）要在粘贴单的空白处分别写出每一类原始凭证的张数、单价与总金额。如某人报销差旅费，报销单后面的粘贴单附有10元的出租车票6张，1元的公共汽车票12张，465元的火车票1张，1800元的飞机票1张，就应分别在汽车票一类下面空白处注明 $10\times6=60$（元），$1\times12=12$（元），在火车票一类下面空白处注明 $465\times1=465$（元），在飞机票一类下面空白处注明 $1800\times1=1800$（元）。

这样，就算将来原始凭证不慎失落，也很容易查明丢的是哪一种票面的原始凭证，这样也为计算附件张数提供了方便。

附录2D 主要会计岗位的职责内容

1. 会计主管岗位的职责

（1）具体领导单位财务会计工作；

（2）组织制定、贯彻执行本单位的财务会计制度；

（3）组织编制本单位的各项财务、成本计划；

（4）组织开展财务成本分析；

（5）审查或参与拟定经济合同、协议及其他经济文件；

（6）参加生产经营管理会议，参与经营决策；

（7）负责向本单位领导、职工代表大会报告财务状况和经营成果；

（8）审查对外报送的财务会计报告；

（9）负责组织会计人员的政治理论、业务技术的学习和考核，参与会计人员的任免和调动。

2. 出纳岗位的职责

（1）办理现金收付和结算业务；

（2）登记现金和银行存款日记账；

（3）保管库存现金和各种有价证券；

（4）保管有关印章、空白收据和空白支票。

3. 固定资产核算岗位的职责

（1）会同有关部门拟定固定资产的核算与管理办法；

（2）参与编制固定资产更新改造和大修理计划；

（3）负责固定资产的明细核算和有关报表的编制；

（4）计算提取固定资产折旧和大修理资金；

（5）参与固定资产的清查盘点。

4. 材料物资核算岗位职责

（1）会同有关部门拟定材料物资的核算与管理办法；

（2）审查汇编材料物资的采购资金计划；

（3）负责材料物资的明细核算；

（4）会同有关部门编制材料物资计划成本目录；
（5）配合有关部门制定材料物资消耗定额；
（6）参与材料物资的清查盘点。

5. 库存商品核算岗位的职责

（1）负责库存商品的明细分类核算；
（2）会同有关部门编制库存商品计划成本目录；
（3）配合有关部门制定库存商品的最低、最高限额；
（4）参与库存商品的清查盘点。

6. 工资核算岗位的职责

（1）监督工资基金的使用；
（2）审核发放工资、奖金；
（3）负责工资的明细核算；
（4）负责工资分配的核算；
（5）计提应付福利费和工会经费等费用。

7. 成本核算岗位的职责

（1）拟定成本核算办法；
（2）制定成本费用计划；
（3）负责成本管理基础工作；
（4）核算产品成本和期间费用；
（5）编制成本费用报表并进行分析；
（6）协助管理在产品和自制半成品。

8. 收入、利润核算岗位的职责

（1）负责编制收入、利润计划；
（2）办理销售款项结算业务；
（3）负责收入和利润的明细核算；
（4）负责利润分配的明细核算；
（5）编制收入和利润报表；
（6）协助有关部门对产成品进行清查盘点。

9. 资金核算岗位的职责

（1）拟定资金管理和核算办法；
（2）编制资金收支计划；
（3）负责资金调度；
（4）负责资金筹集的明细分类核算；
（5）负责企业各项投资的明细分类核算。

10. 往来结算岗位的职责

（1）建立往来款项结算手续制度；

（2）办理往来款项的结算业务；

（3）负责往来款项结算的明细核算。

11. 总账报表岗位的职责

（1）负责登记总账；

（2）负责编制资产负债表、利润表、现金流量表等有关财务会计报表；

（3）负责管理会计凭证和财务会计报表。

12. 稽核岗位的职责

（1）审查财务成本计划；

（2）审查各项财务收支；

（3）复核会计凭证和财务会计报表。

第3章

支付结算法律制度

教学目的与要求

（1）掌握支付结算的概念，办理支付结算的基本要求，掌握银行结算账户的概念和种类。

（2）了解票据的概念和种类、票据当事人、票据权利与责任、票据行为、票据签章、票据记载事项、票据丧失及补救的有关内容。

（3）熟悉银行汇票、商业汇票、银行本票和支票的有关内容，了解汇兑、委托收款、国内信用证的有关内容。

（4）了解银行结算账户的开立、变更和撤销。

教学重点与难点

银行汇票、商业汇票、银行本票和支票的有关内容。

3.1 支付结算概述

3.1.1 支付结算的概念

1. 支付结算的概念

支付结算是指单位、个人在社会经济活动中使用票据、银行卡和汇兑、托收承付、委托收款等结算凭证进行货币给付及其资金清算的行为。

银行、城市信用合作社、农村信用合作社（以下简称银行）以及单位（含个体工商户）和个人是办理支付结算的主体。其中，银行是支付结算和资金清算的中介机构。未经中国人民银行批准的非银行金融机构和其他单位不得作为中介机构经营支付结算业务，但法律、行政法规另有规定的除外。

支付结算工具包括：票据、结算凭证。

2. 办理支付结算的基本要求

（1）单位、个人和银行办理支付结算，必须使用按中国人民银行统一规定印制的票据凭证和统一规定的结算凭证。票据和结算凭证是办理支付结算的工具，如果未使用按中国人民银行统一规定印制的票据，票据无效；未使用中国人民银行统一规定格式的结算凭证，银行不予受理。

（2）单位、个人和银行应当按照《人民币银行结算账户管理办法》的规定开立、使用账户。在银行开立存款账户的单位和个人办理支付结算，账户内须有足够的资金保证支付，本办法另有规定的除外；没有开立存款账户的个人向银行交付款项后，也可以通过银行办理支付结算。

（3）票据和结算凭证上的签章和其他记载事项应当真实，不得伪造、变造。伪造是指无权限人假冒他人或虚构人名义签章的行为，签章的变造属于伪造。变造是指无权更改票据内容的人，对票据上签章以外的记载事项加以改变的行为。

（4）填写票据和结算凭证应当规范，做到要素齐全、数字正确、字迹清晰、不错不漏、不潦草，防止涂改。

3.1.2　填写票据和结算凭证的基本要求

银行、单位和个人填写的各种票据和结算凭证是办理支付结算和现金收付的重要依据，直接关系到支付结算的准确、及时和安全。票据和结算凭证是银行、单位和个人凭以记载账务的会计凭证，是记载经济业务和明确经济责任的一种书面证明。填写票据和结算凭证要求标准化和规范化。

（1）中文大写金额数字应用正楷或行书填写，不得自造简化字，可以使用繁体字。

（2）中文大写金额数字到“元”为止的，在“元”之后写“整”（或“正”）字；到“角”或“分”为止的，在“角”或“分”之后不写“整”（或“正”）字。

（3）中文大写金额数字前应标明“人民币”字样，大写金额数字应紧接“人民币”字样填写，不得留有空白。大写金额数字前未印“人民币”字样的，应加填“人民币”三字。在票据和结算凭证大写金额栏内不得预印固定的“仟、佰、拾、万、仟、佰、拾、元、角、分”字样。

（4）阿拉伯小写金额数字中有“0”时，中文大写应按照汉语语言规律、金额数字构成和防止涂改的要求进行书写。见下面几个例子。

1）阿拉伯数字中间有“0”时，中文大写金额要写“零”字。如￥1409.50，应写成人民币壹仟肆佰零玖元伍角。

2）阿拉伯数字中间连续有几个“0”时，中文大写金额中间可以只写一个“零”字。如￥6007.14，应写成人民币陆仟零柒元壹角肆分。

3）阿拉伯金额数字万位或元位是“0”，或者数字中间连续有几个“0”，万位、元位也是“0”，但千位、角位不是“0”时，中文大写金额中可以只写一个零字，也可以不写“零”字。如￥1680.32，应写成人民币壹仟陆佰捌拾元零叁角贰分，或者写成人民币壹仟陆佰捌拾元叁角贰分；又如￥107 000.53，应写成人民币壹拾万柒仟元零伍角叁分，或者写成人民币壹拾万零柒仟元伍角叁分。

4）阿拉伯金额数字角位是“0”，而分位不是“0”时，中文大写金额“元”后面应写“零”字。如￥16 409.02，应写成人民币壹万陆仟肆佰零玖元零贰分；又如￥325.04，应写成人民币叁佰贰拾伍元零肆分。

5）票据的出票日期必须使用中文大写。填写月、日时，月为壹、贰和壹拾的，日为壹至玖和壹拾、贰拾和叁拾的，应在其前加“零”；日为拾壹至拾玖的，应在其前加“壹”。如2月12日，应写成零贰月壹拾贰日；再如10月20日，应写成零壹拾月零贰拾日。票据出票日期使用小写填写的，银行不予受理。大写日期未按要求规范填写的，银行可予受理，但由此造成损失的，由出票人自行承担。

【注意】

书写每个数字排列有序并且数字要有一定倾斜度，各数字的倾斜度要一致。手写“0、6、8、9”时，圆圈必须封口；除“4、5”以外数字必须一笔写成，不人为地增加数字的笔画；为避免将“1”改为“7”，手写“1”要写得长一点，尽量将格子占满，并保持斜度等。

1 2 3 4 5 6 7 8 9 0

小写	大写（错误）	大写（正确）
¥2300.00	人民币：贰仟叁佰元整	人民币贰仟叁佰元整
¥5 023 000.00	人民币伍佰万零贰万叁仟元整	人民币伍佰零贰万叁仟元整
¥1000.58	人民币壹仟零伍角捌分	人民币壹仟元零伍角捌分
¥17.355	人民币拾柒元叁角伍分	人民币壹拾柒元叁角伍分
¥375.23	人民币叁佰柒拾伍元贰角叁分整	人民币叁佰柒拾伍元贰角叁分

3.2 银行结算账户

3.2.1 银行结算账户的基本内容

通过银行办理转账结算的先决条件是必须到银行开立账户。

1. 银行结算账户的概念

银行账户是存款人为办理结算和申请贷款在银行开立的户头，也是单位委托银行办理信贷和转账结算以及现金收付业务的工具，它具有监督和反映国民经济各部门、各单位活动的作用。

存款人是指在中国境内开立银行结算账户的机关、团体、部队、企业、事业单位、其他组织（以下统称单位）、个体工商户和自然人。

银行是指在中国境内经中国人民银行批准经营支付结算业务的政策性银行、商业银行（含外资独资银行、中外合资银行、外国银行分行）、城市信用合作社、农村信用合作社。

2. 银行结算账户的种类

（1）银行结算账户按用途不同，分为基本存款账户、一般存款账户、专用存款账户、临时存款账户。

（2）银行结算账户按存款人不同，分为单位银行结算账户和个人银行结算账户。存款人以单位名称开立的银行结算账户为单位银行结算账户。存款人凭个人身份证件以自然人名称开立的银行结算账户为个人银行结算账户。

【注 意】

①个体工商户凭营业执照以字号或经营者姓名开立的银行结算账户纳入单位银行结算账户管理。②邮政储蓄机构办理银行卡业务开立的账户纳入个人银行结算账户管理。

3. 银行账户管理的基本原则

（1）一个基本账户原则。即存款人只能在银行开立一个基本存款账户，不能多头开立基本存款账户。存款人在银行开立基本存款账户，实行由中国人民银行当地分支机构核发开户许可制度。

（2）自愿选择原则。即存款人可以自主选择银行开立账户，银行也可以自愿选择存款人开立账户。任何单位和个人不得强制干预存款人和银行开立或使用账户。

（3）存款保密原则。即银行必须依法为存款人保密，维护存款人资金的自主支配权。除国家法律规定和国务院授权中国人民银行总行的监督项目外，银行不代任何单位和个人查询、冻结、扣划存款人账户内存款。

3.2.2 银行存款账户

1. 基本存款账户

基本存款账户是指存款人办理日常转账结算和现金收付的账户，是存款人在银行的主要存款账户。

（1）基本存款账户使用范围。

存款人日常经营活动的资金收付，以及存款人的工资、奖金和现金的支取只能通过基本存款账户办理。

（2）基本存款账户的当事人资格条件。

下列存款人可以申请开立基本存款账户：①企业法人；②企业法人内部单独核算的单位；③管理财政预算资金和预算外资金的财政部门；④实行财政管理的行政机关、事业单位；⑤县级（含）以上军队、武警单位；⑥外国驻华机构；⑦社会团体；⑧单位附设的食堂、招待所、幼儿园；⑨外地常设机构；⑩私营企业、个体经济户、承包户和个人。

（3）基本存款账户开立所需的证明文件。

存款人申请开立基本存款账户，应向开户银行出具下列证明文件之一：①当地工商行政管理机关核发的《企业法人营业执照》或《营业执照》；②中央或地方编制委员会、人事、民政等部门的批文；③军队军以上、武警总队财务部门的开户证明；④单位对附设机构同意开户的证明；⑤驻地有权部门对外地常设机构的批文；⑥承包双方签订的承包协议；⑦个人居民身份证和户口簿。

(4) 基本存款账户开立的程序。

存款人申请开立基本存款账户的，应填制开户申请书（见表3-1），提供规定的证明文件（见表3-2），送交盖有存款人印章的印鉴卡片（见表3-3），经银行审核同意、并凭中国人民银行当地分支机构核发的开户许可证，即可开立该账户。

表3-1 中国××银行开户申请书

<table>
<tr><td rowspan="2">申请开户单位全称</td><td rowspan="2" colspan="2"></td><td colspan="2">地 址</td><td></td></tr>
<tr><td colspan="2">电话号码</td><td></td></tr>
<tr><td>主管部门名称</td><td colspan="2"></td><td colspan="2">上级管理部门名称</td><td></td></tr>
<tr><td>账户资金来源性质</td><td colspan="5"></td></tr>
<tr><td rowspan="2">已开账户情况</td><td colspan="2">开户银行</td><td colspan="2">账 号</td><td>账户名称</td></tr>
<tr><td colspan="2"></td><td colspan="2"></td><td></td></tr>
<tr><td>上级管理部门意见</td><td colspan="2">（签章）
年 月 日</td><td colspan="2">申请开户单位公章</td><td>（签章）
年 月 日</td></tr>
<tr><td colspan="6">以下各栏由银行填写</td></tr>
<tr><td colspan="3">业务部门意见</td><td colspan="3">会计主管意见</td></tr>
<tr><td>科目</td><td></td><td>账户名称</td><td></td><td>账号</td><td></td></tr>
<tr><td rowspan="2">营业执照</td><td>发证机关</td><td colspan="3"></td><td>开户日期</td></tr>
<tr><td>编号</td><td colspan="3"></td><td>年 月 日</td></tr>
</table>

表3-2 开设账户证明

<table>
<tr><td>兹同意____________________
在中国××银行××市分行××办事处开设基本存款账户。
批准单位公章

年 月 日</td></tr>
</table>

表3-3 中国××银行××市分行××办事处印鉴卡

<table>
<tr><td colspan="4">户名</td></tr>
<tr><td colspan="3">地址</td><td>电话</td></tr>
<tr><td colspan="4">启用日期　　　　年 月 日</td></tr>
<tr><td colspan="3">申请开户单位印鉴</td><td>××银行印鉴</td></tr>
<tr><td rowspan="4">单位财务专用章</td><td rowspan="2">财务主管</td><td>签章</td><td rowspan="4"></td></tr>
<tr><td></td></tr>
<tr><td rowspan="2">出纳人员</td><td>签章</td></tr>
<tr><td></td></tr>
<tr><td colspan="4">印鉴使用说明</td></tr>
</table>

需要特别说明的是，印鉴卡片上填写的户名必须与单位名称一致，同时要加盖开户单位公章、单位负责人或财务机构负责人、出纳人员的印章。它是单位与银行事先约定的一种

具有法律效力的付款依据，银行在为单位办理结算业务时，凭开户单位在印鉴卡片上预留的印鉴审核支付凭证的真伪。如果支付凭证上加盖的印章与预留的印鉴不符，银行可拒绝办理付款业务，以保障开户单位款项的安全。

2. 一般存款账户

一般存款账户是指存款人在基本存款账户以外的银行借款转存、与基本存款账户的存款人不在同一地点的附属非独立核算单位开立的账户。

（1）一般存款账户使用范围。

一般存款账户用于办理存款人借款转存、借款归还和其他结算的资金收付。一般存款账户可以办理现金缴存，但不得办理现金支取。

（2）一般存款账户设置所需证明文件。

根据《银行账户管理办法》的规定，下列情况的存款人可以申请开立一般存款账户，并须提供相应的证明文件：①在基本存款账户以外的银行取得借款的单位和个人可以申请开立该账户，并须向开户银行出具借款合同或借款借据；②与基本存款账户的存款人不在同一地点的附属非独立核算单位可以申请开立该账户，并须向开户银行出具基本存款账户的存款人同意其附属的非独立核算单位开户的证明。

（3）一般存款账户设置的程序。

存款人申请开立一般存款账户的，应填制开户申请书，提供相应的证明文件，送交盖有存款人印章的印鉴卡片，经银行审核同意后，即可开立该账户。

3. 临时存款账户

临时存款账户是指存款人因临时经营活动需要开立的账户。存款人可以通过该账户办理转账结算和根据国家现金管理规定办理现金收付。

（1）临时存款账户使用范围。

根据国家现金管理的规定存款人可以通过临时存款账户办理临时性的现金收付和注册验资。

【注意】

①临时存款账户支取现金，应按照国家现金管理的规定办理。②注册验资的临时存款账户在验资期间只收不付，注册验资资金的汇缴人应与出资人的名称一致。存款人开立单位银行结算账户，自正式开立之日起3个工作日后，方可办理付款业务。但注册验资的临时存款账户转为基本存款账户和因借款转存开立的一般存款账户除外。

临时存款账户的有效期最长不得超过2年。

临时存款账户应根据有关开户证明文件确定的期限或存款人的需要确定其有效期限。存款人在账户的使用中需要延长期限的，应在有效期限内向开户银行提出申请，并由开户银行报中国人民银行当地分支行核准后办理展期。

（2）临时存款账户设置所需的证明文件。

根据《银行账户管理办法》的规定，下列存款人可以申请开立临时存款账户，并须提供相应的证明文件：①外地临时机构可以申请开立该账户，并须出具当地工商行政管理机关核发的临时执照；②临时经营活动需要的单位和个人可以申请开立该账户，并须出具当地有权部门同意设立外来临时机构的批件。

（3）临时存款账户开立的程序。

存款人申请开立临时存款账户，应填制开户申请书，提供相应的证明文件，送交盖有存款人印章的印鉴卡片，经银行审核同意后，即可开设此账户。

4. 专用存款账户

专用存款账户是指存款人因特定用途需要开立的账户。

（1）专用存款账户使用范围。

专用存款账户用于办理各项专用资金的收付：①单位银行卡账户的资金必须由其基本存款账户转账存入。该账户不得办理现金收付业务。②财政预算外资金、证券交易结算资金、期货交易保证金和信托基金专用存款账户不得支取现金。③基本建设资金、更新改造资金、政策性房地产开发资金、金融机构存放同业资金账户需要支取现金的，应在开户时报中国人民银行当地分支行批准。中国人民银行当地分支行应根据国家现金管理的规定审查批准。④粮、棉、油收购资金、社会保障基金、住房基金和党、团、工会经费等专用存款账户支取现金应按照国家现金管理的规定办理。⑤收入汇缴账户除向其基本存款账户或预算外资金财政专用存款户划缴款项外，只收不付，不得支取现金。业务支出账户除从其基本存款账户拨入款项外，只付不收，其现金支取必须按照国家现金管理的规定办理。⑥银行应按照本条的各项规定和国家对粮、棉、油收购资金使用管理规定加强监督，对不符合规定的资金收付和现金支取，不得办理。但对其他专用资金的使用不负监督责任。

（2）专用存款账户设置的条件。

根据《银行账户管理办法》的规定，存款人对特定用途的资金，由存款人向开户银行出具相应证明即可开立该账户。特定用途的资金范围包括：基本建设的资金；更新改造的资金；其他特定用途，需要专户管理的资金。

（3）所需提供的证明文件。

存款人须向开户银行出具下列证明文件之一：①经有权部门批准立项的文件；②国家有关文件的规定。

（4）专用存款账户开立的程序。

存款人申请开立专用存款账户，应填制开户申请书，提供相应的证明文件，送交盖有存款人印章的印鉴卡片，经银行审核同意后开立账户。

银行存款账户见表3-4。

表3-4 银行存款账户

账户名称	使用范围	备注
基本存款	①日常经营活动的资金收付 ②工资奖金和现金支取	存款人资格可以是：异地常设机构、外国驻华机构、个体工商户；居委会、村委会、社区委员会；单位设立的独立核算的附属机构
一般存款	①借款转存，借款归还 ②其他结算	只能存现，不得提现

（续）

账户名称	使用范围	备 注
专用存款	各项专用资金的收付	存款人因特定用途需要才能开立的账户
临时存款	①设立临时机构 ②异地临时经营活动 ③注册验资	①有效期限最长不超过两年 ②只收不付
个人银行结算	①活期储蓄 ②普通转账结算 ③使用支票、信用卡等支付工具	①转入个人结算账户的收入：工资、奖金；稿费、演出费等劳务收入；债券、期货、信托等投资的本金和收益；个人债权或产权转让收益；个人贷款转存；证券交易结算资金和期货交易保证金；继承、赠与款项；纳税退还；农、副、矿产品销售收入；其他合法款项 ②储蓄账户仅办理现金存取业务，不办理转账结算

3.3 票据结算

票据是指出票人约定自己或委托付款人在见票时或指定的日期向收款人或持票人无条件支付一定金额并可流通转让的有价证券，包括汇票、本票和支票。其中汇票根据出票人的不同分为银行汇票和商业汇票。商业汇票根据承兑人的不同，分为银行承兑汇票和商业承兑汇票。票据作为交易媒介的重要载体，是单位使用最多的非现金支付工具，在支付工具体系中占有重要的地位。

3.3.1 票据的基本内容

1. 汇票

（1）汇票是出票人签发的，委托付款人见票即付或者在指定日期无条件支付确定的金额给收款人或者持票人的票据。

（2）汇票的基本当事人有三个：一是出票人，即签发票据的人；二是付款人，即接受出票人委托而无条件支付票据金额的人，付款人可以是包括银行在内的他人，也可以是出票人；三是收款人，即持有汇票而向付款人请求付款的人。

2. 本票

（1）本票是出票人签发的，承诺自己在见票时无条件支付确定的金额给收款人或者持票人的票据。票据法所称的本票，是指银行本票。

（2）本票的基本当事人只有两个：出票人和收款人。

3. 支票

（1）支票是由出票人签发的，委托办理支票存款的银行或者其他金融机构在见票时无条件支付确定的金额给收款人或者持票人的票据。

（2）支票基本当事人有三个：一是出票人，即在开户银行有相应存款的签发票据的人；二是付款人，即银行等法定金融机构；三是收款人，即接收付款的人。

【注意】

汇票、本票和支票中当事人关系的共同的特点是：①票据由出票人签发；②由付款人（或是委托他人或由出票人自己）按照票面金额支付；③票面金额的支付是无条件的；④票面金额的支付必须有确定的日期或应在法定的期限内；⑤票面金额的支付是向收款人或持票人支付的。

我国的支票同汇票的区别主要有：①支票的付款人必须是银行等法定金融机构，汇票的付款人不限于金融机构；②支票的付款方式只限于见票即付，汇票可以定期付款。

我国的本票和汇票的区别主要有：①汇票的当事人有三个，而本票当事人只有两个；②本票出票人（也是付款人）限于银行，而汇票的出票人和付款人不限于银行；③本票的付款方式只限于免票即付，而汇票可以定期付款。

4. 票据行为

票据行为有广义和狭义两种。广义的票据行为是指以发生、变更或消灭票据的权利义务关系为目的的法律行为，包括出票、背书、涂改、禁止背书、付款、保证、承兑、参加承兑、划线、保付等。狭义的票据行为是票据当事人以负担票据债务为目的的法律行为，包括出票、背书、承兑、参加承兑、保证、保付6种。

（1）出票。

出票是指出票人（又称发票人）依照法定款式作成票据并交付于受款人的行为。它包括“作成”和“交付”两种行为。所谓“作成”就是出票人按照法定款式制作票据，在票据上记载法定内容并签名。由于现在各种票据都由一定机关印制，因而所谓“作成”只是填写有关内容和签名而已。所谓“交付”是指根据出票人本人的意愿将其交给受款人的行为，不是出于出票人本人意愿的行为如偷窃票据不能称做“交付”，因而也不能称做出票行为。

（2）背书。

背书是指持票人转让票据权利与他人。票据的特点在于其流通。票据转让的主要方法是背书，当然除此之外还有单纯交付。背书转让是持票人的票据行为，只有持票人才能进行票据的背书。背书是转让票据权利的行为，票据一经背书转让，票据上的权利也随之转让给被背书人。

（3）承兑。

承兑是指汇票的付款人承诺负担票据债务的行为。承兑为汇票所独有。汇票的发票人和付款人之间是一种委托关系，发票人签发汇票，并不等于付款人就一定付款，持票人为确定汇票到期时能得到付款，在汇票到期前向付款人进行承兑提示。如果付款人签字承兑，那么他就对汇票的到期付款承担责任，否则持票人有权对其提起诉讼。

（4）参加承兑。

参加承兑是指票据的预备付款人，或第三人为了特定票据债务人的利益，代替承兑人进行承兑，以阻止持票人于汇票到期日前行使追索权的一种票据行为。它一般是在汇票得不到承兑，付款人或承兑人死亡、逃亡或其他原因无法承兑，付款人或承兑人被宣告破产的情况下发生。

（5）保证。

保证是指除票据债务人以外的人为担保票据债务的履行、以负担同一内容的票据债务为目的一种附属票据行为。票据保证的目的是担保其他票据债务的履行，适用于汇票和本票，不适用于支票。

(6) 保付。

保付是指支票的付款人向持票人承诺负绝对付款责任的一种附属票据行为。保付是支票付款人的一种票据行为。支票一旦经付款人保付，在支票上注明“照付”或“保付”字样，并经签名后，付款人便负绝对付款责任，不论发票人在付款人处是否有资金，也不论持票人在法定提示期间是否有提示，或者即使发票人撤回付款委托，付款人均须按规定付款。

在具体操作时，票据行为表现为票据当事人把行为的意思按照法定的方式记载在票据上，并由行为人签章后将票据交付。它包括三方面内容，即记载、签章和交付。

记载是票据当事人在票据上写明所要记载的内容，如签发票据时应写明票据的种类、金额、无条件支付命令、签发票据日期以及其他需要明确的内容，承兑汇票时写上“承兑”字样，保证时应写上“保证”或“担保”字样。

签章是指签名、盖章或签名加盖章，它表明行为人对其行为承担责任。自然人签章是指在票据上亲自书写其姓名或加盖其私章。法人和其他使用票据单位的签章为该法人或者该单位的盖章加其法定代表人或其授权的代理人的签章。按照《票据法》规定，在票据上的签名应当为该当事人的本名，而不能用笔名、艺名等来代替。

交付是指票据行为人应将票据交付给执票人。票据行为人在票据上进行记载，并进行签章后，票据还不能发生法律效力，只有票据被交付给了对方，票据才能发生法律效力。

5. 票据权利

票据权利是指持票人向票据债务人请求支付票据金额的权利，它包括付款请求权和追索权。付款请求权又称第一次请求权，是指持票人对票据主债务人（如汇票的承兑人、本票的发票人、支票的保付人等）行使请求其支付票据金额的权利。追索权是指因持票人在第一次请求权没有或者无法实现的情况下，对票据的其他付款义务人（如汇票、支票的发票人，汇票、本票的保证人，票据的背书人等）行使请求偿还票款的权利。也就是说，作为持票人，它首先有权要求票据的主债务人向其偿付票款，如果主债务人没有或无法（如账上无款支付或者破产等）偿付票款时，持票人有权要求其他付款义务人向其偿付票款。

6. 票据的丧失

票据的丧失是指票据持有人丧失对票据的占有，包括绝对丧失和相对丧失两种。绝对丧失是指票据的灭失，如票据被查禁、被毁损等；相对丧失是指持票人非因自己的意志而丧失票据，如票据被盗窃、被遗失等。票据权利是以占有票据为前提的，一旦票据丧失，特别是相对丧失后，持票人就无从行使票据权利，而且存在着被他人取得票据权利的危险，如支票一旦遗失，就存在着被冒领的危险。在这种情况下，为了保护票据权利人的利益，《票据法》规定了挂失止付和公示催告两种补救措施。

挂失止付是指持票人在丧失票据后将票据丧失的情形通告付款人停止付款。《票据法》规定：“票据丧失，失票人可以及时通知票据的付款人挂失止付，但是，未记载付款人或者无法确定付款人及其代理付款人的票据除外。收到挂失止付通知的付款人，应当暂停支付。”

公示催告是指票据丧失后，票据权利人向法院提出申请，请求法院以公告的方式通知不明的利害关系人限期申报权利，逾期未申报者，则权利失效，再经法院将权利除权判决后，宣布丧失的票据无效，票据权利人才有权向付款人请求支付。对此《票据法》规定：“失票人应当在通知挂失止付后3日内，也可以在票据丧失后，依法向人民法院申请公示催告，或者向人民法院提出诉讼。”

3.3.2 单位使用和管理银行账户的规定

银行账户是各单位与其他单位通过银行办理结算和现金收付的重要工具。为了维护金融秩序，保证各项经济业务的正常开展，各单位应加强对银行账户的使用和管理。

1. 开户单位办理资金收付的要求

（1）认真贯彻执行国家的政策、法令，遵守银行关于信贷、结算和现金管理等方面的规定。在银行对单位账户进行检查时，必须提供账户使用情况的有关资料。

（2）单位在银行开立的账户，只供本单位业务经营范围内的资金收付，不许出租、出借或转让给其他单位或个人使用。

（3）各种收付款凭证，必须如实填明款项来源或用途，不得巧立名目，弄虚作假；不得套取现金，套购物资；严禁利用账户搞非法活动。

（4）各单位在银行的账户必须有足够的资金保证支付，不准签发空头的支款凭证和远期的支付凭证。

（5）及时、正确地记载银行往来账务，并及时地与银行的对账单进行核对，发现不符，除了编制银行存款余额调节表外，还应尽快查对清楚。

2. 人民银行对账户管理的内容

（1）负责协调、仲裁银行账户开立和使用方面的争议，监督、稽核开户银行的账户设置和开立，纠正和处罚违反账户管理办法的行为。

（2）核发开立基本存款账户的开户许可证。人民银行对存款人开立基本存款账户的，负责核发开户许可证，如果存款人需要变更基本存款账户的，亦必须经人民银行审批同意。存款人因开户银行严格执行制度、执行纪律转移基本存款账户，人民银行不对其核发开户许可证。

（3）受理开户银行对存款人开立和撤销账户的申报。各银行对存款人开立、撤销账户，必须及时向人民银行报告。根据规定，开户银行对基本存款账户的撤销，一般存款账户、临时存款账户、专用存款账户的开立或撤销，应于开立或撤销之日起7日内向人民银行当地分支机构申报。人民银行将运用计算机建立账户管理数据库，加强账户管理。

3. 开户银行对账户的管理内容

（1）依照规定对开立、撤销账户严格进行审查，对不符合开户条件的，坚决不予开户；

（2）正确办理开户和销户，建立、健全开销户登记制度；

（3）建立账户管理档案；

（4）定期与存款人对账；

（5）及时向人民银行申报存款人开立和撤销账户的情况。

3.3.3 办理银行账户变更、合并、迁移和撤销

1. 账户变更

开户单位由于人事变动或其他原因需要变更单位财务专用章、财务主管印鉴或出纳员印鉴的，应填写“更换印鉴申请书”，并出具有关证明，经银行审查同意后，重新填写印鉴卡片，并注销原预留的印鉴卡片。

单位因某些原因需要变更账户名称，应向银行交验上级主管部门批准的正式函件，企业单位和个体工商户需交验工商行政管理部门登记注册的新执照，经银行审查核实后，变更账户名称，或者撤销原账户，重立新账户。

2. 账户撤销、合并

各单位因机构调整、合并、撤销、停业等原因，需要撤销、合并账户的，应向银行提出申请，经银行同意后，首先要同开户银行核对存贷款户的余额并结算全部利息，全部核对无误后开出支取凭证结清余额，同时将未用完的各种重要空白凭证交给银行注销，然后才可办理撤销、合并手续。由于撤销账户单位未交回空白凭证而产生的一切问题应由撤销单位自己承担责任。

3. 账户迁移

单位发生办公或经营地点搬迁时应到银行办理迁移账户手续。如果迁入迁出在同一城市，可以凭迁出行出具凭证到迁入行开立新户，搬迁异地应按规定向迁入银行重新办理开户手续。在搬迁过程中，如需要可要求原开户银行暂时保留原账户，但在搬迁结束已在当地恢复经营活动时，则应在一个月内到原开户银行结清原账户。

另外，按照规定，连续在一年以上没有发生收付活动的账户，开户银行经过调查认为该账户无须继续保留即可通知开户单位来银行办理销户手续，开户单位接通知后一个月内必须办理，逾期不办理可视为自动销户，存款有余额的将作为银行收益。

3.4 银行结算

银行转账结算是指不使用现金，通过银行将款项从付款单位（或个人）的银行账户直接划转到收款单位（或个人）的银行账户的货币资金结算方式。

按照银行结算办法的规定，除了规定的可以使用现金结算的以外，所有企业、事业单位和机关、团体、部队等相互之间发生的商品交易、劳务供应、资金调拨、信用往来等均应按照银行结算办法的规定，通过银行实行转账结算。

3.4.1 银行结算的基本内容

1. 实行银行转账结算的意义

（1）实行银行转账结算，用银行信用收付代替现金流通，使各单位之间的经济往来，只有结算起点以下的和符合现金开支范围内的业务才使用现金，缩小了现金流通的范围和数量，使大量现金脱离流通领域，从而为国家有计划地组织和调节货币流通量，防止和抑制通货膨胀创造条件。

（2）银行转账结算是通过银行集中清算资金实现的，银行通过使用各种结算凭证、票据在银行账户上将资金直接从付款单位（或个人）划转给收款单位（或个人），不论款项大小、繁简，也不论距离远近，只要是在结算起点以上的，均能通过银行机构及时办理，手续简单，省去了使用现金结算时的款项运送、清点、保管等手续，方便快捷，从而缩短清算时间，加速物资和资金的周转。

（3）实行银行结算，有利于聚集闲散资金，扩大银行信贷资金来源。

（4）实行银行结算，各单位的款项收支，大部分都通过银行办理结算，银行通过集中办理转账结算，便能全面地了解各单位的经济活动，监督各单位认真执行财经纪律，防止非法活动的发生，促进各单位更好地遵守财经法纪。

（5）实行银行转账结算，可以避免由于实行现金结算而发生的现金运输、保管过程中丢失、被抢、被窃等不测损失；并且由于通过银行转账结算，不论款项大小，时间长短，都有据可查，一旦发生意外情况也便于追索，从而保证结算资金的安全。

（6）实行银行结算，银行监督各单位认真履行合同，遵守信用，从而减少由于对方单位不守信用而带来的损失。

2. 结算方式的种类

结算方式，是指用一定的形式和条件来实现各单位（或个人）之间货币收付的程序和方法。结算方式是办理结算业务的具体组织形式，是结算制度的重要组成部分。

结算方式的主要内容包括：商品交易货款支付的地点、时间和条件，商品所有权转移的条件，结算凭证及其传递的程序和方法等。

现行的银行结算方式包括汇票、本票和支票。具体分为：银行汇票、商业汇票、银行本票、支票、汇兑、委托收款、托收承付结算方式7种。按照出票人的不同，汇票分为银行汇票和商业汇票。由银行签发的汇票为银行汇票，由银行以外的企业、单位等签发的汇票为商业汇票。

这7种结算方式根据结算形式的不同，可以划分为票据结算和支付结算两大类；根据结算地点的不同，可以划分为同城结算方式、异地结算方式和通用结算方式三大类。其中，同城结算方式是指在同一城市范围内各单位或个人之间的经济往来，通过银行办理款项划转的结算方式，具体有支票结算方式和银行本票结算方式。异地结算方式是指不同城镇、不同地区的单位或个人之间的经济往来通过银行办理款项划转的结算方式，具体包括银行汇票结算方式、汇兑结算方式和异地托收承付结算方式。通用结算方式是指既适用于同一城市范围内的结算，又适用于不同城镇、不同地区的结算，具体包括商业汇票结算方式和委托收款结算方式，其中商业汇票结算方式又可分为商业承兑汇票结算方式和银行承兑汇票结算方式。

现行7种结算方式见图3-1。

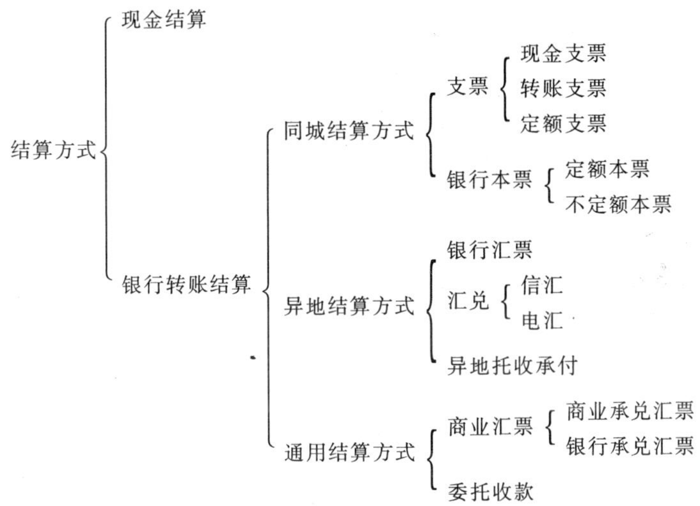

图3-1　现行7种结算方式的分类

3. 银行结算起点

银行结算起点是指办理每一笔银行转账结算业务的最低金额。凡是不足结算起点金额的款项收付，通常需用现金进行结算，银行不予办理转账结算。

国家规定银行转账结算起点，既要有利于控制现金结算，同时也不能影响各单位之间资金收付和经济往来的正常进行。结算起点过低，则银行转账结算的业务量将大为增加，既会给银行增加压力，同时也会妨碍各单位之间的经济业务的开展；而结算起点过高，则会扩大现金结算范围，不利于国家对现金流通量的控制，因此银行结算起点必须适度。

【注意】

按照《现金管理暂行条例》的规定，现行银行结算起点为1000元。

各种具体的银行结算方式的结算起点不同，比如银行汇票汇款金额起点为500元；银行本票不定额的金额起点为100元等。

4. 银行结算的基本原则

银行转账结算是一个复杂的收付程序。每一笔款项的结算都涉及付款单位、收款单位、付款银行、收款银行等几个单位的多个环节的业务活动和资金增减变动。如果其中的任何单位和任何一个环节不按统一的规定办理，都会给结算业务的进行带来困难。因此为保证银行结算的顺利进行，付款单位、收款单位、付款银行和收款银行，应当严格遵循银行结算的基本原则。

（1）恪守信用，履约付款。

在市场经济条件下，存在多种交易形式，相应地存在各种形式的商业信用。收付双方在经济往来过程中，在相互信任的基础上，根据双方的资信情况自行协商约期付款。一旦交易双方达成了协议，那么交易的一方就应当根据事先的约定行事，及时提供货物或劳务，而另一方则应按约定的时间、方式支付款项。

（2）谁的钱进谁的账，由谁支配。

银行作为结算的中介机构，在办理结算过程中，必须保护客户资金的所有权和自主支配权不受侵犯。各单位在银行的存款，受法律保护；客户委托银行把钱转给谁，银行就把钱进谁的账。银行维护开户单位存款的自主支配权，谁的钱就由谁来自主支配使用。除国家法律规定以外，银行不代任何单位查询、扣款，不得停止各单位存款的正常支付。

（3）银行不垫款。

银行在办理结算过程中，只提供结算服务，起中介作用，负责将款项从付款单位账户转到收款单位账户，不给任何单位垫支款项。因为银行给其他单位垫支款项，事实上已不属于结算范围，而属于信贷范畴，会扩大信贷规模和货币投放。因此《支付结算办法》规定银行不垫款。付款单位在办理结算过程中只能用自己的存款余额支付其他单位款项，收款单位也只能在款项已经银行办妥收款手续，进入本单位账户后才能支配使用。

5. 各单位办理银行结算的基本要求

办理银行结算，必须了解并遵守下列基本要求。

1）银行不得为任何单位或个人查询、冻结、停止正常支付。

2）票据上有伪造、变造签章的，该签章无效，但不影响票据上其他当事人真实签章的效力。

3）单位、银行在票据上的签章为该单位公章和法人章；个人在票据上的签章为个人签名或盖章。

4）票据中的金额、日期、收款人不得更改，更改无效，银行不予受理。

5）金额的大小写必须一致，不一致票据无效，银行不予受理；少数民族地区和外国驻华大使馆根据实际需要，大写金额可以使用少数民族文字或外国文字。

6. 银行结算凭证的基本内容

银行结算凭证，是收付款双方及银行办理银行转账结算的书面凭证。它是银行结算的重要组成内容，也是银行办理款项划拨、收付款单位和银行进行会计核算的依据。

不同的结算方式，由于其适用范围、结算内容和结算程序不同，因而其结算凭证的格式、内容和联次等也各不相同。比如银行汇票结算方式的结算凭证包括银行汇票委托书、银行汇票、银行汇票挂失电报等，商业汇票结算方式的结算凭证包括商业承兑汇票、银行承兑汇票、银行承兑汇票协议、贴现凭证等。尽管各种结算凭证的格式、联次和办理程序不同，其具体内容也有较大差别，但各种结算凭证的基本内容大致相同。

银行结算凭证的基本内容主要有以下方面。

1）凭证名称；

2）凭证签发日期；

3）收、付款单位的名称和账号；

4）收、付款单位的开户银行的名称；

5）结算金额；

6）结算内容；

7）凭证联次及其用途；

8）单位及其负责人的签章。

7. 填写银行结算凭证的基本要求

由于各种结算凭证是办理转账结算和现金收付的重要依据，直接关系到资金结算的准确性、及时性和安全性，同时各种结算凭证还是银行、单位和个人记录经济业务、明确经济责任的书面证明，因此各单位和有关个人必须按照规定认真填写银行结算凭证。各单位在填写银行结算凭证时，必须做到以下几点。

（1）认真、完整填写凭证内容。

对于结算凭证上所列的收、付款人和开户单位名称、日期、账号、大小写金额、收付款地点、用途等应逐项认真填写，不得省简或遗漏。

（2）规范填写凭证金额数字。

在填写票据和凭证时，必须做到：要素齐全，内容真实，数字正确，字迹清楚，不潦草，不错漏，严禁涂改。单位和银行的名称用全称（异地结算应冠以有省（自治区、直辖市）、县（市）字样）等要求。军队一类保密单位使用的银行结算凭证可免填用途。

【注 意】

在填写票据和结算凭证时，银行对结算凭证的金额大小写要求极为严格，不按规范填写，银行将不予受理。

8. 单位和个人应该遵守结算纪律的内容

银行结算纪律是指通过银行办理转账结算的单位或个人以及银行在办理具体结算过程中，应当遵守的行为规范。根据《支付结算办法》及有关规定，单位和个人必须遵守的结算纪律包括以下内容。

1）不准套取银行信用，不得签发空头支票、印章与预留印鉴不符支票和远期支票；

2）不准无理拒付，任意占用卖方资金；

3）不准利用多头开户转移资金、逃避债务。

即要求单位和个人只准在银行账户余额内按照规定向收款单位和个人支付款项；对应该支付其他单位的款项必须依约履行义务；遵守国家有关账户管理的规定，严守信用，信守合同等。

9. 单位和个人在办理结算过程中如果违反银行结算制度应承负的结算责任

单位和个人办理结算的责任主要包括三个方面。

（1）自行负责。单位和个人办理结算，因错填结算凭证，致使银行错投结算凭证或对款项不能解付，影响资金使用的，应由责任单位和个人负责；单位和个人对使用的支票、商业承兑汇票和由银行签发的银行汇票、本票、银行承兑汇票以及预留银行的印章，因管理不善造成丢失、被盗，发生款项冒领，造成资金损失的，应由责任单位和个人负责。

（2）连带责任。允许背书转让的票据，由于付款人不能付款退回票据，持票人对出票人、背书人和其他债务人进行追索时，出票人、背书人和其他债务人（如保证人）要负连带责任。也就是说，持票人可以向出票人、背书人和其他债务人中的任何一方进行追索，被追索人不得拒绝。

（3）经济处罚和行政处罚。经济处罚包括：加扣赔偿金或赔款、罚息、罚款、没收非法所得。行政处罚包括：警告、通报批评、停止使用有关结算方式、停止办理部分直至全部结算业务。上列处罚既可单独处罚，亦可合并处罚。

具体来说有以下 4 种情况。

1）商业承兑汇票到期，付款人不能支付票款，按票面金额对其处以 5% 但不低于 1000 元罚款；银行承兑汇票到期，承兑申请人未能足额交存票款，对尚未扣回的承兑金额按每天万分之五计收罚息。

2）存款人签发空头或印章与预留印鉴不符的支票，按票面金额对其处以 5% 但不低于 1000 元罚款。对屡次签发的，应根据情节同时给予警告、通报批评，直至停止其向收款人签发支票的处罚。

3）收款单位对同付款单位发货托收累计三次收不回货款的，银行应暂停其向该付款单位办理托收；付款单位违反规定无理拒付，对其处以 2000 ~ 5000 元罚款，累计三次提出无理拒付，银行应暂停其向外办理托收。

4）付款单位到期无款支付，逾期不退回托收承付有关单证的，按照应付的结算金额对其处以每天万分之五但不低于 50 元罚款，并暂停其向外办理结算业务。付款人对托收承付逾期付款的，按照逾期付款金额每天万分之五计扣赔偿金等。

3.4.2 银行汇票

1. 银行汇票的概念

银行汇票是银行应汇款人的请求，在汇款人按规定履行手续并交足保证金后，签发给汇款人由其交付收款人的一种汇票。银行汇票的基本当事人只有两个，即出票银行和收款人，银行既是出票人，又是付款人。银行汇票是由企业单位或个人将款项交存银行，由银行签发给其持往异地办理转账结算或支取现金的票据（见图 3-2）。

银行汇票具有票随人到、方便灵活、兑付性强的特点，因此银行汇票深受广大企事业单位、个体经营户和个人的欢迎，其使用范围广泛，使用量大，对方便异地采购起到了积极的作用，银行汇票已成为使用最广泛的支付工具之一。

银行汇票是以纸张汇票形式发出的。汇票解付后，出票行与代理付款行之间的资金清算是通过各商业银行行内电子汇兑系统处理的。采用银行汇票方式，收款单位应当将汇票、解讫通知和进账单送交银行，根据银行退回的进账单和有关的原始凭证编制收款凭证；付款单位应当在收到银行签发的银行汇票后，根据“银行汇票申请书（存根）”联编制付款凭证。如有多余款项或因汇票超过付款期限等原因而退款时，应根据银行的多余款收账通知编制收款凭证。

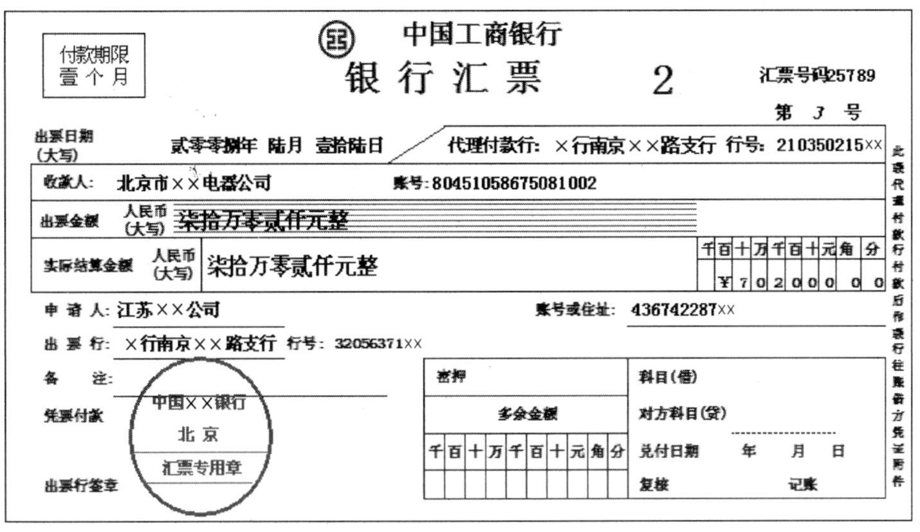
付款期限
壹个月

中国工商银行
银行汇票　2　汇票号码25789
第 3 号

出票日期（大写）　贰零零捌年 陆月 壹拾陆日　代理付款行：×行南京××路支行 行号：210350215××

收款人：北京市××电器公司　账号：80451058675081002

出票金额　人民币（大写）　柒拾万零贰仟元整

实际结算金额　人民币（大写）　柒拾万零贰仟元整

千	百	十	万	千	百	十	元	角	分
	¥	7	0	2	0	0	0	0	0

申请人：江苏××公司　账号或住址：436742287××

出票行：×行南京××路支行　行号：32056371××

备注：

凭票付款

出票行签章

中国××银行
北京
汇票专用章

密押

多余金额

千	百	十	万	千	百	十	元	角	分

科目（借）
对方科目（贷）
兑付日期　年　月　日
复核　记账

此联代理付款行付款后作联行往账借方凭证附件

图 3-2　银行汇票

2. 银行汇票的使用方法

收款单位应根据银行的收账通知和有关的原始凭证编制收款凭证；付款单位应在收到银行签发的银行汇票后，根据“银行汇票委托书”（存根）联编制付款凭证。如有多余款项或因汇票超过付款期等原因而退款时，应根据银行的多余款收账通知编制收款凭证。为了方便申请人的使用，银行汇票还专门设置了实际结算金额栏，在交易过程中，可根据实际需要在出票金额以内填写实际结算金额，受到法律保护。

3. 采用银行汇票结算方式注意的问题

（1）银行汇票的提示付款期为 1 个月，超过提示付款期限，经出具证明后，仍可以请求出票银行付款。银行汇票见票即付。填明“现金”字样和代理付款行的银行汇票丧失，失票人可以向银行申请挂失，或者向法院申请公示催告或提起诉讼。但未填明“现金”字样和代理付款行的银行汇票丧失不得挂失。

（2）银行汇票一律记名，可以背书转让。背书是指在票据背面或者粘单上记载有关事项并签章的票据行为。背书是一种票据行为，是转让票据权利的重要方式，它的产生是票据成为流通证券的一个标志。

（3）银行汇票的汇款金额起点为 500 元。

3.4.3 支票

1. 支票的概念

支票是出票人签发的，委托办理支票存款业务的银行或者其他金融机构在见票时无条件支付确定的金额给收款人或者持票人的票据。支票的基本当事人有三个：出票人、付款人和收款人。支票是在中国最普遍使用的非现金支付工具，用于支取现金和转账。在同一城市范围内的商品交易、劳务供应、清偿债务等款项支付，均可以使用支票。

【注意】

支票分为普通支票、现金支票、转账支票3种。现金支票只能用于支取现金，它可以由存款人签发用于到银行为本单位提取现金，也可以签发给其他单位和个人用来办理结算或者委托银行代为支付现金给收款人；转账支票只能用于转账，它适用于存款人给同一城市范围内的收款单位划转款项，以办理商品交易、劳务供应、清偿债务和其他往来款项结算；普通支票可以用于支取现金，也可以用于转账。但在普通支票左上角划两条平行线的，为划线支票，只能用于转账，不能支取现金。

在银行开户的存款人领购支票时，必须填写“票据和结算凭证领用单”并签章，签章应与预留银行的签章相符，持支票购领证（购领证上有指定办理银行业务的人员姓名）及指定人员身份证，由指定人员到银行办理购买手续。银行对上述单证审核无误后，即可将支票售给存款人。

从未来发展趋势来看，尽管包括电子支付在内的各种新的支付工具不断出现和被广泛使用，但支票的使用量仍将保持在较高水平。特别是个人支票的推广使用，将会改变支票的结构，成为支票中富有生命力的品种。个人支票具有现金和银行卡结算方式无法比拟的优势，个人支票有利于商业银行开拓个人金融业务，减少现金流通，提高社会信用。人民银行一直重视个人支票的推广工作，目前，在广州、武汉等城市已经有一定量的个人支票在使用。随着个人征信系统的建立和完善，个人支票业务发展前景广阔。

2. 支票的使用方法

支票通过同城票据交换提交签发人开户银行审核后付款。持票人委托开户银行收款时，开户行将所有委托收款的支票通过同城票据交换所提交给出票人开户行。如果在规定的退票时间（隔场交换）内没有退票，收款人开户行即将款项转入到收款人账户内。在中国的各城市均建立了票据交换所，目前有20多个经济发达的城市建立了票据清分处理系统。北京和天津、上海和南京、广州和深圳等地还打破行政区划，建立了区域性票据交换中心。

收款单位对于收到的支票，应在收到支票的当日填制进账单连同支票送交银行，根据银行盖章退回的进账单第一联和有关的原始凭证编制收款凭证；对于付出的支票，应根据支票存根和有关原始凭证编制付款凭证。

3. 采用支票结算方式注意的问题

（1）支票起点为100元，支票从签发之日起有效期为10天，遇节假日顺延。

（2）空白支票由出纳员保管签发，企业应当加强银行预留印鉴的管理。财务专用章应当由专人保管，个人名章应当由本人或其授权人员保管，不得由一个人保管支付款项所需的全部印章。

（3）支票签发一律记名，签发支票时，必须用碳素墨水填写，填齐所有项目。收款单位名称、签发日期、大小写金额及用途一律不得涂改，加盖银行预留印鉴必须清晰，带密码支票要核清密码号，如签发错误不得撕毁，应加盖“作废”戳记，连同存根一起妥善保存，并在支票使用登记簿上注明作废。

（4）不得随意开具印章齐全的空白支票。签发支票必须在银行账户余额内按规定向收款人签发，不准签发空头、远期支票，不准出租支票或将支票转让其他单位和个人使用，不准将支票交收款单位代签。签发支票，不能超过银行存款的余额，超过的即为“空头支票”，银行将予以退票，并处以票面金额 5% 但不低于 1000 元的罚款。持票人有权要求出票人赔偿支票金额 2% 的赔偿金。对屡次签发的，银行应停止其签发支票。

（5）不准携带空白支票外出，如有特殊情况，经主管领导和财务主管批准，并登记清楚用途及限额。

（6）支票丢失应立即向开户银行办理挂失手续，同时向有关领导报告。

（7）按规定需要由有关负责人签字或盖章的经济业务与事项，必须严格履行签字或盖章手续，用章必须履行相关的审批手续并进行登记。支票领用时手续齐备，“支票领用单”各项要填写清楚。领用人不准弄脏、撕毁，使用时不能超出限额。

（8）支票自领用起规定报账的时间限制，报账时要发票齐全，支票号填写准确，如领用的支票没有支付的，应及时退回财务部。

（9）收取外单位支票时，出纳员要认真审核有效期，各项内容填写是否符合银行要求。有银行密码的支票不得遗漏密码，及时送存银行。如支票被银行退回，出纳员要尽快通知经办人向出票单位索换。

4. 签发与办理支票的注意事项

（1）出票日期。

出票日期的数字必须大写，大写数字写法：零、壹、贰、叁、肆、伍、陆、柒、捌、玖、拾。

【例 3-1】

2005 年 8 月 5 日：贰零零伍年捌月零伍日。捌月前零字可写也可不写，伍日前零字必写。2006 年 2 月 13 日：贰零零陆年零贰月壹拾叁日。

【解析】

壹月贰月前零字必写，叁月至玖月前零字可写可不写。拾月至拾贰月必须写成壹拾月、壹拾壹月、壹拾贰月（前面多写了“零”字也认可，如零壹拾月）。

壹日至玖日前零字必写，拾日至拾玖日必须写成壹拾日及壹拾 × 日（前面多写了“零”字也认可，如零壹拾伍日，下同），贰拾日至贰拾玖日必须写成贰拾日及贰拾 × 日，叁拾日至叁拾壹日必须写成叁拾日及叁拾壹日。

（2）收款人。

现金支票收款人可写为本单位名称，此时现金支票背面“被背书人”栏内加盖本单位的财务专用章和法人章，之后收款人可凭现金支票直接到开户银行提取现金。（由于有的银行各营业点联网，所以也可到联网营业点取款，具体要看联网覆盖范围而定。）

现金支票收款人可写为收款人个人姓名，此时现金支票背面不盖任何章，收款人在现金支票背面填上身份证号码和发证机关名称，凭身份证和现金支票签字领款。

转账支票收款人应填写为对方单位名称。转账支票背面本单位不盖章。收款单位取得转账支票后，在支票背面被背书栏内加盖收款单位财务专用章和法人章，填写好银行进账单后连同该支票交给收款单位的开户银行委托银行收款。

(3) 付款行名称、出票人账号。

付款行名称、出票人账号即为本单位开户银行名称及银行账号，例如：×行高新支行九莲分理处 1202027409900088888（账号小写）。

(4) 人民币（大写）。

数字大写写法：零、壹、贰、叁、肆、伍、陆、柒、捌、玖、亿、万、仟、佰、拾。

【注 意】

"万"字不带单人旁。

【例 3-2】

289 546. 52，写为：贰拾捌万玖仟伍佰肆拾陆元伍角贰分。

7 560. 31，写为：柒仟伍佰陆拾元叁角壹分。

532. 00，写为：伍佰叁拾贰元整。不能写为"零角零分"。

325. 20 叁佰贰拾伍元贰角整。角字后面可加"整"字，但不能写"零分"。

(5) 人民币小写。

最高金额的前一位空白格用"￥"字头打掉，数字填写要求完整清楚。

(6) 用途。

现金支票有一定限制，一般填写"备用金"、"差旅费"、"工资"、"劳务费"等。转账支票没有具体规定，可填写如"货款"、"代理费"等。

(7) 盖章。

支票正面由会计主管人员盖财务专用章和法人章，缺一不可，印泥为红色，印章必须清晰。

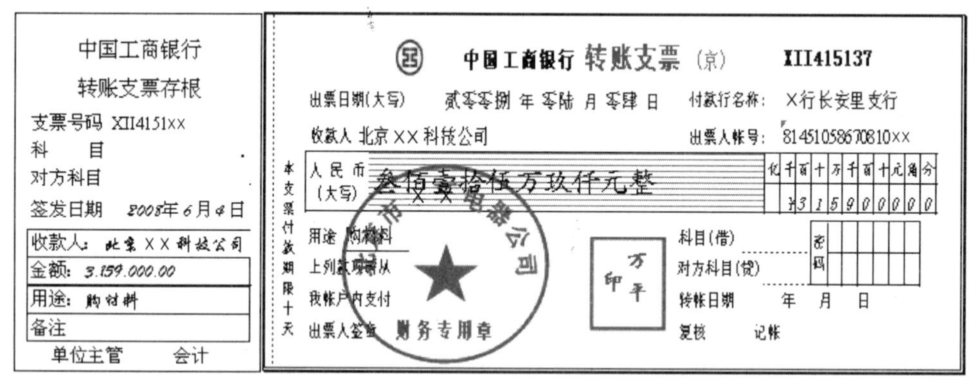
中国工商银行
转账支票存根
支票号码 XII4151xx
科 目
对方科目
签发日期 2008年6月4日
收款人：北京XX科技公司
金额：3,159,000.00
用途：购材料
备注
单位主管 会计

中国工商银行 转账支票（京） XII415137
出票日期(大写) 贰零零捌 年 零陆 月 零肆 日 付款行名称：X行长安里支行
收款人 北京XX科技公司 出票人帐号：81451058670810xx
本支票付款期限十天
人民币（大写） 叁佰壹拾伍万玖仟元整
亿 千 百 十 万 千 百 十 元 角 分
¥ 3 1 5 9 0 0 0 0 0
用途 购材料
上列款项请从
我帐户内支付
出票人签章
财务专用章
印 万平
科目(借)
对方科目(贷)
密码
转帐日期 年 月 日
复核 记帐

图 3-3 银行转账支票、现金支票票样

3.4.4 银行本票

1. 银行本票的概念

本票是出票人签发的，承诺自己在见票时无条件支付确定的金额给收款人或者持票人的票据。银行本票是申请人将款项交存银行，由银行签发给其凭以办理同一票据交换区域内转账或支取现金的票据。本票的基本当事人有两个，即出票人和收款人。目前，在我国流通并使用的本票只有银行本票一种。银行本票是1988年中国人民银行全面改革银行支付结算制度后推出的一种新的支付结算工具。目前在一些经济比较发达的城市和小商品市场比较发达的地区使用比较多。

2. 银行本票的使用方法

收款单位按照规定受理银行本票后，应将银行本票连同进账单送交银行办理转账，根据盖章退回的进账单第一联和有关原始凭证编制收款凭证；付款单位填送“银行本票申请书”并将款项交存银行，收到银行签发的银行本票后，根据申请书存根联编制付款凭证。企业因银行本票超过付款期限或其他原因要求退款时，在交回本票和填制的进账单经银行审核盖章后，根据进账单第一联编制收款凭证。

3. 采用银行本票结算方式注意的问题

（1）银行本票分为不定额本票和定额本票两种。定额银行本票面额为1000元、5000元、1万元和5万元。银行本票可以用于转账，注明“现金”字样的银行本票可以用于支取现金。

（2）银行本票的提示付款期为2个月，超过提示付款期限，经出具证明后，仍可请求出票银行付款。

（3）银行本票见票即付，资金转账速度是所有票据中最快最及时的。可以背书转让，不予挂失，对银行本票应视同现金，妥善保管。

本票示样见图3-4。

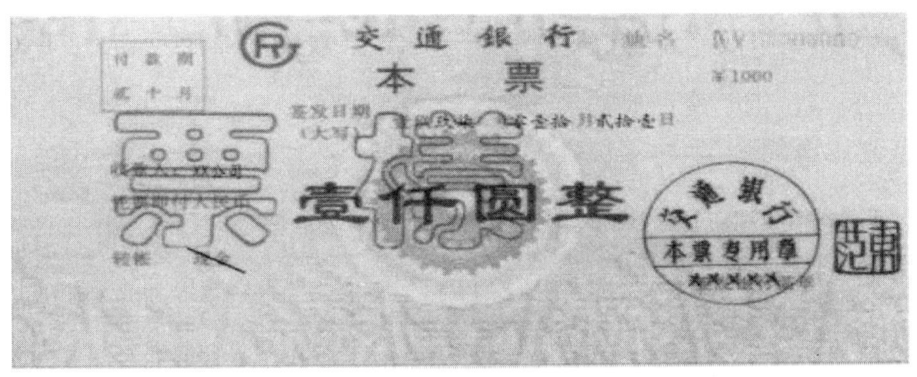

图　3-4

3.4.5　商业汇票

1. 商业汇票的概念

商业汇票是企事业单位等签发的，委托付款人在付款日期无条件支付确定金额给收款人或持票人的一种汇票。商业汇票一般有三个当事人，即出票人、付款人和收款人。按照承兑人的不同，商业汇票分为商业承兑汇票和银行承兑汇票。

由银行承兑的汇票为银行承兑汇票，由银行以外的企事业单位等承兑的汇票为商业承兑汇票。商业汇票是适用于企业单位先发货后付款或双方约定延期付款的商品交易。这种汇票经过购货单位或银行承诺付款，承兑人负有到期无条件支付票款的责任，对付款人具有较强的约束力。购销双方根据需要可以商定不超过 6 个月的付款期限。购货单位在资金暂时不足的情况下，可以凭承兑的汇票购买商品。销货单位急需资金时，可持承兑的汇票向银行申请贴现。销货单位也可以在汇票背面背书后转让给第三者，以支付货款。

自 1995 年首先在煤炭、冶金、电力、化工、铁道五个行业推广使用商业汇票以来，商业汇票的使用量逐年增长。票据使用量的扩大，流通功能和信用功能的加强，对进一步发展和完善票据市场和中央银行实施货币政策奠定了基础。目前流通中的商业汇票大多是银行承兑汇票，商业承兑汇票使用较少。这主要是由于中国目前社会信用体系尚不完善，商业汇票中的商业承兑汇票使用较少，其业务量和资金量不到商业汇票总量的 10%。为改善目前商业承兑汇票使用量低、商业汇票结构失衡、商业信用过度依赖于银行信用的状况，进一步发挥商业承兑汇票对社会经济发展的促进作用，引导和鼓励商业信用发展，央行于 2006 年 11 月 9 日发布了《关于促进商业承兑汇票业务发展的指导意见》，提出了促进商业承兑汇票发展的政策措施。

2. 采用商业汇票结算方式注意的问题

（1）采用商业汇票结算方式时，承兑人即付款人员有到期无条件支付票款的责任。

（2）对信用不好的客户应慎用或不用商业汇票结算方式。

（3）商业汇票一律记名。允许背书转让，但背书应连续。

（4）商业汇票的承兑期限由交易双方商定，但最长不得超过 6 个月。商业汇票的提示付款期限自汇票到期日起 10 日内。付款人应当自收到提示承兑的汇票之日起 3 日内承兑或者拒绝承兑。付款人拒绝承兑的，必须出具拒绝承兑的证明。

3. 商业汇票的分类

按其承兑人的不同，分为商业承兑汇票和银行承兑汇票。商业承兑汇票由银行以外的付款人承兑。银行承兑汇票由银行承兑。商业汇票的付款人为承兑人。

（1）商业承兑汇票。

指由收款人签发，付款人承兑，或由付款人签发并承兑的票据。商业承兑汇票按双方约定签发。由收款人签发的商业承兑汇票应交付款人承兑，由付款人签发的商业承兑汇票应经本人承兑。付款人须在商业承兑汇票正面签署“承兑”后，将商业承兑汇票交给收款人。在实务中，一般以由付款人签发的商业承兑汇票居多。

采用商业承兑汇票方式的，收款单位将要到期的商业承兑汇票连同填制的邮划或电划委托收款凭证，一并送交银行办理转账，根据银行的收账通知，据以编制收款凭证；付款单位在收到银行的付款通知时，据以编制付款凭证。

近几年，以银行承兑汇票为主的商业汇票承兑、贴现和再贴现业务发展较快。逐步推广使用商业汇票，对拓宽企业融资渠道、改善金融服务和健全信用制度发挥了积极的作用。但在业务发展过程中也存在一些不容忽视的问题。

（2）银行承兑汇票。

它是由收款人或承兑申请人签发，并由承兑申请人向开户银行申请，经银行审查同意承兑的票据。

采用银行承兑汇票方式的，收款单位将要到期的银行承兑汇票连同填制的邮划或电划委托收款凭证，一并送交银行办理转账，根据银行的收账通知，据以编制收款凭证；付款单位在收到银行的付款通知时，据以编制付款凭证。收款单位将未到期的商业汇票向银行申请贴现时，应按照规定填制贴现凭证，连同汇票一并送交银行，根据银行的收账通知，据以编制收款凭证。

（3）商业承兑汇票和银行承兑汇票的联系和区别。

商业承兑汇票是购销双方的票据交易行为，是一种商业信用，银行只作为清算的中介。而银行承兑汇票是银行的一种信用业务，体现购、销及银行三方关系，银行既是商业汇票的债务人，同时又是承兑申请人的债权人。银行承兑汇票由银行保证无条件付款，因而有较高的信誉。

4. 商业汇票的使用情况

商业汇票的使用是建立在购销双方商业信用基础之上的，由于我国目前社会信用体系尚不完善，商业汇票中的商业承兑汇票的使用较少，其业务量和资金量不到商业汇票总量的10%。商业承兑汇票的信用、融资功能未能得到充分体现。除使用量较小外，商业承兑汇票的使用还具有以下特点：

（1）使用领域相对集中，主要集中在石油、电力、钢铁、煤炭、航空、电子、医药等行业，以及一些关联企业或产业链中上下游关系紧密的企业。

（2）流通性较弱。受票人接到票据后多是到银行申请贴现或到期收款，背书转让的较少。

（3）主要在同城范围内使用。异地企业间相互了解较少，为避免票据风险，企业一般不愿接受异地企业承兑或转让的商业承兑汇票。

（4）使用的频率和范围受地方经济发展和金融市场发达程度的影响较大。经济相对落后的中西部地区使用很少，与沿海、东部经济发达地区相比存在较大的差距。

使用商业汇票应注意：在银行开立存款账户的法人以及其他组织之间，必须具有真实的交易关系或债权债务关系，才能使用商业汇票。商业汇票的付款期限，最长不得超过6个月。

商业承兑汇票及银行承兑汇票票样分别见图3-5及图3-6。

5. 电子商业汇票

电子商业汇票是由出票人以数据电文形式制作的，委托付款人在指定日期无条件支付确定的金额给收款人或者持票人的票据，与纸质商业汇票相比具有以数据电文形式签发、流转，并以电子签名取代实体签章的突出特点，其对于杜绝伪造、变造票据案件，降低企业结算成本、提升结算效率、控制融资风险具有十分重要的作用。

2009年10月28日，我国电子商业汇票系统（ECDS）正式上线，从而开创了中国电子商业汇票的新时代。

商业承兑汇票

2

汇票号码 第 号

出票日期（大写） 贰零壹贰年零壹月零柒日

出票人全称	×××商贸有限公司			收款人	全称	上海市××电器公司		
出票人账号	1414000000000××				账号	814510586750810××		
付款行全称	××银行	行号			开户银行	工行上海××路支行	行号	
出票金额	人民币（大写） 贰万叁仟肆佰元整					千 百 十 万 千 百 十 元 角 分	¥ 2 3 4 0 0 0 0	
汇票到期日	贰零零柒年零叁月零柒日		本汇票已经承兑			承兑协议编号		
本汇票请你行承兑，此项汇票款我单位按承兑协议于到期日前足额交存你行，到期请予以支付 出票人签章 2012年 1月 7日			到期日由本行付款 承兑行签章 承兑日期 2012年 1月 7日 备注：			科目（借） 对方科目（贷） 转账 年 月 日 复核 记账		

凭证附件 此联收款人开户行随委托收款凭证寄付款行作借方

图 3-5 商业承兑汇票

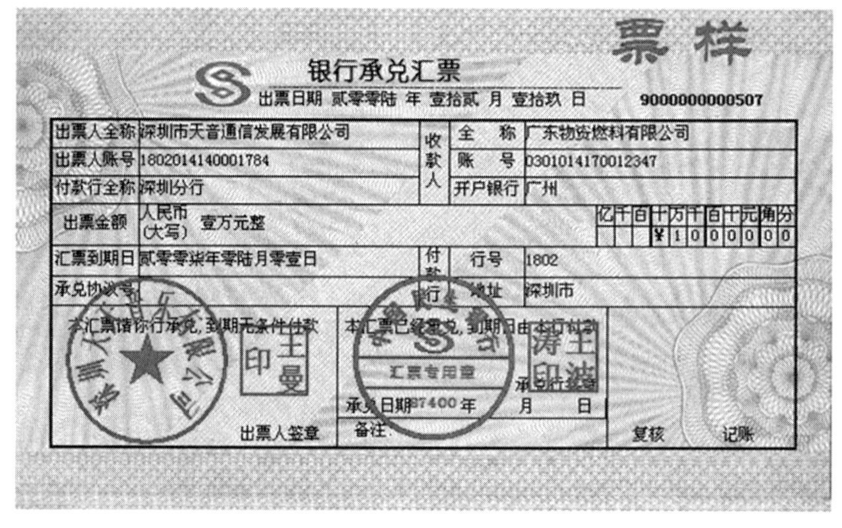

票样

银行承兑汇票

出票日期 贰零零陆 年 壹拾贰 月 壹拾玖 日　9000000000507

出票人全称	深圳市天音通信发展有限公司	收款人	全称	广东物资燃料有限公司
出票人账号	1802014140001784		账号	0301014170012347
付款行全称	深圳分行		开户银行	广州
出票金额	人民币（大写） 壹万元整		亿 千 百 十 万 千 百 十 元 角 分	¥ 1 0 0 0 0 0 0
汇票到期日	贰零零柒年零陆月零壹日	付款行	行号	1802
承兑协议号			地址	深圳市
本汇票请你行承兑，到期无条件付款 出票人签章		本汇票已经承兑，到期日由本行付款 承兑行签章 承兑日期 年 月 日 备注：		复核 记账

图 3-6 银行承兑汇票

3.4.6 其他结算方式

1. 汇兑

汇兑是汇款人委托银行将其款项支付给收款人的结算方式。单位或个人的各种款项的结算均可使用汇兑结算方式。汇兑分为信汇和电汇两种，由汇款人根据需要选择使用。汇兑结算方式适用于异地之间的各种款项结算，具有划拨款项简单、灵活的特点。由于汇兑结算手续简便，不受金额起点限制，长期以来一直是银行异地汇划资金的主要结算方式之一。

采用汇兑结算方式，汇款单位应先填写汇款委托书，信汇一式四联，电汇一式三联。填明收款单位名称或个人姓名、汇款金额及用途等项目，委托银行办理汇款手续。汇款单位开户银行受理后将回单联退回汇款单位，并将款项划转收汇银行，收汇银行将汇款收进收款单位或个人存款账户后，将汇款委托书收款通知联转交收款单位或个人办理收款手续。收款个人可根据证明文件，提取少量现金，其余均通过转账结算。

电汇凭证见图 3-7。

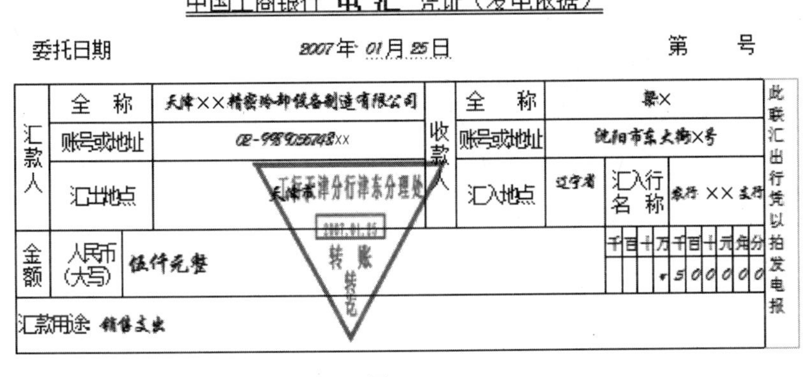

中国工商银行 **电 汇** 凭证（发电依据）

委托日期　2007年 01月 25日　第　号

汇款人	全　称	天津××精密冷却设备制造有限公司	收款人	全　称	梁×	
	账号或地址	02-989056748XX		账号或地址	沈阳市东大街×号	
	汇出地点	天津市		汇入地点	辽宁省	汇入行名称：农行××支行
金额	人民币（大写）	伍仟元整				千 百 十 万 千 百 十 元 角 分：¥ 5 0 0 0 0 0
汇款用途	销售支出					

工行天津分行津东分理处 2007.01.25 转账 转讫

此联汇出行凭以拍发电报

图　3-7

2. 委托收款

委托收款是收款人委托银行向付款人收取款项的结算方式。单位和个人凭已承兑的商业汇票、债券、存单等付款人债务证明办理款项的结算，均可以使用委托收款结算方式。这种方式便利单位主动收款，它不受同城与异地及金额起点的限制。根据划款方式不同，分为邮寄和电报划回两种，收款人可根据需要选用。

另外，在同城范围内，收款人收取公用事业费，如水电、邮电、电话等费用或根据有关规定，可以使用同城特约委托收款。即收、付款单位双方事先签订经济合同，收款单位委托银行收款时，由付款人向开户银行授权，银行从付款单位账户主动付款转入收款人账户。

采用委托收款结算方式，收款单位对于托收款项，应在收到银行的收账通知时，根据收账通知编制收款凭证；付款单位在收到银行转来的委托收款凭证后，根据委托收款凭证的付款通知联和有关的原始凭证，编制付款凭证。如在付款期满前提前付款，应于通知银行付款之日，编制付款凭证。如拒绝付款，属于全部拒付的，不做账务处理；属于部分拒付的，企业应在付款期内出具部分拒付理由书并退回有关单位，根据银行盖章退回的拒付理由书第一联编制部分付款的凭证。

委托收款凭证见图 3-8。

3. 电子支付工具

广义的电子支付工具包括卡基支付工具、网上支付和移动支付（手机支付）等。随着电子银行的兴起和微电子技术的发展，电子支付技术日趋成熟，电子支付工具品种不断丰富。电子支付工具从其基本形态上看是电子数据，它以金融电子化网络为基础，通过计算机网络系统以传输电子信息的方式实现支付功能。利用电子支付工具可以方便地实现现金存取、汇兑、直接消费和贷款等功能。

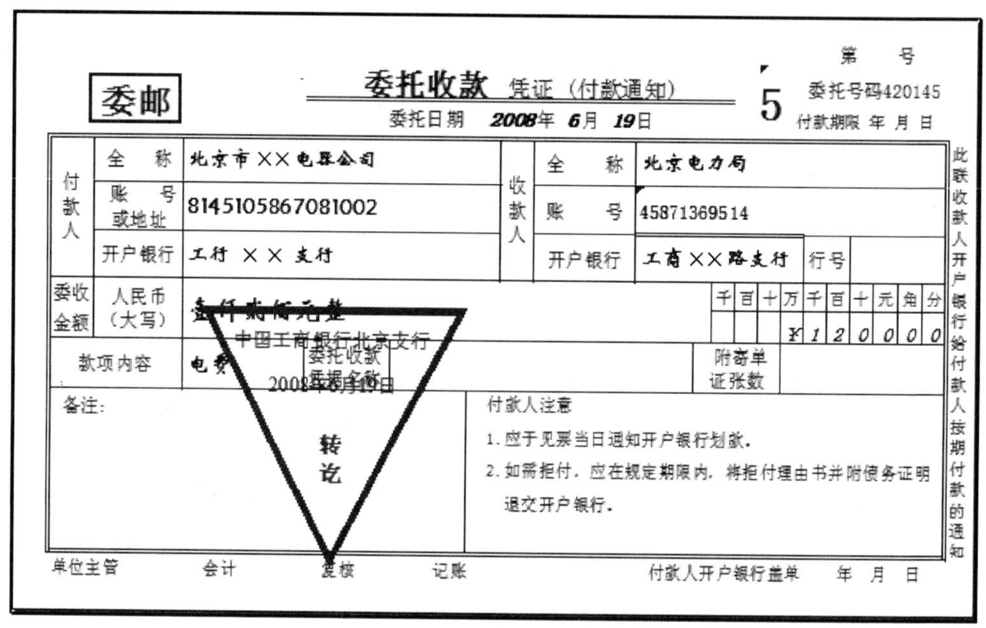

委邮

委托收款 凭证（付款通知） 5

第 号

委托号码420145

委托日期 2008年 6月 19日

付款期限 年 月 日

付款人	全称	北京市××电器公司	收款人	全称	北京电力局
	账号或地址	8145105867081002		账号	45871369514
	开户银行	工行××支行		开户银行	工商××路支行 行号
委收金额	人民币（大写）	壹仟贰佰元整		千百十万千百十元角分	￥120000
款项内容	电费			附寄单证张数	

备注：

付款人注意

1. 应于见票当日通知开户银行划款。
2. 如需拒付，应在规定期限内，将拒付理由书并附债务证明退交开户银行。

中国工商银行北京支行

委托收款

票据名称

2008年6月19日

转讫

单位主管 会计 复核 记账 付款人开户银行盖单 年 月 日

此联收款人开户银行给付款人按期付款的通知

图 3-8

（1）卡基支付工具的种类。

1）借记卡：是指由商业银行向社会发行的具有消费信用、转账结算、存取现金等全部或部分功能的支付工具，不能透支。

2）贷记卡：是指由银行或信用卡公司向资信良好的个人和机构签发的一种信用凭证，持卡人可在指定的特约商户购物或获得服务。

3）信用卡：既是发卡机构发放循环信贷和提供相关服务的凭证，也是持卡人信誉的标志，可以透支。

按照授信程度的不同，贷记卡分为真正意义上的贷记卡和准贷记卡。贷记卡是指发卡银行给予持卡人一定的信用额度，持卡人可在信用额度内先消费、后还款的信用卡。准贷记卡是指持卡人须先按发卡银行要求交存一定金额的备用金，当备用金账户余额不足支付时，可在发卡银行规定的信用额度内透支的信用卡。储值卡是指非金融机构发行的具有电子钱包性质的多用途卡种，不记名，不挂失，适应小额支付领域。

在所有卡基支付工具中，银行发行的借记卡和贷记卡是卡基支付工具的主体。习惯上，我们将银行发行的借记卡和贷记卡统称为银行卡。1985 年中国银行发行国内第一张银行卡。在银行卡中，借记卡占据其中的绝大部分，95% 的银行卡是借记卡。

电子钱包性质的储值卡基本上是由非金融机构发行。一些城市，如上海和厦门，使用的卡基电子货币可用于公共交通、餐饮连锁店等。预计卡基电子货币将越来越多地用于公共交通、高速公路收费、汽车租赁、旅游集散地、停车场、加油站以及超市，并可能扩大到公用事业收费等。储值卡的资金清算，由发行者为商户提供交易数据处理服务，并借助银行完成发行者与商户之间的资金划转。

信用卡按使用对象分为单位卡和个人卡，按信誉等级分为金卡和普通卡。单位卡账户的资金一律从其基本存款账户转账存入，不得交存现金，不得将销货收入的款项存入其账户。单位卡不得用于10 万元以上的商品交易、劳务供应款项的结算。

采用信用卡结算方式，收款单位对于当日受理的信用卡签购单，填写汇计单和进账单，连同签购单一并送交收单银行办理进账，在收到银行进账通知时，据以编制收款凭证；付款单位对于付出的信用卡资金，应根据银行转来的付款通知和有关的原始凭证编制付款凭证。

（2）网上支付。

网上支付是指人们通过互联网完成支付的行为和过程，通常情况下仍然需要银行作为中介。在典型的网上支付模式中，银行建立支付网关和网上支付系统，为客户提供网上支付服务。网上支付指令在银行后台进行处理，并通过传统支付系统完成跨行交易的清算和结算。在传统的支付系统中，银行是系统的参与者，客户很少主动地参与到系统中；而对于网上支付系统来说，客户成为系统的主动参与者，这从根本上改变了支付系统的结构。常见的网上支付模式有网银模式、银行支付网关模式、共建支付网关模式和 IT 公司支付模式。

（3）移动支付。

移动支付是指利用移动电话采取编发短信息和拨打某个号码的方式实现支付。手机支付系统主要涉及三方：消费者、商家及无线运营商，所以手机支付系统大致可分三个部分，即消费者前端消费系统、商家管理系统和无线运营商综合管理系统。消费者前端消费系统保证消费者顺利地购买到所需的产品和服务，并可随时观察消费明细账、余额等信息。商家管理系统可以随时查看销售数据以及利润分成情况。无线运营商综合管理系统是手机支付系统中最复杂的部分，包括两个重要子系统：鉴权系统和计费系统。它既要对消费者的权限、账户进行审核，又要对商家提供的服务和产品进行监督，看是否符合所在国家的法律规定，此外最重要的是，它为利润分成的最终实现提供了技术保证。随着信息技术的飞速发展，电子支付工具具有广阔的发展前景。

4. 信用证

信用证结算方式是国际结算的一种主要方式。信用证是进口方银行向出口方开立的以出口方按规定提供单据和汇票为前提的支付一定金额的书面承诺，是一种有条件的付款凭证。经中国人民银行批准经营结算业务的商业银行总行以及经商业银行总行批准开办信用证结算业务的分支机构，也可以办理国内企业之间商品交易的信用证结算业务。

采用信用证结算方式的，收款单位收到信用证后，即备货装运，签发有关发票账单，连同运输单据和信用证，送交银行，根据退还的信用证等有关凭证编制收款凭证；付款单位在接到开证行的通知时，根据付款的有关单据编制付款凭证。

5. 定期借记

定期借记从 20 世纪 80 年代开始在中国使用，尽管目前它在非现金支付中仍然只占相当小的比例，但近几年这种支付方式发展较快，主要用于公共事业费、保险费、税款和学费等各项费用的支付。收款人主要通过书面或通过联机传送的方式将支付命令发送给银行，银行据此直接借记付款人账户和贷记收款人账户。这种交易必须是在付款人、收款人和银行三方协议的基础上实施的。

6. 直接贷记

直接贷记与直接借记是同时开始使用的。直接贷记主要用于工资、保险金、养老金的支付。最初，支付命令是以书面的形式发出的，但现在很多大企业、政府机构都用磁介质或数据传送向银行送交支付指令。

3.4.7 各种结算方式的适用范围和选择

由中国人民银行统一规范管理的票证共有15种，分别是：银行汇票、粘单、商业承兑汇票、银行承兑汇票、本票、转账支票、现金支票、支票（普通支票）、进账单、信汇凭证、电汇凭证、支付结算通知查询查复书、银行承兑汇票查询（复）书、托收凭证、拒绝付款理由书。

1. 各种结算方式的适用范围

由于各种结算方式各自具有特点，各有针对性、局限性，使用范围也存在差异，所以客观上要求企业单位在进行结算时需要进行结算方式的选择。

（1）支票。

支票由出票单位签发，出票单位开户银行为支票的付款人，手续简便；既有现金支票，可以提现，又有转账支票，可以转账，还有普通支票既可以转账，又可提现，方便灵活，要求收妥抵用，在同城范围内使用，已被企业单位广泛接受。但在支票结算中可能存在签发空头支票，支票上的实际签章与预留银行印鉴不符等问题，存在一定风险。

（2）银行汇票。

银行汇票签发银行作为付款人，付款保证性强；代理付款人先付款，后清算资金；特别适用于交易额不确定的款项结算与异地采购之用。票据自带，避免携带大量现金，十分便捷。如选取银行汇票结算，一方面可以避免携带大额现金的风险，另一方面也可以避免采取汇兑结算，款项付出后拿不到货物的风险。

（3）商业汇票。

1）银行承兑汇票：具有极强的融资功能，承兑申请人可以在资金不足的情况下，通过申请银行承兑，以承兑银行的信誉作为付款保证，获得急需的生产资料；持票人急需生产资金时，既可以向开户银行申请贴现，也可以向供货单位背书转让票据；提供贴现贷款的银行急需资金时，既可以向中央银行申请再贴现，也可以向其他商业银行申请转贴现；票据到期，承兑申请人不能足额交存票款时，承兑银行兑付票款后，将不足部分转入其逾期贷款户。它是将商业信用与银行信用完美结合的一种结算方式。由于票据的流转环节多，提示付款期限长，查询难度大，容易被“克隆”，是目前票据结算风险防范的重点之一。同城异地结算均可使用。如选取银行承兑汇票、国内信用证结算，就可以降低乃至避免采取托收承付结算中，货已发出，难以及时、足额收到货款等风险的发生。

2）商业承兑汇票：是由付款人或收款人签发，经付款人承兑的商业汇票。持票人需要资金时，既可以申请贴现，也可以背书转让。承兑人作为付款人，付款保证程度视企业的信誉高低而定，商业银行、被背书人接受票据的难易程度也视承兑人的信誉而定。一般讲它的付款保证性没有银行承兑汇票高。同城、异地交易均可使用。

（4）银行本票。

银行本票见票即付，如同现金，出票银行作为付款人，付款保证性很高。既有定额本票，又有不定额本票，可以灵活使用。缺点是由银行签发，与支票相比手续相对繁杂。在同城范围内使用。如选取银行本票结算，可避免因签发空头支票、签章与预留银行印鉴不符的支票而使企业财产被人欺骗的风险。

（5）信用卡。

信用卡属于电子支付工具的范畴，方便、灵活、快捷。同城、异地均可使用；既有公司卡，又有个人卡；一手交钱，一手交货，钱货两清；有存款可以消费，无存款在授权额度内也可以进行消费；它是发放个人消费贷款最便捷的一种方式，它的使用极大地减少了现金使用量，降低了货币流通费用，发展前景非常广阔。但该结算方式受特约商户与ATM（自动柜员机）普及程度、银行卡网络的完善程度、银行卡功能开发程度等的限制。

（6）汇兑。

汇兑是企业、单位间款项结算的主要方式之一，通用性强，适用于异地结算，早已被广大企业、单位所接受。但该结算方式只具有给付功能，无融资功能，只适用于付款人主动付款的结算。

（7）委托收款。

委托收款适用于清偿债务、收取公用事业费。办理委托收款业务必须具有可靠、有力的收款依据，或者双方事先约定。属于商业信用，付款保证性相对较差，只用于收款人委托开户银行收款的结算。同城、异地结算都可以使用。

（8）国内信用证。

国内信用证适用于国内企业间的商品交易款项的结算，不能用于劳务供应款项的结算。付款保证性强，申请开证时缴纳一定比例的保证金，只要受益人遵守了信用证条款，开证行就必须无条件付款；具有融资功能，受益人在信用证到期前需要资金时，可以向指定的议付行申请议付；通过银行进行传递，手续严密，不可背书转让，流转环节少；灵活性强，信用证开出后，在信用证有效期内，随着购销活动的变化，经开证申请人与受益人协商一致，可以修改已确定的信用证条款；开证行作为付款中介，负责单据与已订立信用证条款的核对工作，很好地保护了收、付款双方的利益。但采用这种结算方式，对货运单据的合法性、规范性要求高，手续相对繁杂，手续费也比较高。

非现金支付工具业务持续大幅增长，银行卡业务和汇兑业务的快速增长起到了重要推动作用。随着支付系统基础设施建设的不断完善，非现金支付工具创新不断深入，居民使用非现金支付工具意识不断增强，非现金支付工具推广和适用范围将不断扩大。

2. 各种结算方式的选择

（1）从付款保证性角度进行比较选择结算方式。

如果销售企业对购货单位的信用情况不掌握，对及时、足额收回销货款缺乏信心，可以选取信用卡结算，汇兑、支票款到账后发货，银行本票、银行汇票、银行承兑汇票、国内信用证结算方式；如果对购货单位的信用情况有所了解，在以往的交易中无不良付款记录，除了选取上述结算方式外，可以考虑采取支票结算方式。如果购货单位信用程度比较高，在选取上述结算方式的同时，还可以考虑采用商业承兑汇票、委托收款结算方式。

（2）从付款期限比较选择结算方式。

如果欲即期收款，可以选取信用卡、支票、银行本票、银行汇票结算方式。如果打算约期收款，可以选取银行承兑汇票、商业承兑汇票、国内信用证结算方式。

（3）从可否转让票据比较选择结算方式。

如果收款人欲再次背书转让票据，可以考虑选取汇票、本票、支票结算，否则，选取国内信用证、信用卡、汇兑、委托收款结算方式。

（4）从是否在银行融通资金选择结算方式。

如果持票人欲凭票从商业银行取得贷款，可以选取银行承兑汇票、商业承兑汇票、国内信用证结算方式，否则，选取其他结算方式。

（5）从防伪的角度选择结算方式。

如果担心银行承兑汇票被“克隆”，可以适当增加国内信用证的使用；如果担心出现伪造、变造的大额银行本票，可以采取持支票到出票人开户银行进账的方式。

票据上的必须记载事项见表3-5。

表3-5 票据上的必须记载事项一览表

必须记载事项		汇票		本票	支票
		银行汇票	商业汇票		
1	表明票据种类的字样	√	√	√	√
2	无条件支付的承诺（委托）	√	√	√	√
3	出票金额（确定的金额）	√	√	√	√
4	付款人名称	√	√		√
5	收款人名称	√	√	√	
6	出票日期	√	√	√	√
7	出票人签章	√	√	√	√

各种支付结算方式见表3-6及表3-7。

表3-6 各种支付结算方式比较（1）

一	支票	银行汇票	银行卡
定义	出票人签发的，委托办理支票存款业务的银行在见票时无条件支付确定的金额给收款人或持票人的票据	出票银行签发的，由其在见票时按照实际结算金额无条件支付给收款人或者持票人的票据	商业银行向社会发行的具有消费信用、转账结算、存取现金等全部或部分功能的信用支付工具
分类	现金支票、转账支票、普通支票	银行汇票、商业汇票、银行本票和支票	按是否透支分为：信用卡、借记卡；按是否向发卡银行交存备用金分为：贷记卡、准贷记卡
特点	现金支票只能用于支取现金，转账支票只能用于转账，普通支票既可用于支取现金也可用于转账；划线支票只能用于转账	支付、汇兑、信用、结算、融资5个功能。 现金汇票（个人对个人）	单位卡不得透支，单位不得支取现金；贷记卡每卡每日累计取现不得超过2000元；自动柜员机取款不得超过5000元；储值卡的面值或卡内不得超过1000元

（续）

一	支 票	银行汇票	银行卡
适用范围	单位和个人在同一票据交换区的各种款项结算均可使用支票	异地、同城或是统一票据交换区域的各种款项结算。银行汇票可以用于转账，填明现金字样的银行汇票也可以用于支取现金	单位和个人在同城或异地使用
签发	支票的金额、收款人名称，可由出票人授权补记，未补记前不得背书转让和提示付款	签发银行汇票出必须记载的事项，否则银行汇票无效	信用卡单笔透支发生额个人不得超过2万元；单位卡不得超过5万元
提示付款	支票的提示付款期自出票日起10日内	银行汇票的提示付款期限自出票日起1个月	银行卡收费：宾馆、餐饮、旅游不得低于交易金额的2%；其他行业不得低于1%
其他	支票限于见票即付，不得另行记载付款日期。另行记载无效	持票人向银行提示付款时必须同时提交银行汇票和解讫通知	贷记卡透支按月记收复利，准贷记卡透支按月计收单利

表3-7 各种支付结算方式比较（2）

二	汇 兑	委托收款	国内信用证
定义	汇兑是汇款人委托银行将其款项支付给收款人的结算方式	委托收款是收款人委托银行向付款人收取款项的结算方式	国内信用证是指开证银行依照申请人（购货方）的申请向受益人（销售方）开出一定金额、并在一定期限内凭信用证规定的单据支付款项的书面承诺
分类	分为信汇和电汇		分为不可撤销、不可转让的跟单信用证
特点		单位和个人凭已承兑商业汇票、债券、存单等付款人债务证明办理款项的结算，可以使用委托收款结算方式	
适用范围	单位和个人各种款项的结算，异地的情况下均可以使用汇兑结算方式	在同城、异地均可以使用	只适用于国内企业之间商品交易产生的货款结算，并且只能用于转账结算，不得支取现金
签发	表明信汇或电汇的字样；无条件支付委托；确定的金额；收款人的名称；汇款人的名称；汇入地点、汇入行名称；汇出地点、汇出行名称；委托日期；汇款人签章	必须记载的事项	信用证有效期为受益人向银行提交单据的最后期限，最长不超过6个月
提示付款		委托收款办理程序应符合法律规定	信用证办理程序应符合有关规定
其他			信用证与作为其依据的购销合同相互独立，银行在处理信用证业务时，不受购销合同的约束

3.5 支付结算法律制度案例

3.5.1 银行本票案例

【例 3-3】

甲工厂某采购人员持由该厂开户银行签发的、不能用于支取现金的银行本票，前往乙公司购置一批价值10万元的物资。由于该采购人员保管不慎，在途中将其装有银行本票的提包丢失。随后，甲工厂根据该采购人员的报告，将银行本票遗失情况通知该银行本票的付款银行，要求挂失止付。但该银行对上述情况进行审查后拒绝办理挂失止付。甲工厂在被银行拒绝挂失止付后，可以采取哪些措施维护自己的权益？

【解析】

(1) 该银行拒绝挂失止付正确。根据《支付结算办法》的规定，填明“现金”字样的银行本票丧失，可以由失票人通知付款人或者代理付款人挂失止付，而未填明“现金”字样的银行本票丧失不得挂失止付。

(2) 甲工厂可以采取公示催告的措施维护其权益，即可以向银行本票支付地的基层人民法院提出公示催告申请，请求人民法院向该银行本票的付款银行发出立即停止付款的通知，并以公告方式通知不确定的利害关系人限期申报权利，逾期未申报者，则权利失效，而由法院通过除权判决宣告所丧失的银行本票无效。

3.5.2 支票案例

【例 3-4】

A公司从B公司购买一批车床，总价款为200万元。5月28日，A公司向B公司开出一张金额为200万元的转账支票。6月10日，B公司向付款人Y提示付款，付款人Y拒绝付款。B公司在遭拒绝付款后，遂向A公司要求重新出票，在A公司重新出票后，B公司方获付款。试问付款人Y拒绝向B公司付款是否正确？

【解析】

正确。转账支票的提示付款期为10天，B公司超过提示付款期提示付款，所以付款人不予受理。

【例 3-5】

甲公司向乙公司开出转账支票，其他记载事项填列正确、齐全，只有金额一项书面授权。甲公司供销科长进行补记，且规定补记金额不得超过本收购货金额。实际甲公司从乙公司购货金额为5万元，供销科长补记金额为7万元。乙公司在规定付款期限内提示付款，甲以该票据供销科长超权为由拒绝付款。试问：甲拒付的理由是否充分？

【解析】

理由不成立。票据是一种要式证券，只要票据记载事项填列齐全、格式正确、持票人取得票据程序合法，出票人都具有按规定无条件支付的义务。代理人超越代理权限不能成为付款人对抗持票人的合法理由。

3.5.3 银行汇票案例

【例3-6】

A企业向B公司购买一批物资，向其交付了一张26万元的银行汇票，该汇票的收款人为C公司，付款人为D银行。因受市场变化的影响，该业务的实际结算金额为27.6万元。C公司接受此银行汇票后，到D银行提示付款时，银行拒绝付款。请问D银行的做法是否正确，为什么？

【解析】

由于该银行汇票是无效，D银行拒绝付款是正确的。根据《支付结算办法》规定，实际结算金额超过出票金额的，银行不予受理。

3.5.4 商业汇票案例

【例3-7】

A签发一张商业汇票给收款人B，金额为8万元，B依法承兑后将该汇票背书转让给C。C获得该汇票的第2天，因车祸而死亡，该汇票由其唯一的继承人D获得。D又将该汇票背书转让给E，并依法提供了继承该票据约有效证明，E获得该汇票之后，将汇票金额改为18万元，并背书转让给F，F又将该汇票背书转让给G。G在法定期限内向付款人请求付款，付款人在审查该汇票后拒绝付款。试问，G可以向本例中的哪些当事人行使追索权？

【解析】

依照《票据法》的有关规定，G可向其一切前手及付款人行使追索权，故G可以向A、B、D、E、F及付款人之一或数人或全部行使追索权。

附录3A 背书的基本规定

背书是指在票据背面或者粘单上记载有关事项并且签章的票据行为。

背书是票据转让的一种方式，通过背书可以将票据上记载的权利转让给他人行使，或者将一定的票据权利授予他人行使。背书的主要特点是：背书是一种附属票据行为，背书是一种要式法律行为，背书是持票人所为的法律行为，背书的主要目的是在于转让票据上的权利。因背书行为而产生的票据关系为背书关系当事人。

在汇票持票人背书转让汇票权利时，应当按照法律的规定进行有关的记载，并且应该将汇票进行交付。由于汇票可以通过背书的方式进行转让，所以汇票的流通性大大地增加了。但是如果背书人不愿意将此汇票继续背书流通下去，也可以在汇票的背面记载“不得转让”的字样，此汇票就属于不能够背书转让的汇票。此种汇票的转让的效力就是：在一般情况下，汇票是不能够继续转让的，但是如果被背书人继续转让此汇票，则背书人对在记载不得转让的字样以后取得票据的权利人不承担义务。这种做法限制了票据的流通性，保护了当事人的利益。

附录3B 空头支票

空头支票是指出票人签发的支票金额超过其付款时在付款人处实有的存款金额的支票。法律禁止空头支票的使用。这主要是为了防止不法分子利用空头支票欺骗国家或者公民的合法财产，扰乱国家金融秩序。这是我国在经历了一段实践以后得出的经验和教训。

在我国，如果出现了空头支票根据中国人民银行的有关规定，应当由银行退票，并且处以票面金额百分之五以下不低于100元的罚款。对于屡次签发空头支票的，银行根据情节给予警告、通报批评、停止其向收款人签发支票的处罚。同时如果签发空头支票的情节符合刑法中有关票据诈骗罪的规定的，则应当按照刑法中的规定处以刑事法律责任。

第 4 章

税收征收管理法律制度

教学目的与要求

了解我国税收法律体系，掌握《税收征管法》的基本内容，了解纳税人、扣缴义务人的权利、义务和法律责任。

教学重点与难点

《税收征管法》的基本内容。

4.1 税收的基本构成

4.1.1 我国的税法体系

我国税收法律体系是指由国家立法机关制定的税收法律规范体系。按照税收立法权限和法律效力，我国的税法体系主要包括 5 个部分。

1. 税收法律

税收法律是由全国人民代表大会及其常务委员会通过制定法律予以明确的。

（1）税收单行法律。如《中华人民共和国个人所得税法》、《中华人民共和国企业所得税法》、《中华人民共和国税收征收管理法》等。

（2）税收相关法律。主要包括刑法、行政法、民商法、经济法等与税收工作关系密切并经常在税收管理中被适用的法律。

2. 税收行政法规

税收行政法规是指由国务院制定或由全国人大授权国务院通过的有关税收活动的实施办法或规定。如《中华人民共和国增值税暂行条例》、《中华人民共和国营业税暂行条例》、《中华人民共和国税收征收管理法实施细则》等。

3. 地方性税收法规

地方性税收法规是指由地方立法机关制定的规范性税收文件。各省、自治区、直辖市的人民代表大会及其常务委员会，根据本行政区域的具体情况和实际需要，在不与宪法、法律、行政法规相抵触的前提下，可以制定地方性税收法规。

4. 税务部门规章

税务部门规章是指根据法律或者国务院的行政法规、决定、命令，财政部、国家税务总局在职权范围内制定的具有普遍约束力的税收规范性文件。在我国，税收部门规章在税法体系中占有相当大的比重。如《中华人民共和国增值税暂行条例实施细则》、《中华人民共和国发票管理办法实施细则》等。

5. 国际税收协定

国际税收协定指两个或两个以上的国家为协调跨国纳税人的税收分配关系，消除或减轻国际双重（或多重）纳税而签订的一种具有法律效力的书面协议。我国自 1983 年和日本签订第一个双边税收协定以来，已和 89 个国家签订了税收协定。

4.1.2 税务登记

1. 设立税务登记

设立税务登记是指纳税人依法成立并经工商行政管理机关登记后，为确认其纳税人的身份，纳入国家税务管理体系而到税务机关进行的登记。

（1）办理设立税务登记的地点。

企业，企业在外地设立的分支机构和从事生产、经营的场所，个体工商户和从事生产、经营的事业单位（以下统称从事生产、经营的纳税人），向生产、经营所在地税务机关申报办理税务登记。税务机关对纳税人税务登记地点发生争议的，由其共同的上级税务机关指定管辖。

（2）申报办理税务登记的时限要求。

1）从事生产、经营的纳税人领取工商营业执照（含临时工商营业执照）的，应当自领取工商营业执照之日起 30 日内申报办理税务登记，税务机关核发税务登记证及副本（纳税人领取临时工商营业执照的，税务机关核发临时税务登记证及副本）。

2）从事生产、经营的纳税人未办理工商营业执照但经有关部门批准设立的，应当自有关部门批准设立之日起 30 日内申报办理税务登记，税务机关核发税务登记证及副本。

3）从事生产、经营的纳税人未办理工商营业执照也未经有关部门批准设立的，应当自纳税义务发生之日起 30 日内申报办理税务登记，税务机关核发临时税务登记证及副本。

4）有独立的生产经营权、在财务上独立核算并定期向发包人或者出租人上交承包费或租金的承包承租人，应当自承包承租合同签订之日起 30 日内，向其承包承租业务发生地税务机关申报办理税务登记，税务机关核发临时税务登记证及副本。

5）从事生产、经营的纳税人外出经营，自其在同一县（市）实际经营或提供劳务之日起，在连续的 12 个月内累计超过 180 天的，应当自期满之日起 30 日内，向生产、经营所在地税务机关申报办理税务登记，税务机关核发临时税务登记证及副本。

6）境外企业在中国境内承包建筑、安装、装配、勘探工程和提供劳务的，应当自项目合同或协议签订之日起 30 日内，向项目所在地税务机关申报办理税务登记，税务机关核发临时税务登记证及副本。

7）其他纳税人，除国家机关、个人和无固定生产、经营场所的流动性农村小商贩外，均应当自纳税义务发生之日起 30 日内，向纳税义务发生地税务机关申报办理税务登记，税务机关核发税务登记证及副本。

（3）申报办理税务登记需提供的证件和资料。

纳税人在申报办理税务登记时，应当根据不同情况向税务机关如实提供以下证件和资料：

1）工商营业执照或其他核准执业证件；

2）有关合同、章程、协议书；

3）组织机构统一代码证书；

4）法定代表人或负责人或业主的居民身份证、护照或者其他合法证件；

5）其他需要提供的有关证件、资料，由省、自治区、直辖市税务机关确定。

（4）税务登记表。

纳税人在申报办理税务登记时，应当如实填写税务登记表。税务登记表的主要内容包括：

1）单位名称、法定代表人或者业主姓名及其居民身份证、护照或者其他合法证件的号码；

2）住所、经营地点；

3）登记类型；

4）核算方式；

5）生产经营方式；

6）生产经营范围；

7）注册资金（资本）、投资总额；

8）生产经营期限；

9）财务负责人、联系电话；

10）国家税务总局确定的其他有关事项。

适用于单位纳税人的税务登记表见表 4-1，适用于个体经营的税务登记表见表 4-2。

2. 变更登记

变更税务登记是指纳税人办理设立税务登记后，因登记内容发生变化，需要对原有登记内容进行更改，而向主管税务机关申请办理的税务登记。变更税务登记的主要目的在于及时掌握纳税人的生产经营情况，减少税款的流失。

表4-1 税务登记表（适用于单位纳税人）

填表日期：

纳税人名称		纳税人					
登记注册类型		批准设立机关					
组织机构代码		批准设立证明或文件号					
开业（设立）日期		生产经营期限		证照名称		证照号码	
注册地址		邮政编码		联系电话			
生产经营地址		邮政编码		联系电话			
核算方式	请选择对应项目打“√” □独立核算 □非独立	从业人数	____其中外籍人数____				
单位性质	请选择对应项目打“√” □企业 □事业单位 □社会团体 □民办非企业单位 □其他						
网站网址		国标行业					
适用会计制度	请选择对应项目打“√” □企业会计制度 □小企业会计制度 □金融企业会计制度 □行政事业单位会计制度						
经营范围		请将法定代表人（负责人）身份证件复印件粘贴在此处					
项目 内容	姓名	身份证件		固定电话	移动电话	电子邮箱	
		种类	号码				
法定代表人(负责人)							
财务负责人							
办税人							
税务代理人名称		纳税人识别号	联系电话		电子邮箱		
注册资本或投资总额		币种	金额	币种	金额	金额	
投资方名称	投资方经济性质	投资比例	证件种类	证件号码	国籍或地址		
自然人投资比例		外资投资比例		国有投资比例			
分支机构名称		注册地址		纳税人识别号			
总机构名称		纳税人识别号					
注册地址		经营范围					
法定代表人姓名		联系电话		注册地址		邮政编码	
代扣代缴代收代缴税款业务情况	代扣代缴、代收代缴税款业务内容	代扣代缴、代收代缴税种					
附报资料：							
经办人签章： 年 月 日		法定代表人（负责人）签章： 年 月 日		纳税人公章： 年 月 日			

国家税务总局监制

表 4-2　税务登记表（适用于个体经营）

填表日期：

纳税人名称		纳税人识别号					
登记注册类型	请选择对应项目打“√”	□个体工商户	□个人合伙				
开业（设立）日期		批准设立机关					
生产经营期限		证照名称		证照号码			
注册地址		邮政编码		联系电话			
生产经营地址		邮政编码		联系电话			
合伙人数		雇工人数		其中固定工人数			
网站网址		国标行业					
业主姓名	国籍或户籍地	固定电话	移动电话	电子邮箱			
身份证件名称		证件号码					
经营范围	请将业主身份证或其他合法身份证件复印件粘贴此处						
分店情况	分店名称	纳税人识别号	地址	电话			
合伙人投资情况	合伙人姓名	国籍或地址	身份证件名称	身份证件号码	投资金额（万元）	投资比例	分配比例
代扣代缴代收代缴税款业务情况	代扣代缴、代收代缴税款业务内容	代扣代缴、代收代缴税种					
附报资料							
经办人签章： 年　月　日	业主签章： 年　月　日						

国家税务总局监制

（1）变更登记的范围。

需要变更登记的范围主要包括：①改变名称；②改变法人代表；③改变经济性质；④增设或撤销分支机构；⑤改变住所或经营地点（涉及主管税务机关变动的办理注销登记）；⑥改变生产、经营范围或经营方式；⑦增减注册资本；⑧改变隶属关系；⑨改变生产经营期限；⑩改变开户银行和账号；⑪改变生产经营权属以及改变其他税务登记内容。

（2）向原税务登记机关提供的证件和资料。

1）纳税人在工商行政管理机关办理变更登记，也需要办理变更税务登记。

纳税人已在工商行政管理机关办理变更登记的，应当自工商行政管理机关变更登记之日起 30 日内，向原税务登记机关如实提供下列有关证件、资料，申报办理变更税务登记：①工商登记变更表及工商营业执照；②纳税人变更登记内容的有关证明文件；③税务机关发放的原税务登记证件（登记证正、副本和登记表等）；④其他有关资料。

2）纳税人在工商行政管理机关不需要变更登记，但需要办理变更税务登记。

纳税人按照规定不需要在工商行政管理机关办理变更登记，或者其变更登记的内容与工商登记内容无关的，应当自税务登记内容实际发生变化之日起30日内，或者自有关机关批准或者宣布变更之日起30日内，持下列有关证件到原税务登记机关申报办理变更税务登记：①纳税人变更登记内容的有关证明文件；②税务机关发放的原税务登记证件（登记证正、副本和税务登记表等）；③其他有关资料。

纳税人提交的有关变更登记的证件、资料齐全的，应如实填写变更税务登记表，经税务机关审核，符合规定的，税务机关应予以受理。不符合规定的，税务机关应通知其补正。税务登记变更表见表4-3。

表4-3 税务登记变更表

<table>
<tr><td colspan="2">纳税人名称</td><td colspan="2"></td><td>纳税人识别号</td><td></td></tr>
<tr><td colspan="6">变更登记事项</td></tr>
<tr><td>序号</td><td colspan="2">变更项目</td><td>变更前内容</td><td>变更后内容</td><td>批准机关名称及文件</td></tr>
<tr><td colspan="6">送缴证件情况：</td></tr>
<tr><td colspan="6">纳税人
经办人：　　法定代表人（负责人）：　　纳税人（签章）
年　月　日　　年　月　日　　年　月　日</td></tr>
<tr><td colspan="6">经办税务机关审核意见：
经办人：　　负责人：　　税务机关（签章）
年　月　日　　年　月　日　　年　月　日</td></tr>
</table>

3. 停业、复业登记

实行定期定额征收方式缴纳税款的个体工商户，在营业执照核准的经营期限内停业时，应向税务机关提出申请，领取并填写停业复业报告书。

4. 注销登记

纳税人发生解散、破产、撤销以及其他情形，依法终止纳税义务的或迁出主管税务机关管辖地的，在办理工商登记注销前或终止日起15日内或迁出前，纳税人被工商行政管理机关吊销营业执照或者被其他机关予以撤销登记的，应当自营业执照被吊销或者被撤销登记之日起15日内，向主管税务机关申请办理注销税务登记，领取并填写《注销税务登记申请审批表》。

纳税人在办理注销税务登记前，应当向税务机关结清应纳税款、滞纳金、罚款、缴销发票、税务登记证件和其他税务证件。

【注意】

税务登记证每年验审一次，3年换证一次；遗失的在15日内书面报告税务机关并登报申明；纳税人自开户或变更账户之日起15日内，向税务机关报告全部账号及变更情况。

4.1.3 税务登记证的规定

1. 除按照规定不需要发给税务登记证件的外，纳税人办理下列事项时，必须持税务登记证件

（1）开立银行账户。

（2）申请减税、免税、退税。

（3）申请办理延期申报、延期缴纳税款。

（4）领购发票。

（5）申请开具外出经营活动税收管理证明。

（6）办理停业、歇业。

（7）其他有关税务事项。

2. 税务机关对税务登记证的管理

（1）税务机关对税务登记证件实行定期验证和换证制度，纳税人应当在规定的期限内持有关证件到主管税务机关办理验证或者换证手续。

（2）纳税人应当将税务登记证件正本在其生产、经营场所或者办公场所公开悬挂，接受税务机关检查。

（3）纳税人遗失税务登记证件的，应当在 15 日内书面报告主管税务机关，并登报声明作废。

（4）从事生产、经营的纳税人到外县（市）临时从事生产、经营活动的，应当持税务登记证副本和所在地税务机关填开的外出经营活动税收管理证明，向营业地税务机关报验登记，接受税务管理。从事生产、经营的纳税人外出经营，在同一地累计超过 180 天的，应当在营业地办理税务登记手续。

4.1.4 对纳税人的凭证账簿管理

1. 设置账簿

纳税人、扣缴义务人按照有关法律、行政法规和国务院财政、税务部门的规定设置账簿。

从事生产、经营的纳税人应当自领取营业执照或者发生纳税义务之日起 15 日内，按照国家有关规定设置总账、明细账、日记账以及其他辅助性账簿；生产、经营规模小又确无建账能力的纳税人，可以聘请经批准从事会计代理记账业务的专业机构或者经税务机关认可的财会人员代为建账和办理账务，聘请上述机构或者人员有实际困难的，经县以上税务机关批准，可以按照税务机关的规定，建立收支凭证粘贴簿、进货销货登记簿或者使用税控装置。

扣缴义务人应当自税收法律、行政法规规定的扣缴义务发生之日起 10 日内，按照所代扣、代收的税种，分别设置代扣代缴、代收代缴税款账簿。

2. 会计核算制度的备案

从事生产、经营的纳税人应当自领取税务登记证之日起 15 日内，将其财务、会计制

度或者财务、会计处理办法报送主管税务机关备案。同时规定，纳税人采用电子计算机记账的，应当在使用前将会计电算化系统的会计核算软件、使用说明书及有关资料报送税务机关备案。

3. 记账

纳税人、扣缴义务人按照有关法律、行政法规和国家税务总局的规定，根据合法有效凭证记账，进行核算。账簿、记账凭证、报表、完税凭证、发票、出口凭证以及其他有关涉税资料应当合法、真实、完整，不得伪造、变造或者擅自销毁。

4. 保管

账簿、记账凭证、报表、完税凭证、发票、出口凭证以及其他有关涉税资料应当保存10年，但法律、行政法规另有规定的除外。

4.1.5 发票的管理

国务院第136次常务会议修改通过的《中华人民共和国发票管理办法》在2010年12月20日正式公布，于2011年2月1日起施行。这一管理办法是1993年12月12日国务院批准，1993年12月23日财政部令第6号发布，根据2010年12月20日《国务院关于修改〈中华人民共和国发票管理办法〉的决定》修订的。

1. 发票印制管理

发票是指在购销商品、提供或者接受服务以及从事其他经营活动中，开具、收取的收付款凭证。发票作为经济交往中的商事凭证，是财务会计核算的原始凭证。按照发票使用范围，分为增值税专用发票和普通发票两大类。

发票的种类、联次、内容以及使用范围由国务院税务主管部门规定。增值税专用发票由国务院税务主管部门确定的企业印制；其他发票按照国务院税务主管部门的规定，由省、自治区、直辖市税务机关确定的企业印制。

发票应当套印全国统一发票监制章。全国统一发票监制章的式样和发票版面印刷的要求，由国务院税务主管部门规定。发票监制章由省、自治区、直辖市税务机关制作。各省、自治区、直辖市内的单位和个人使用的发票，除增值税专用发票外，应当在本省、自治区、直辖市内印制。

【注 意】

禁止私自印制、伪造、变造发票，禁止伪造发票监制章，发票实行不定期换版制度。

2. 发票的种类

现行税制发票分为普通发票和增值税专用发票两大类。按行业特点和纳税人的生产经营项目分为增值税专用发票、普通发票和专业发票。

（1）增值税专用发票是销售和提供增值税应税项目的发票，只限于增值税的一般纳税人领购使用，增值税的小规模纳税人和非增值税纳税人不得使用。

（2）普通发票是指增值税专用发票以外的纳税人使用的其他发票。

（3）专业发票是指国有金融、保险企业的存贷、汇兑、转账凭证，保险凭证；国有邮政、电信企业的邮票、邮单、话务、电报收据；国有铁路、民用航空企业和交通部门、国有公路、水上运输企业的客票、货票等。经国家税务总局或者省、市、自治区税务机关批准，专业发票可由政府主管部门自行管理，不套印税务机关的统一发票监制章，也可根据税收征管的需要纳入统一发票管理。

【注 意】

发票和收据都是原始凭证，它们都可以证明收支了某项款项，但是发票和收据明显有区别。

发票是证明销售货物或提供劳务或进出口业务的重要凭证，只要发生以上业务，销售方或提供劳务方都应开具发票。发票不但是收支款项的凭证，而且凭发票所收支的款项可以做为成本、费用或收入，也就是说发票是发生的成本、费用或收入的原始凭证。发票是从税务机关购买的。

收据是证明往来结算的支持性凭证，付款的一方应索取收款方开具的收据，作为付款的凭证，而收款的一方应开具收据，作为收款的凭证，而且收据的使用是有限制性的，收据收取的款项只能是往来款项，收据所收支款项不能作为成本、费用或收入，只能作为收取往来款项的凭证。收据是从文化用品商店购买的。

3. 全国普通发票的简并和票种统一

2009 年 11 月 23 日，国家税务总局发布《全国普通发票简并票种统一式样工作实施方案》，规定为了保证现行税制和特殊行业的管理需要，在原有统一式样的票种中，暂时保留 7 种发票，同时规定需要简并（即简化合并意）的票种，从 2011 年 1 月 1 日起，使用新版统一通用发票。全国统一普通发票实施的基本原则主要有三个方面：精简票种，统一式样；强化机打，压缩手工；简化票面，方便适用。

（1）机打发票的规定。

机打发票中，除国税系统使用的税务机关代开普通发票由税务总局对综合征管软件进行调整外，其他发票的开票软件可由各地税务机关或行业主管部门（协会）、用票单位自行开发。例如保险业专用发票（包括寿险发票）、银行业代收费专用发票、国际货物运输代理业专用发票、报关代理业专用发票等。机打发票示样见图 4-1。

（2）手工发票的规定。

手工发票分为千元版和百元版两种，规格为 190mm × 105mm。定额发票按人民币等值以元为单位，划分为壹元、贰元、伍元、拾元、贰拾元、伍拾元、壹佰元，共 7 种面额。手工发票示样见图 4-2。

【注 意】

2011 年1月1日起，使用新版统一通用发票。暂时保留的7种发票是发票换票证、机动车销售统一发票、二手车销售统一发票、公路、内河货物运输统一发票（自开、代开）、建筑业统一发票（自开、代开）、销售不动产统一发票（自开、代开）、航空运输电子客票行程单。

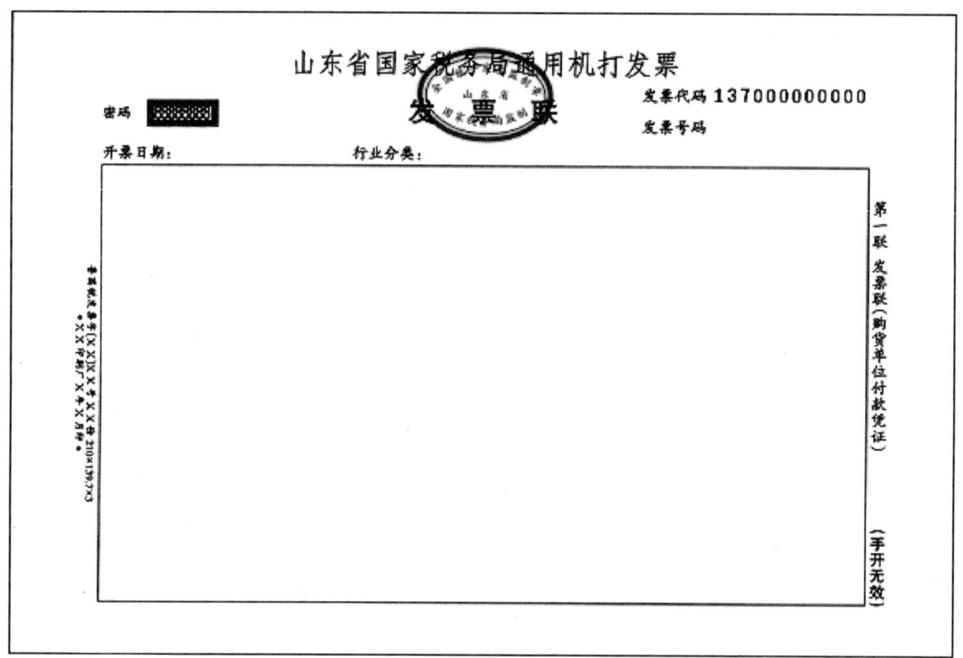

山东省国家税务局通用机打发票

发 票 联

密码 发票代码 137000000000

发票号码

开票日期： 行业分类：

第一联 发票联（购货单位付款凭证）

（手开无效）

图 4-1

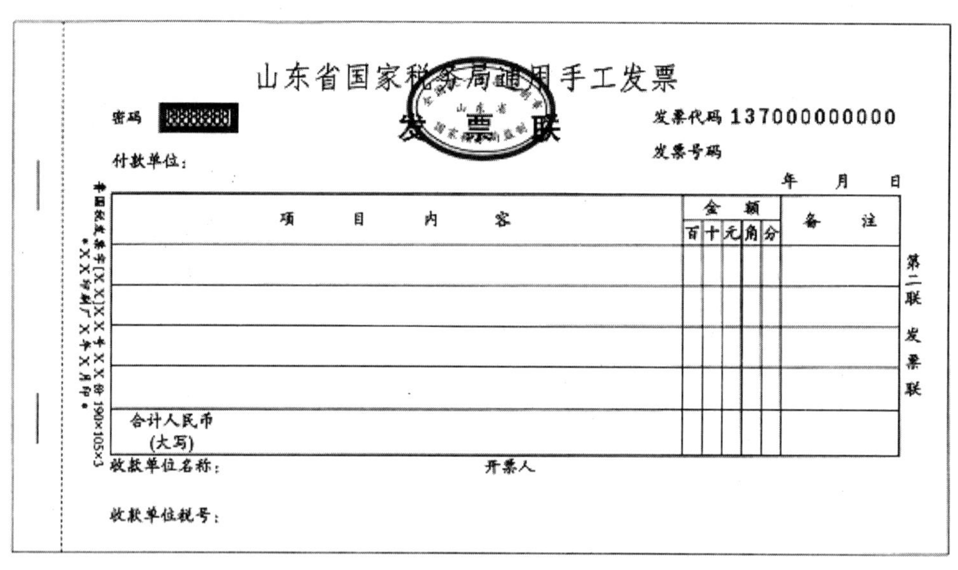

山东省国家税务局通用手工发票

发 票 联

密码 发票代码 137000000000

发票号码

付款单位： 年 月 日

项 目 内 容	金额 百	十	元	角	分	备 注
合计人民币（大写）						

收款单位名称： 开票人

收款单位税号：

第二联 发票联

图 4-2

（3）发票保管管理。

使用发票的单位和个人应当妥善保管发票，不得丢失。发票丢失，应于丢失当日书面报告主管税务机关，并在报刊和电视等传播媒介上公告声明作废。

（4）税控管理。

不能按照规定安装、使用税控装置，或者损毁或者擅自改动税控装置的，由税务机关责令限期改正，可以处以2 000元以下的罚款；情节严重的，处2 000元以上1万元以下的罚款。

4. 发票领购管理

（1）一般情况下领购发票的规定。

1）需要领购发票的单位和个人，应当持税务登记证件、经办人身份证明、按照国务院税务主管部门规定式样制作的发票专用章的印模，向主管税务机关办理发票领购手续。

2）主管税务机关根据领购单位和个人的经营范围和规模，确认领购发票的种类、数量以及领购方式，在 5 个工作日内发给发票领购簿。

3）单位和个人领购发票时，应当按照税务机关的规定报告发票使用情况，税务机关应当按照规定进行查验。

（2）临时领购发票的规定。

1）需要临时使用发票的单位和个人，可以凭购销商品、提供或者接受服务以及从事其他经营活动的书面证明、经办人身份证明，直接向经营地税务机关申请代开发票。依照税收法律、行政法规规定应当缴纳税款的，税务机关应当先征收税款，再开具发票。

2）税务机关根据发票管理的需要，可以按照国务院税务主管部门的规定委托其他单位代开发票。禁止非法代开发票。

3）临时到本省、自治区、直辖市以外从事经营活动的单位或者个人，应当凭所在地税务机关的证明，向经营地税务机关领购经营地的发票。

4）税务机关对外省、自治区、直辖市来本辖区从事临时经营活动的单位和个人领购发票的，可以要求其提供保证人或者根据所领购发票的票面限额以及数量交纳不超过 1 万元的保证金，并限期缴销发票。按期缴销发票的，解除保证人的担保义务或者退还保证金；未按期缴销发票的，由保证人或者以保证金承担法律责任。税务机关收取保证金应当开具资金往来结算票据。

【注意】

增值税企业发票领购到国税局办理，营业税企业发票领购到地税局办理。如果企业以增值税为主并兼有营业税的经营项目应该分别到国税和地税主管税务机关办理。

5. 普通发票填开的操作要点

（1）销售商品、提供服务以及从事其他经营活动的单位和个人，对外发生经营业务收取款项，收款方应当向付款方开具发票；特殊情况下，由付款方向收款方开具发票。

（2）所有单位和从事生产、经营活动的个人在购买商品、接受服务以及从事其他经营活动支付款项，应当向收款方取得发票。取得发票时，不得要求变更品名和金额。

（3）不符合规定的发票，不得作为财务报销凭证，任何单位和个人有权拒收。

（4）开具发票应当按照规定的时限、顺序、栏目，全部联次一次性如实开具，并加盖发票专用章。

（5）安装税控装置的单位和个人，应当按照规定使用税控装置开具发票，并按期向主管税务机关报送开具发票的数据。

（6）使用非税控电子器具开具发票的，应当将非税控电子器具使用的软件程序说明资料报主管税务机关备案，并按照规定保存、报送开具发票的数据。

（7）国家推广使用网络发票管理系统开具发票，具体管理办法由国务院税务主管部门制定。

（8）除国务院税务主管部门规定的特殊情形外，发票限于领购单位和个人在本省、自治区、直辖市内开具。

（9）开具发票的单位和个人应当建立发票使用登记制度，设置发票登记簿，并定期向主管税务机关报告发票使用情况。

（10）开具发票的单位和个人应当在办理变更或者注销税务登记的同时，办理发票和发票领购簿的变更、缴销手续。

【注意】

开具发票的单位和个人应当按照税务机关的规定存放和保管发票，不得擅自损毁。已经开具的发票存根联和发票登记簿，应当保存5年。保存期满，报经税务机关查验后销毁。

6. 增值税专用发票填开的操作要点

按照国家税务总局的规定，增值税专用发票的使用对象只能是安装了防伪税控系统的增值税一般纳税人。增值税专用发票除包括普通发票的各项内容外，还包括了税收缴款书和完税凭证的内容。

（1）增值税专用发票主要包括以下内容：①购销双方纳税人名称；②购销双方纳税人地址、电话；③购销双方纳税人登记号、开户银行及账户；④销售货物或劳务的名称、计量单位和销售数量；⑤不包括增值税在内的单位售价及货款总金额；⑥增值税税率、税额；⑦发票填开日期、字第号码等。

（2）增值税专用发票的联次。

增值税专用发票的基本联次统一规定为四联，各联次必须按以下规定的用途使用：第一联为存根联，由销货方留存备索；第二联为发票联，购货方做付款的记账凭证；第三联为税款抵扣联，购货方做扣税凭证；第四联为记账联，销货方做销售的记账凭证。增值税专用发票示样见图4-3。

（3）增值税专用发票上的盖章要求。

发票联和抵扣联一般情况要求加盖财务专用章或发票专用章，但是新版公路、内河货物运输业统一发票抵扣联一律不加盖印章。

【注意】

增值税专用发票不是唯一的抵扣税款凭证，抵扣税款的凭证不仅包括增值税专用发票，而且包括其他的凭证：从销售方取得的增值税专用发票；从海关取得的完税凭证；税务机关认定的专用收购凭证；税务机关认定的购买废旧物资的普通发票；专用运输业发票。

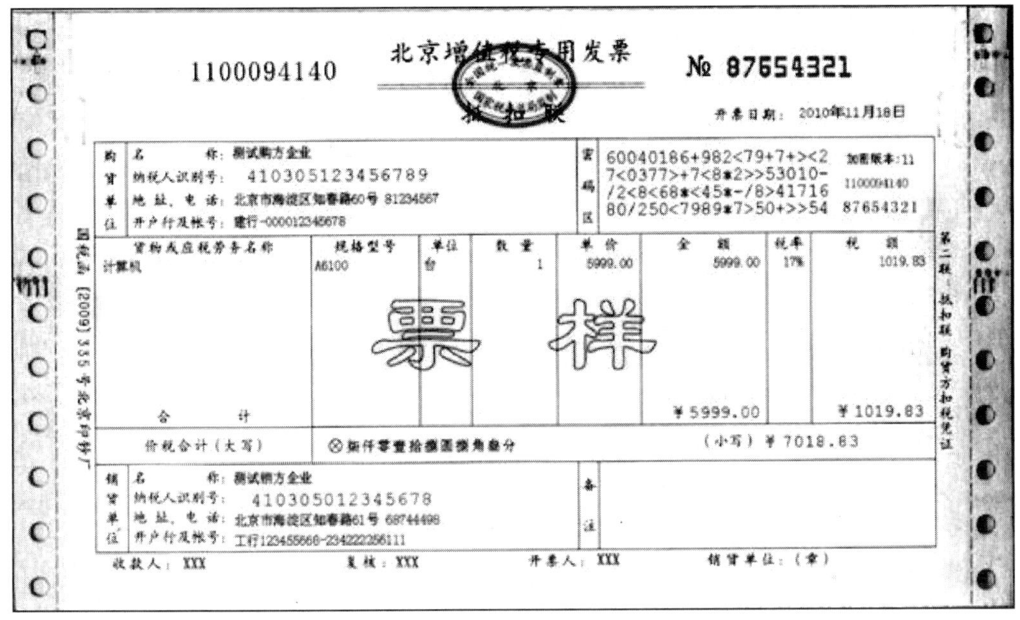

1100094140　　北京增值税专用发票　　№ 87654321

抵扣联

开票日期：2010年11月18日

购货单位　名　　称：测试购方企业
纳税人识别号：410305123456789
地 址、电 话：北京市海淀区知春路60号 81234567
开户行及帐号：建行-000012345678

密码区　60040186+982<79+7+><2　加密版本：11
7<0377>+7<8*2>>53010-　1100094140
/2<8<68*<45*-/8>41716
80/250<7989*7>50+>>54　87654321

货物或应税劳务名称	规格型号	单位	数量	单价	金额	税率	税额
计算机	A6100	台	1	5999.00	5999.00	17%	1019.83
合　　计					￥5999.00		￥1019.83

价税合计（大写）　⊗柒仟零壹拾捌圆捌角叁分　（小写）￥7018.83

销货单位　名　　称：测试销方企业
纳税人识别号：410305012345678
地 址、电 话：北京市海淀区知春路61号 68744498
开户行及帐号：工行123455668-234222256111

备注

收款人：XXX　复核：XXX　开票人：XXX　销货单位：（章）

国税函［2009］335号北京印钞厂

第二联：抵扣联　购货方扣税凭证

票样

图　4-3

7. 代开发票的规定

（1）法定的代开票纳税人。

下列情况属于法定的代开票纳税人：不符合自开票规定的纳税人（包括承包、承租、挂靠、个体运输户）；不需要办理工商登记的单位和个人；取得营业执照后到取得税务登记证前发生的运输业务；未办理税务登记而补办税务登记前发生的运输业务。

（2）核定征收中的代开票规定。

1）对代开票纳税人实行定期定额征收方法。凡核定的营业额低于当地确定的营业税起征点的，不征收营业税；凡核定的营业额高于当地确定的营业税起征点的，代开发票时按规定征收税款。

2）单位和个人利用自备车辆偶尔对外提供货物运输劳务的，可不进行定期定额管理，代开票时对其按次征税。

3）代开票纳税人实行定期定额征收方法时，为避免在代开票时按票征收发生重复征税，对代开票纳税人可采取以下征收方法：在代开票时按开具的货物运输业发票上注明的营业税应税收入按规定征收（代征）营业税、所得税及附加。代开票纳税人采取按月还是按季结算，由省级地方税务局确定。代开票纳税人在缴纳定额税款时，其在代开票时取得的税收完税凭证上注明的税款大于定额税款的，不再缴纳定额税款；完税凭证上注明的税款小于定额的，则补缴完税凭证上注明的税款与定额税款差额部分。

【注意】

代开票时需要征收的税种主要有：营业税（3%）、城建税（7%或5%）、教育费附加（3%）、预征企业所得税（2.5%）。

（3）小规模纳税人申请代开专用发票的规定。

小规模纳税人申请代开专用发票的规定是：向主管国家税务机关提出书面申请，报县（市）国家税务机关批准后，领取《某省国家税务局代开增值税专用发票许可证》。持《许可证》、供货合同、进货凭证等向主管国家税务机关提出申请，填写《填开增值税专用发票申请单》，经审核无误后，才能开具专用发票。

4.1.6 纳税申报

纳税申报，是指纳税人、扣缴义务人按照税法规定，在法定期限内就纳税事项向税务机关提出书面报告的法定行为。

1. 纳税申报方式

（1）税务机关应当建立、健全纳税人自行申报纳税制度。经税务机关批准，纳税人、扣缴义务人可以采取邮寄、数据电文方式办理纳税申报或者报送代扣代缴、代收代缴税款报告表。纳税人在纳税期内没有应纳税款的，也应当按照规定办理纳税申报。

（2）纳税人享受减税、免税待遇的，在减税、免税期间应当按照规定办理纳税申报。纳税人、扣缴义务人的纳税申报或者代扣代缴、代收代缴税款报告表的主要内容包括：税种、税目，应纳税项目或者应代扣代缴、代收代缴税款项目，计税依据，扣除项目及标准，适用税率或者单位税额，应退税项目及税额、应减免税项目及税额，应纳税额或者应代扣代缴、代收代缴税额，税款所属期限、延期缴纳税款、欠税、滞纳金等。

2. 纳税人纳税申报时报送的资料

纳税人办理纳税申报时，应当如实填写纳税申报表，并根据不同的情况相应报送下列有关证件、资料。

（1）财务会计报表及其说明材料；

（2）与纳税有关的合同、协议书及凭证；

（3）税控装置的电子报税资料；

（4）外出经营活动税收管理证明和异地完税凭证；

（5）境内或者境外公证机构出具的有关证明文件；

（6）税务机关规定应当报送的其他有关证件、资料。

实行定期定额缴纳税款的纳税人，可以实行简易申报、简并征期等申报纳税方式。

扣缴义务人办理代扣代缴、代收代缴税款报告时，应当如实填写代扣代缴、代收代缴税款报告表，并报送代扣代缴、代收代缴税款的合法凭证以及税务机关规定的其他有关证件、资料。

3. 申请延期纳税的规定

纳税人、扣缴义务人按照规定的期限办理纳税申报或者报送代扣代缴、代收代缴税款报告表确有困难，需要延期的，应当在规定的期限内向税务机关提出书面延期申请，经税务机关核准，在核准的期限内办理。

纳税人、扣缴义务人因不可抗力，不能按期办理纳税申报或者报送代扣代缴、代收代缴税款报告表的，可以延期办理；但是，应当在不可抗力情形消除后立即向税务机关报告。税务机关应当查明事实，予以核准。

4. 应纳税额的核定

应纳税额的核定，是指税务机关对纳税人当期或以前纳税期应纳税额的核实与确定。按照我国现行税法的规定，普遍采用的是申报纳税方式，税收核定只在特定情况下才适用。

纳税人有下列情形之一的，税务机关有权核定其应纳税额。

（1）依照法律、行政法规的规定可以不设置账簿的；

（2）依照法律、行政法规的规定应当设置账簿但未设置的；

（3）擅自销毁账簿或者拒不提供纳税资料的；

（4）虽设置账簿，但账目混乱或者成本资料、收入凭证、费用凭证残缺不全，难以查账的；

（5）发生纳税义务，未按照规定的期限办理纳税申报，经税务机关责令限期申报，逾期仍不申报的；

（6）纳税人申报的计税依据明显偏低，又无正当理由的。

税务机关在核定纳税人的应纳税额的时候，可以参照当地同行业或者类似行业中经营规模和收入水平相近的纳税人的税负水平核定；按照营业收入或者成本加合理的费用和利润核定；按照耗用的原材料、燃料、动力等推算或者测算核定；或者按照其他合理的方法核定。如果采用一种方法不能正确核定应纳税额，税务机关可以同时采用两种以上的方法核定。在一定情况下，征税机关还有权对应纳税额进行调整，主要见于征税机关对因关联企业转让定价而减少应纳税额时征税机关所享有的调整权。

纳税人在应纳税额的核定过程中，主要是履行法律规定的义务、配合税务机关的核定工作。同时，纳税人有权要求税务机关按照法律规定的方式和程序进行核定，对核定的应纳税额有权提出异议，但应当提供相关的证据，经过税务机关认定后，调整应纳税额。

4.2　税收征收管理法概述

税收征收管理方面的法律、法规是税法体系的重要组成部分。税收征收管理是税务机关代表国家行使税权，指导纳税人履行纳税人义务，对日常税收活动依法进行组织、管理、监督、检查的活动。税收征收管理制度的基本规范是《中华人民共和国税收征收管理法》（以下简称《税收征管法》）该法于 1992 年 9 月由第七届全国人民代表大会常务委员会第二十七次会议通过，1993 年 1 月 1 日起实行。此后，全国人民代表大会常务委员会分别于 1995 年 2 月 28 日和 4 月 28 日对《税收征管法》进行了修订。重新修订后的《税收征管法》于 2001 年 5 月 1 日起实行。

4.2.1　税收征收管理法立法的目的

《税收征管法》第 1 条规定："为了加强税收征收管理，规范税收征收和缴纳行为，保障国家税收收入，保护纳税人的合法权益，促进经济和社会发展，制定本法。"此规定对《税收征管法》的立法目的作了高度概括。

1. 加强税收征收管理

税收征收管理是国家征税机关根据国家税收法律、行政法规的规定，按照统一的标准，通过一定的程序，对纳税人应纳税额组织入库的一种行政活动，是国家将税收政策贯彻实施到每个纳税人，有效地组织税收收入及时、足额入库的一系列活动的总称。税收征管工作的好坏，直接关系到税收职能作用能否很好地发挥。理所当然，加强税收征收管理，成为《税收征管法》立法的首要目的。

2. 规范税收征收和缴纳行为

《税收征管法》既要为税务机关、税务人员依法行政提供标准和规范，税务机关、税务人员必须依照该法的规定进行税收征收，其一切行为都要依法进行，违者要承担法律责任；同时也要为纳税人缴纳税款提供标准和规范，纳税人只有按照法律规定的程序和办法缴纳税款，才能更好地保障自身的权益。因此，《税收征管法》增加了有关“规范税收征收和缴纳行为”的内容，这是对依法治国、依法治税思想的深刻理解运用，为《税收征管法》其他条款的修订指明了方向。

3. 保障国家税收收入

税收收入是国家财政的主要来源，组织税收收入是税收基本职能之一。《税收征管法》是税收征收管理的标准和规范，其根本目的是保证税收收入及时、足额入库，这也是任何一部《税收征管法》都具有的目的。

4. 保护纳税人的合法权益

税收征收管理作为国家的行政行为，一方面要维护国家利益，另一方面要保护纳税人的合法权益不受侵犯。纳税人按照国家税收法律行政法规的规定缴纳税款之外的任何其他款项，都是对纳税人合法权益的侵害。保护纳税人的合法权益一直是《税收征管法》的立法目的。

5. 促进经济发展和社会进步

税收是国家宏观调控的重要杠杆，《税收征管法》是市场经济的重要法律规范，这就要求税收征收管理的措施，如税务登记、纳税申报、税款征收、税收检查以及税收政策等以促进经济发展和社会进步为目标，方便纳税人，保护纳税人。因此，在《税收征管法》中加入了“促进经济和社会发展”的内容，表明了税收征收管理的历史使命和前进方向。

4.2.2 税收征收管理的适用范围

《税收征管法》第 2 条规定：“凡依法由税务机关征收的各种税收的征收管理。均适用本法。”明确界定了《税收征管法》的适用范围。

我国税收的征收机关有税务、海关部门，税务机关征收各种工商税收，海关征收进口环节的增值税、消费税和关税。《税收征管法》只适用于由税务机关征收的各种税收征收管理，由海关征收的关税及代征的进口增值税、进口消费税，适用其他法律法规的规定。

4.2.3　税收征收管理的遵守主体

1. 税务行政主体——税务机关

《税收征管法》第 5 条规定："国务院税务主管部门主管全国税收征收管理工作。各级国家税务局和地方税务局应当按照国务院规定的税收征收管理范围分别进行征收管理。"《税收征管法实施细则》规定："税务机关是指各级税务局、税务分局、税务所和省以下税务局的稽查局。稽查局专司偷税、逃避追缴欠税、骗税、抗税案件的查处。国家税务局应明确划分税务局和稽查局的职责，避免职责交叉。"上述规定既明确了税收征收管理的行政主体，即执法主体，也明确了《税收征管法》的遵守主体。

2. 税务行政管理相对人——纳税人、扣缴义务人和其他有关单位

《税收征管法》第 4 条规定："法律、行政法规规定负有纳税义务的单位和个人为纳税人。法律、行政法规规定负有代扣代缴、代收代缴税款义务的单位和个人为扣缴义务人。纳税人、扣缴义务人必须依照法律、行政法规的规定缴纳税款、代扣代缴、代收代缴税款。"第 6 条规定："纳税人、扣缴义务人和其他有关单位应当按照国家有关规定如实向税务机关提供与纳税和代扣代缴、代收代缴税款有关信息。"根据上述规定，纳税人、扣缴义务人和其他有关单位是税务行政管理的相对人，是《税收征管法》的遵守主体，必须按照《税收征管法》的有关规定接受税务管理，享受合法权益。

3. 有关单位和部门

《税收征管法》第 5 条规定："地方各级人民政府应当依法加强对本行政区域税收管理工作的领导或者协调，支持税务机关依法执行职务依照法定税率计算税额，依法征收税款。各有关部门和单位应当支持、协助税务机关依法执行职务。"这说明地方各级人民政府在内的有关单位和部门同样是《税收征管法》的遵守主体，必须遵守《税收征管法》的有关规定。

4.3　纳税人和扣缴义务人的权利和义务

2009 年 11 月 6 日，国家税务总局发布了《关于纳税人权利与义务的公告》（公告 2009 年第 1 号），该公告第一次以税收规范性文件的形式，将《中华人民共和国税收征收管理法》及其实施细则和相关税收法律、行政法规中有关纳税人权利与义务的规定进行了系统的归纳和整理，列明了纳税人享有的权利和应该履行的义务。公告强调了征纳双方的对等关系，体现出对纳税人的人文关怀。

4.3.1　纳税人和扣缴义务人的权利

1. 知情权

纳税人或扣缴义务人有权向税务机关或税务人员了解国家税收法律、行政法规的规定以

及与纳税程序有关的情况，包括现行税收法律、行政法规和税收政策规定；办理税收事项的时间、方式、步骤以及需要提交的资料；应纳税额核定及其他税务行政处理决定的法律依据、事实依据和计算方法；与税务机关或税务人员在纳税、处罚和采取强制执行措施时发生争议或纠纷时，纳税人或扣缴义务人可以采取的法律救济途径及需要满足的条件。

2. 保密权

纳税人或扣缴义务人有权要求税务机关或税务人员为纳税人或扣缴义务人的情况保密。税务机关或税务人员将依法为纳税人或扣缴义务人的商业秘密和个人隐私保密，主要包括纳税人或扣缴义务人的技术信息、经营信息和纳税人或扣缴义务人、主要投资人以及经营者不愿公开的个人事项。上述事项，如无法律、行政法规明确规定或者纳税人或扣缴义务人的许可，税务机关或税务人员将不会对外部门、社会公众和其他个人提供。但根据法律规定，税收违法行为信息不属于保密范围。

3. 税收监督权

纳税人或扣缴义务人对税务机关或税务人员违反税收法律、行政法规的行为，如税务人员索贿受贿、徇私舞弊、玩忽职守，不征或者少征应征税款，滥用职权多征税款或者故意刁难等，可以进行检举和控告。同时，纳税人或扣缴义务人对其他纳税人的税收违法行为也有权进行检举。

4. 纳税申报方式选择权

纳税人或扣缴义务人可以直接到办税服务厅办理纳税申报或者报送代扣代缴、代收代缴税款报告表，也可以按照规定采取邮寄、数据电文或者其他方式办理上述申报、报送事项。但采取邮寄或数据电文方式办理上述申报、报送事项的，需经纳税人或扣缴义务人的主管税务机关批准。

纳税人或扣缴义务人如采取邮寄方式办理纳税申报，应当使用统一的纳税申报专用信封，并以邮政部门收据作为申报凭据。邮寄申报以寄出的邮戳日期为实际申报日期。

数据电文方式是指税务机关或税务人员确定的电话语音、电子数据交换和网络传输等电子方式。纳税人或扣缴义务人如采用电子方式办理纳税申报，应当按照税务机关或税务人员规定的期限和要求保存有关资料，并定期书面报送给税务机关或税务人员。

5. 申请延期申报权

纳税人或扣缴义务人如不能按期办理纳税申报或者报送代扣代缴、代收代缴税款报告表，应当在规定的期限内向税务机关或税务人员提出书面延期申请，经核准，可在核准的期限内办理。经核准延期办理申报、报送事项的，应当在税法规定的纳税期内按照上期实际缴纳的税额或者税务机关或税务人员核定的税额预缴税款，并在核准的延期内办理税款结算。

6. 申请延期缴纳税款权

如纳税人或扣缴义务人因有特殊困难，不能按期缴纳税款的，经省、自治区、直辖市国家税务局、地方税务局批准，可以延期缴纳税款，但是最长不得超过 3 个月。计划单列市国家税务局、地方税务局可以参照省级税务机关的批准权限，审批纳税人或扣缴义务人的延期缴纳税款申请。

纳税人或扣缴义务人满足以下任何一个条件，均可以申请延期缴纳税款：一是因不可抗力，导致纳税人或扣缴义务人发生较大损失，正常生产经营活动受到较大影响的；二是当期货币资金在扣除应付职工工资、社会保险费后，不足以缴纳税款的。

7. 申请退还多缴税款权

对纳税人或扣缴义务人超过应纳税额缴纳的税款，税务机关或税务人员发现后，将自发现之日起 10 日内办理退还手续；如纳税人或扣缴义务人自结算缴纳税款之日起 3 年内发现的，可以向税务机关或税务人员要求退还多缴的税款并加算银行同期存款利息。税务机关或税务人员将自接到纳税人或扣缴义务人退还申请之日起 30 日内查实并办理退还手续，涉及从国库中退库的，依照法律、行政法规有关国库管理的规定退还。

8. 依法享受税收优惠权

纳税人或扣缴义务人可以依照法律、行政法规的规定书面申请减税、免税。减税、免税的申请须经法律、行政法规规定的减税、免税审查批准机关审批。减税、免税期满，应当自期满次日起恢复纳税。减税、免税条件发生变化的，应当自发生变化之日起 15 日内向税务机关或税务人员报告；不再符合减税、免税条件的，应当依法履行纳税义务。

如纳税人或扣缴义务人享受的税收优惠需要备案的，应当按照税收法律、行政法规和有关政策规定，及时办理事前或事后备案。

9. 委托税务代理权

纳税人或扣缴义务人有权就以下事项委托税务代理人代为办理：办理、变更或者注销税务登记、除增值税专用发票外的发票领购手续、纳税申报或扣缴税款报告、税款缴纳和申请退税、制作涉税文书、审查纳税情况、建账建制、办理财务、税务咨询、申请税务行政复议、提起税务行政诉讼以及国家税务总局规定的其他业务。

10. 陈述与申辩权

纳税人或扣缴义务人对税务机关或税务人员做出的决定，享有陈述权、申辩权。如果纳税人或扣缴义务人有充分的证据证明自己的行为合法，税务机关或税务人员就不得对纳税人或扣缴义务人实施行政处罚；即使纳税人或扣缴义务人的陈述或申辩不充分合理，税务机关或税务人员也会向纳税人或扣缴义务人解释实施行政处罚的原因。税务机关或税务人员不能因纳税人或扣缴义务人的申辩而加重处罚。

11. 对未出示税务检查证和税务检查通知书的拒绝检查权

税务机关派出的人员进行税务检查时，应当向纳税人或扣缴义务人出示税务检查证和税务检查通知书；对未出示税务检查证和税务检查通知书的，纳税人或扣缴义务人有权拒绝检查。

12. 税收法律救济权

纳税人或扣缴义务人对税务机关或税务人员做出的决定，依法享有申请行政复议、提起行政诉讼、请求国家赔偿等权利。

纳税人或扣缴义务人、纳税担保人同税务机关或税务人员在纳税上发生争议时，必须先依照税务机关或税务人员的纳税决定缴纳或者解缴税款及滞纳金或者提供相应的担保，然后可以依法申请行政复议；对行政复议决定不服的，可以依法向人民法院起诉。如纳税人或扣缴义务人对税务机关或税务人员的处罚决定、强制执行措施或者税收保全措施不服的，可以依法申请行政复议，也可以依法向人民法院起诉。

当税务机关或税务人员的职务违法行为给纳税人或扣缴义务人和其他税务当事人的合法权益造成侵害时，纳税人或扣缴义务人和其他税务当事人可以要求税务行政赔偿。主要包括：一是纳税人或扣缴义务人在限期内已缴纳税款，税务机关或税务人员未立即解除税收保全措施，使纳税人或扣缴义务人的合法权益遭受损失的；二是税务机关或税务人员滥用职权违法采取税收保全措施、强制执行措施或者采取税收保全措施、强制执行措施不当，使纳税人或扣缴义务人或者纳税担保人的合法权益遭受损失的。

13. 依法要求听证的权利

对纳税人或扣缴义务人做出规定金额以上罚款的行政处罚之前，税务机关或税务人员会向纳税人或扣缴义务人送达《税务行政处罚事项告知书》，告知纳税人或扣缴义务人已经查明的违法事实、证据、行政处罚的法律依据和拟将给予的行政处罚。对此，纳税人或扣缴义务人有权要求举行听证。税务机关或税务人员将应纳税人或扣缴义务人的要求组织听证。如纳税人或扣缴义务人认为税务机关或税务人员指定的听证主持人与本案有直接利害关系，纳税人或扣缴义务人有权申请主持人回避。

对应当进行听证的案件，税务机关或税务人员不组织听证，行政处罚决定不能成立。但纳税人或扣缴义务人放弃听证权利或者被正当取消听证权利的除外。

14. 索取有关税收凭证的权利

税务机关或税务人员征收税款时，必须给纳税人或扣缴义务人开具完税凭证。扣缴义务人代扣、代收税款时，纳税人要求扣缴义务人开具代扣、代收税款凭证时，扣缴义务人应当开具。

税务机关或税务人员扣押商品、货物或者其他财产时，必须开付收据；查封商品、货物或者其他财产时，必须开付清单。

4.3.2 纳税人和扣缴义务人的义务

1. 依法进行税务登记的义务

纳税人或扣缴义务人应当自领取营业执照之日起30日内，持有关证件，向税务机关或税务人员申报办理税务登记。税务登记主要包括领取营业执照后的设立登记、税务登记内容发生变化后的变更登记、依法申请停业、复业登记、依法终止纳税义务的注销登记等。

在各类税务登记管理中，纳税人或扣缴义务人应该根据税务机关或税务人员的规定分别提交相关资料，及时办理。同时，纳税人或扣缴义务人应当按照税务机关或税务人员的规定使用税务登记证件，税务登记证件不得转借、涂改、损毁、买卖或者伪造。

2. 依法设置账簿、保管账簿和有关资料以及依法开具、使用、取得和保管发票的义务

纳税人或扣缴义务人应当按照有关法律、行政法规和国务院财政、税务主管部门的规定设置账簿，根据合法、有效凭证记账，进行核算；从事生产、经营的，必须按照国务院财政、税务主管部门规定的保管期限保管账簿、记账凭证、完税凭证及其他有关资料；账簿、记账凭证、完税凭证及其他有关资料不得伪造、变造或者擅自损毁。

此外，纳税人或扣缴义务人在购销商品、提供或者接受经营服务以及从事其他经营活动中，应当依法开具、使用、取得和保管发票。

3. 财务会计制度和核算软件备案的义务

纳税人或扣缴义务人的财务、会计制度或者财务、会计处理办法和核算软件，应当报送税务机关或税务人员备案。纳税人或扣缴义务人的财务、会计制度或者财务、会计处理办法与国务院或者国务院财政、税务主管部门有关税收的规定抵触的，应依照国务院或者国务院财政、税务主管部门有关税收的规定计算应纳税款、代扣代缴和代收代缴税款。

4. 按照规定安装、使用税控装置的义务

国家根据税收征收管理的需要，积极推广使用税控装置。纳税人或扣缴义务人应当按照规定安装、使用税控装置，不得损毁或者擅自改动税控装置。如纳税人或扣缴义务人未按规定安装、使用税控装置，或者损毁或者擅自改动税控装置的，税务机关或税务人员将责令纳税人或扣缴义务人限期改正，并可根据情节轻重处以规定数额内的罚款。

5. 按时、如实申报的义务

纳税人或扣缴义务人必须依照法律、行政法规规定或者税务机关或税务人员依照法律、行政法规的规定确定的申报期限、申报内容如实办理纳税申报，报送纳税申报表、财务会计报表以及税务机关或税务人员根据实际需要要求纳税人或扣缴义务人报送的其他纳税资料。

作为扣缴义务人，纳税人或扣缴义务人必须依照法律、行政法规规定或者税务机关或税务人员依照法律、行政法规的规定确定的申报期限、申报内容如实报送代扣代缴、代收代缴税款报告表以及税务机关或税务人员根据实际需要要求纳税人或扣缴义务人报送的其他有关资料。

纳税人或扣缴义务人即使在纳税期内没有应纳税款，也应当按照规定办理纳税申报。享受减税、免税待遇的，在减税、免税期间应当按照规定办理纳税申报。

6. 按时缴纳税款的义务

纳税人或扣缴义务人应当按照法律、行政法规规定或者税务机关或税务人员依照法律、

行政法规的规定确定的期限，缴纳或者解缴税款。

未按照规定期限缴纳税款或者未按照规定期限解缴税款的，税务机关或税务人员除责令限期缴纳外，从滞纳税款之日起，按日加收滞纳税款万分之五的滞纳金。

7. 代扣、代收税款的义务

扣缴义务人按照法律、行政法规规定负有代扣代缴、代收代缴税款义务，必须依照法律、行政法规的规定履行代扣、代收税款的义务。扣缴义务人依法履行代扣、代收税款义务时，纳税人不得拒绝。纳税人拒绝的，扣缴义务人应当及时报告税务机关或税务人员处理。

8. 接受依法检查的义务

纳税人或扣缴义务人有接受税务机关或税务人员依法进行税务检查的义务，应主动配合税务机关或税务人员按法定程序进行的税务检查，如实地向税务机关或税务人员反映自己的生产经营情况和执行财务制度的情况，并按有关规定提供报表和资料，不得隐瞒和弄虚作假，不能阻挠、刁难税务机关或税务人员的检查和监督。

9. 及时提供信息的义务

纳税人或扣缴义务人除通过税务登记和纳税申报向税务机关或税务人员提供与纳税有关的信息外，还应及时提供其他信息。如纳税人或扣缴义务人有歇业、经营情况变化、遭受各种灾害等特殊情况的，应及时向税务机关或税务人员说明，以便税务机关或税务人员依法妥善处理。

10. 报告其他涉税信息的义务

为了保障国家税收能够及时、足额征收入库，税收法律还规定了纳税人或扣缴义务人有义务向税务机关或税务人员报告如下涉税信息：

（1）纳税人或扣缴义务人有义务就纳税人或扣缴义务人与关联企业之间的业务往来，向当地税务机关提供有关的价格、费用标准等资料。

纳税人或扣缴义务人有欠税情形而以财产设定抵押、质押的，应当向抵押权人、质权人说明纳税人或扣缴义务人的欠税情况。

（2）企业合并、分立的报告义务。纳税人或扣缴义务人有合并、分立情形的，应当向税务机关或税务人员报告，并依法缴清税款。合并时未缴清税款的，应当由合并后的纳税人继续履行未履行的纳税义务；分立时未缴清税款的，分立后的纳税人对未履行的纳税义务应当承担连带责任。

（3）报告全部账号的义务。如纳税人或扣缴义务人从事生产、经营，应当按照国家有关规定，持税务登记证件，在银行或者其他金融机构开立基本存款账户和其他存款账户，并自开立基本存款账户或者其他存款账户之日起 15 日内，向纳税人或扣缴义务人的主管税务机关书面报告全部账号；发生变化的，应当自变化之日起 15 日内，向纳税人或扣缴义务人的主管税务机关书面报告。

（4）处分大额财产报告的义务。如纳税人或扣缴义务人的欠缴税款数额在 5 万元以上，纳税人或扣缴义务人在处分不动产或者大额资产之前，应当向税务机关或税务人员报告。

4.4　税收保全和强制执行措施

4.4.1　税收保全

税收保全措施，是指税务机关在规定的纳税期之前，对有逃避纳税义务行为的纳税人，限制其处理可用作缴纳税款的存款、商品、货物等财产的一种行政强制措施，其目的是预防纳税人逃避税款缴纳义务，防止以后税款的征收不能保证或难以保证，以保证国家税款的及时、足额入库。

1. 适用对象

税收保全措施仅适用于从事生产、经营的纳税人，不适用于扣缴义务人和纳税担保人，也不适用于非从事生产经营的纳税人。

2. 前提条件

采取税收保全措施，应当符合两个条件：一是必须有根据认为纳税人有逃避纳税义务行为；二是必须在规定的纳税期之前和责令限期缴纳应纳税款的期限之内。

3. 税收保全措施的形式

税收保全措施主要有两种形式：一是书面通知纳税人开户银行或者其他金融机构冻结纳税人的金额相当于应纳税额的存款；二是查封、扣押纳税人的价值相当于应纳税款的商品、货物或者其他财产。

4. 适用税收保全措施的程序

（1）责令限期缴纳税款。税务机关有根据认为从事生产经营的纳税人有逃避纳税义务行为的，可以在规定的纳税期之前责令限期缴纳税款。

（2）责成提供纳税担保。在限期内发现纳税人有明显的转移、隐匿其应纳税的商品、货物以及其他财产或者应纳税的收入迹象的，税务机关可以责成纳税人提供纳税担保。

（3）采取税收保全措施。如果纳税人不能提供纳税担保，经县以上税务局（分局）局长批准，税务机关可以采取税收保全措施。

5. 对适用税收保全措施的制约

①必须经过县以上税务局（分局）局长批准。②适用对象只能是从事生产、经营的纳税人。③采取税收保全措施应当由两名以上税务人员执行，并通知被执行人。④查封商品、货物或者其他财产时必须开付清单；扣押商品、货物或者其他财产时必须开付收据。⑤不得查封、扣押纳税人个人及其所扶养家属维持生活必需的住房和用品。⑥给当事人合法权益造成损失的，依法承担赔偿责任。

4.4.2 强制执行

强制执行措施，是指税务机关对未按规定的期限履行纳税义务的纳税人、扣缴义务人、纳税担保人等税收管理相对人，依法采取法定的强制手段，以迫使其履行法定义务的一种征管制度。

1. 适用范围

税收强制执行措施的适用范围是从事生产、经营的纳税人、扣缴义务人、纳税担保人，不包括非从事生产经营的纳税人。

2. 适用的前提条件

适用税收强制执行措施的前提条件是从事生产、经营的纳税人、扣缴义务人未按规定的期限缴纳税款或者解缴税款、纳税担保人未按照规定的期限缴纳所担保的税款，即他们都是逾期未履行纳税义务的。此外，对已采取税收保全措施的纳税人，限期内仍未履行纳税义务的，可依法采取强制执行措施。

3. 强制执行措施的形式

（1）书面通知其开户银行或者其他金融机构从其存款中扣缴税款。

（2）扣押、查封、依法拍卖或者变卖其价值相当于应纳税款的商品、货物或者其他财产，以拍卖或者变卖所得抵缴税款。

4. 适用强制执行措施的具体条件、程序和应注意的问题

（1）采取强制执行措施必须坚持告诫在先、执行在后的原则。

（2）强制执行必须发生在限期缴纳期满之后。

（3）采取强制执行前，应当依法报经县以上税务局（分局）局长批准。

（4）采取强制执行措施时，对从事生产、经营的纳税人、扣缴义务人、纳税担保人未缴纳的滞纳金同时强制执行。

（5）扣押、查封、拍卖或者变卖等行为具有连续性。

（6）个人及其抚养家属维持生活必需的住房和用品不在强制执行的范围内。

（7）税务机关将扣押、查封的商品、货物或者其他财产变价抵缴税款时，应当交由依法成立的拍卖机构拍卖。

4.5 纳税人、扣缴义务人的法律责任

4.5.1 纳税人在税务登记上违法的法律责任

（1）纳税人有下列行为之一的，由税务机关责令限期改正，可以处2000元以下的罚款；情节严重的，处2000元以上1万元以下的罚款。

1）未按照规定的期限申报办理税务登记、变更或者注销登记的。

2）未按照规定设置、保管账簿或者保管记账凭证和有关资料的。

3）未按照规定将财务、会计制度或者财务、会计处理办法和会计核算软件报送税务机关备查的。

4）未按照规定将其全部银行账号向税务机关报告的。

5）未按照规定安装、使用税控装置，或者损毁或擅自改动税控装置的。

6）纳税人未按照规定办理税务登记证件验证或者换证手续的。

（2）纳税人不办理税务登记的，由税务机关责令限期改正；逾期不改正的，由工商行政管理机关吊销其营业执照。

（3）纳税人未按照规定使用税务登记证件，或者转借、涂改、损毁、买卖、伪造税务登记证件的，处2000元以上1万元以下的罚款；情节严重的，处1万元以上5万元以下的罚款。

（4）扣缴义务人违反账簿、凭证管理的处罚。扣缴义务人未按照规定设置、保管代扣代缴、代收代缴税款账簿或者保管代扣代缴、代收代缴税款记账凭证及有关资料的，由税务机关责令限期改正，可以处2000元以下的罚款；情节严重的，处2000元以上5000元以下的罚款。

（5）纳税人、扣缴义务人未按规定进行纳税申报的法律责任。纳税人未按照规定的期限办理纳税申报和报送纳税资料的，或者扣缴义务人未按照规定的期限向税务机关报送代扣代缴、代收代缴税款报告表和有关资料的，由税务机关责令限期改正，可以处2000元以下的罚款；情节严重的，可以处2000元以上1万元以下的罚款。

4.5.2 纳税人、扣缴义务人偷、欠、骗、抗税的法律责任

1. 偷税的法律责任

纳税人伪造、变造、隐匿、擅自销毁账簿、记账凭证，或者在账簿上多列支出或者不列、少列收入，或者经税务机关通知申报而拒不申报或者进行虚假的纳税申报，不缴或者少缴应纳税款的，是偷税。对纳税人偷税的，由税务机关追缴其不缴或者少缴的税款、滞纳金，并处不缴或者少缴的税款50%以上5倍以下的罚款；构成犯罪的，依法追究刑事责任。扣缴义务人采取前款所列手段，不缴或者少缴已扣、已收税款，由税务机关追缴其不缴或者少缴的税款、滞纳金，并处不缴或者少缴的税款50%以上5倍以下的罚款；构成犯罪的，依法追究刑事责任。

2009年2月28日，全国人大常委会通过了《中华人民共和国刑法修正案（七）》，其中对刑法第201条偷税罪进行了修正，规定为：纳税人、扣缴义务人采取欺骗、隐瞒手段进行虚假纳税申报或者不申报，逃避缴纳税款数额较大并且占应纳税额10%以上的，处3年以下有期徒刑或者拘役，并处罚金；数额巨大并且占应纳税额30%以上的，处3年以上7年以下有期徒刑，并处罚金。逃避缴纳税款的或将被追究刑事责任。5年内受过刑事处罚或者被税务机关给予2次以上行政处罚的将被追究刑事责任。经税务机关依法下达追缴通知，补缴了应纳税款，缴纳了滞纳金，已受行政处罚的，可不追究刑事责任。

【注意】

“偷税罪”改成了“逃避缴纳税款罪”。罪名提法有所改变，但所指的违法行为以及应当承担的法律责任没有改变。只是修改后的《刑法》规定：“经税务机关依法下达追缴通知，补缴了应纳税款，缴纳了滞纳金，已受行政处罚的，可不追究刑事责任。”

2. 逃避追缴欠税的法律责任

纳税人欠缴应纳税款，采取转移或者隐匿财产的手段，妨碍税务机关追缴欠缴的税款的，由税务机关追缴欠缴的税款、滞纳金，并处欠缴税款50%以上5倍以下的罚款；构成犯罪的，依法追究刑事责任。

《刑法》第203条规定，纳税人逃避追缴欠税数额在1万元以上不满10万元的，处3年以下有期徒刑或者拘役，并处或者单处欠缴税款1倍以上5倍以下罚金；数额在10万元以上的，处3年以上7年以下有期徒刑，并处欠缴税款1倍以上5倍以下罚金。

3. 骗取出口退税的法律责任

以假报出口或者其他欺骗手段，骗取国家出口退税款的，由税务机关追缴其骗取的退税款，并处骗取税款1倍以上5倍以下的罚款；构成犯罪的，依法追究刑事责任。

《刑法》第204条规定，骗取国家出口退税款，数额较大的，处5年以下有期徒刑或者拘役，并处骗取税款1倍以上5倍以下罚金；数额巨大或者有其他严重情节的，处5年以上10年以下有期徒刑，并处骗取税款1倍以上5倍以下罚金；数额特别巨大或者有其他特别严重情节的，处10年以上有期徒刑或者无期徒刑，并处骗取税款1倍以上5倍以下罚金或者没收财产。对骗取国家出口退税款的，税务机关可以在规定期间内停止为其办理出口退税。

4. 抗税的法律责任

抗税是以暴力、威胁方法拒不缴纳税款。抗税除由税务机关追缴其拒缴的税款、滞纳金外，依法追究刑事责任。情节轻微，未构成犯罪的，由税务机关追缴其拒缴的税款、滞纳金，并处拒缴税款1倍以上5倍以下的罚款。

《刑法》第202条规定，以暴力、威胁方法拒不缴纳税款的，处3年以下有期徒刑或者拘役，并处拒缴税款1倍以上5倍以下罚金；情节严重的，处3年以上7年以下有期徒刑，并处拒缴税款1倍以上5倍以下罚金。

4.5.3 纳税人、扣缴义务人不进行申报纳税的法律责任

1. 进行虚假申报或不进行申报行为的法律责任

纳税人、扣缴义务人编造虚假计税依据的，由税务机关责令限期改正，并处5万元以下的罚款。纳税人不进行纳税申报，不缴或者少缴应纳税款的，由税务机关追缴其不缴或者少缴的税款、滞纳金，并处不缴或者少缴税款50%以上5倍以下的罚款。

2. 在规定期限内不缴或者少缴税款的法律责任

纳税人、扣缴义务人在规定期限内不缴或者少缴应纳或者应解缴的税款，经税务机关责令限期缴纳，逾期仍未缴纳的，税务机关除依照税收征管法第 40 条规定采取强制执行措施，追缴其不缴或者少缴的税款外，可以处不缴或者少缴税款 50% 以上 5 倍以下的罚款。

3. 扣缴义务人不履行扣缴义务的法律责任

扣缴义务人应扣未扣、应收而不收税款的，由税务机关向纳税人追缴税款，对扣缴义务人处应扣未扣、应收未收税款 50% 以上 3 倍以下的罚款。

4. 不配合税务机关依法检查的法律责任

纳税人、扣缴义务人逃避、拒绝或者以其他方式阻挠税务机关检查的，由税务机关责令改正，可以处 1 万元以下的罚款；情节严重的，处 1 万元以上 5 万元以下的罚款。税务机关依法到车站、码头、机场、邮政企业及其分支机构检查纳税人有关情况时，有关单位拒绝的，由税务机关责令改正，可以处 1 万元以下的罚款；情节严重的，处 1 万元以上 5 万元以下的罚款。

税务机关对纳税人、扣缴义务人及其他当事人处以罚款或者没收违法所得时，应当开付罚没凭证；未开付罚没凭证的，纳税人、扣缴义务人以及其他当事人有权拒绝给付。

4.5.4　违反发票管理规定的处罚

1. 违反发票开具管理规定的处罚

有下列情形之一的，由税务机关责令改正，可以处 1 万元以下的罚款；有违法所得的予以没收。

（1）应当开具而未开具发票，或者未按照规定的时限、顺序、栏目，全部联次一次性开具发票，或者未加盖发票专用章的。

（2）使用税控装置开具发票，未按期向主管税务机关报送开具发票的数据的。

（3）使用非税控电子器具开具发票，未将非税控电子器具使用的软件程序说明资料报主管税务机关备案，或者未按照规定保存、报送开具发票的数据的，及拆本使用发票的。

（4）扩大发票使用范围的、以其他凭证代替发票使用的、跨规定区域开具发票的、未按照规定缴销发票的、未按照规定存放和保管发票的。

2. 违反发票区域管理规定的处罚

（1）跨规定的使用区域携带、邮寄、运输空白发票，以及携带、邮寄或者运输空白发票出入境的，由税务机关责令改正，可以处 1 万元以下的罚款。

（2）情节严重的，处 1 万元以上 3 万元以下的罚款。

（3）有违法所得的予以没收。

（4）丢失发票或者擅自损毁发票的，依照规定处罚。

3. 虚开发票的处罚

（1）虚开发票的，由税务机关没收违法所得。

（2）虚开金额在1万元以下的，可以并处5万元以下的罚款。

（3）虚开金额超过1万元的，并处5万元以上50万元以下的罚款。

（4）构成犯罪的，依法追究刑事责任。

（5）非法代开发票的，依照前款规定处罚。

4. 私自印制、伪造、变造发票的处罚

（1）私自印制、伪造、变造发票，非法制造发票防伪专用品，伪造发票监制章的，由税务机关没收违法所得，没收、销毁作案工具和非法物品，并处1万元以上5万元以下的罚款。

（2）情节严重的，并处5万元以上50万元以下的罚款。

（3）对印制发票的企业，可以并处吊销发票准印证。

（4）构成犯罪的，依法追究刑事责任。

5. 其他违反发票管理规定的处罚

（1）有法定情形之一的，由税务机关处1万元以上5万元以下的罚款。

（2）情节严重的，处5万元以上50万元以下的罚款。

（3）有违法所得的予以没收：转借、转让、介绍他人转让发票、发票监制章和发票防伪专用品的。

（4）知道或者应当知道是私自印制、伪造、变造、非法取得或者废止的发票而受让、开具、存放、携带、邮寄、运输的。

（5）违反发票管理法规，导致其他单位或者个人未缴、少缴或者骗取税款的，由税务机关没收违法所得，可以并处未缴、少缴或者骗取的税款1倍以下的罚款。

（6）税务人员利用职权之便，故意刁难印制、使用发票的单位和个人，或者有违反发票管理法规行为的，依照国家有关规定给予处分；构成犯罪的，依法追究刑事责任。

【注意】

对违反发票管理规定2次以上或者情节严重的单位和个人，税务机关可以向社会公告。如果规定的处罚，在《中华人民共和国税收征收管理法》中有规定的，依照税收征收管理法规定执行。

4.6 我国现行的主要税种和案例

4.6.1 我国现行的主要税种分类

税法体系中按各税法的立法目的、征税对象、权限划分、适用范围、职能作用不同，可分为不同类型的税法。

1. 按照税法的基本内容和效力的不同，可分为税收基本法和税收普通法

税收基本法是税法体系的主体和核心，在税法体系中起着税收母法的作用。其基本内容一般包括：税收制度的性质、税务管理机构、税收立法与管理权限、纳税人的基本权利与义务、税收征收范围（税种）等。我国目前还没有制定统一的税收基本法，随着我国税收法制建设的发展和完善将研究制定税收基本法。税收普通法是根据税收基本法的原则，对税收基本法规定的事项分别立法实施的法律。如个人所得税法、税收征收管理法等。

2. 按照税法的职能作用不同，可分为税收实体法和税收程序法

税收实体法主要是指确定税种立法，具体规定各税种的征收对象、征收范围、税目、税率、纳税地点等。例如，《中华人民共和国企业所得税法》、《中华人民共和国个人所得税法》就属于税收实体法。税收程序法是指税务管理方面的法律，主要包括税收应收管理法、纳税程序法、发票管理法、税务机关组织法、税务争议处理法等。

3. 按照税法征收对象不同，可分为四种类型

（1）对流转额课税的税法：主要包括增值税、营业税、消费税、关税等税法。这类税法的特点是与商品生产、流通、消费有密切联系。对什么商品征税，税率多高，对商品经济活动都有直接的影响。这种分类方法易于发挥对经济的宏观调控作用。

（2）对所得额课税的税法：主要包括企业所得税、个人所得税等税种。其特点是可以直接调节纳税人收入，发挥其公平税负、调整分配关系的作用。

（3）对财产、行为课税的税法：包括房产税、印花税等税种。主要是对财产的价值或某种行为课税。

（4）对自然资源课税的税法：主要是为保护和合理使用国家自然资源而课征的税。我国现行的资源税、城镇土地使用税等税种均属于资源课税的范畴。

4. 按照税收收入归属和征收管辖权限不同，可分为中央税、地方税和中央与地方共享税

（1）中央税属于中央政府的财政收入，由国家税务局征收管理如消费税、关税等为中央税。

（2）地方税属于各级地方政府的财政收入，由地方税务局管理，如营业税、城市建设维护税、土地使用税、个人所得税等为地方税。

（3）中央与地方共享税属于中央政府和地方政府的共同收入，目前主要由国家税务局征收管理，如增值税。

当前，除个别小税种地方有立法权外，其余税种的立法权均属于中央。

4.6.2　增值税

增值税是对在我国境内生产、销售应税货物、提供应税劳务及进口货物的单位和个人，就其增值额征收的一种税。1994 年我国对增值税进行了一次重大改进，实行了国际上通行

的购入扣税法。2008 年 11 月 5 日，国务院修订《中华人民共和国增值税暂行条例》，自 2009 年 1 月 1 日起施行。

（1）征税范围。

凡在中华人民共和国境内生产、销售应税货物、提供应税劳务及进口货物的，都属于增值税的征税范围，应按规定缴纳增值税。

上海市试点纳税人自 2012 年 1 月 1 日起，增值税的征税范围除了与全国相同的销售货物、加工修理修配劳务和进口业务以外，还包括新增加的提供交通运输业和部分现代服务业服务（以下称应税服务）。应税服务是指陆路运输服务、水路运输服务、航空运输服务、管道运输服务、研发和技术服务、信息技术服务、文化创意服务、物流辅助服务、有形动产租赁服务、鉴证咨询服务。

（2）纳税人的认定。

凡是在我国境内销售货物或者提供加工、修理修配劳务，以及进口货物的单位和个人都是增值税的纳税义务人，简称纳税人，包括各类企业、社会团体、行政事业单位和个人。

将增值税的纳税人分为一般纳税人和小规模纳税人，是正确进行增值税核算的首要关键问题。从 2010 年 3 月 20 日起，对申请作为一般纳税人的“门槛”降低和手续简化。

1）小规模纳税人的认定：从事货物生产或提供应税劳务的纳税人，以及以从事货物生产或提供应税劳务为主，兼营货物批发或零售的纳税人，年应税销售额在 50 万元以下（含 50 万元）的。从事货物批发或零售的纳税人，年应税销售额在 80 万元以下（含 80 万元）的。

2）一般纳税人的认定：应该申请一般纳税人资格认定的纳税人。年应税销售额超过财政部、国家税务总局规定的小规模纳税人标准的纳税人，不论是否愿意，必须向其企业所在地（县、市、区）主管税务机关申请办理一般纳税人认定手续，申请一般纳税人资格认定，否则，按照一般纳税人的应纳税额计算，不得抵扣进项税额，也不得使用增值税专用发票。

3）可以申请一般纳税人资格认定的纳税人。年应税销售额未超过财政部、国家税务总局规定的小规模纳税人标准的纳税人和新开业的纳税人，也可以向其企业所在地（县、市、区）主管税务机关申请办理一般纳税人认定手续，申请一般纳税人资格认定。年应税销售额指在连续不超过 12 个月的经营期内累计应征增值税销售额，包括免税销售额。

【注意】

一般纳税人按照购入扣税法计算增值税，准予抵扣进项税额。小规模纳税人按征收率计算增值税，不得抵扣进项税额。纳人抵扣范围的固定资产。指机器、机械、运输工具以及其他与生产经营有关的设备、工具、器具。其中，容易混为个人消费的应征消费税的小汽车、摩托车和游艇不属于可以抵扣的设备范畴，同时房屋、建筑物等不动产也不属于增值税的抵扣范围。

（3）增值税的税率，见表 4-4。

表 4-4　增值税税目税率（2012 年 1 月 1 日执行）

纳税人	税　　目	税率或征收率
一般纳税人	（一）纳税人销售或者进口货物，除本条第（二）、第（三）项规定外	税率 17%
	（二）纳税人销售或者进口下列货物 1. 粮食、食用植物油 2. 自来水、暖气、冷气、热水、煤气、石油液化气、天然气、沼气、居民用煤炭制品 3. 图书、报纸、杂志 4. 饲料、化肥、农药、农机、农膜 5. 国务院规定的其他货物：①音像制品；②电子出版物；③食用盐；④二甲醚	税率 13%
	（三）纳税人出口货物（国务院另有规定的除外）	税率 0
	（四）纳税人提供加工、修理修配劳务	税率 17%
	（五）提供有形动产租赁服务（上海市试点纳税人）	税率 17%
	（六）财政部和国家税务总局规定的应税服务（上海市试点纳税人）	税率 0
	（七）交通运输业服务（上海市试点纳税人）	税率 11%
	（八）现代服务业（有形动产租赁服务除外）（上海市试点纳税人）	税率 6%
小规模纳税人	不论工业商业，也不论上海市的交通运输业和部分现代服务业	征收率 3%

【注 意】

在上海市试点增值税一般纳税人的税率除了17%、13%和0以外，还有11%和6%。小规模纳税人的征收率不变，仍然是3%。

（4）一般纳税人增值税额的计算。

应纳税额 = 当期销项税额 − 当期进项税额

1）进项税额的确定。进项税额是指纳税人购进货物或接受应税劳务所支付或负担的增值税额，它与销售方收取的销项税额相对应。

2）销项税额的确定。销项税额是指纳税人销售货物或者提供应税劳务，按照销售额或应税劳务收入和规定的税率计算并向购买方收取的增值税额。

当期销项税额 = 当期销售额 × 税率

3）准予从销项税额中抵扣的进项税额包括以票抵税和计算抵税。

A. 以票抵税。即取得法定扣税凭证，并符合税法抵扣规定的进项税额。包括：

a. 从销售方取得的“增值税专用发票”上注明的增值税额。

b. 从海关取得的完税凭证上注明的增值税额。

B. 计算抵税。计算抵扣是没有取得法定扣税凭证，但符合税法抵扣政策，准予计算抵扣的进项税额。包括：

a. 外购免税农产品的进项税额。

进项税额 = 买价 × 13%

b. 运费的进项税额。

进项税额 = 运输费用 × 7% = （运输费 + 建设基金） × 7%

4）不得从销项税额中抵扣的进项税额包括：

A. 用于非增值税应税项目、免增值税项目、集体福利或者个人消费的购进货物或者应税劳务。

B. 非正常损失的购进货物以及相关的应税劳务。

C. 非正常损失的在产品、产成品所耗用的购进货物或者应税劳务。

D. 国务院财政、税务部门规定的纳税人自用消费品，如纳税人自用的应征消费税的摩托车、汽车、游艇。

E. 上述4条规定的货物的运输费用和销售免税货物的运输费用。

【注意】

①销项税额是计算出来的，而进项税额是凭扣税凭证中的专用发票或海关进口增值税专用缴款书注明的增值税抵扣或根据购买农产品的发票或者运输发票计算抵扣的。②税额不足抵扣的部分可以结转下期继续抵扣。

（5）小规模纳税人应纳增值税的计算。

小规模纳税人销售货物或者应税劳务，实行按照销售额和征收率3%计算应纳税额的简易办法。应纳税额的计算公式为

$$应纳税额 = 销售额 \times 征收率$$

销售额是指小规模纳税人销售货物或应税劳务向购买方收取的全部价款和价外费用，其含义与一般纳税人相同。征收率的调整由国务院决定。

由于小规模纳税人开具的是普通发票，需按下列计算公式进行换算

$$销售额 = \frac{含税销售额}{1 + 征收率}$$

（6）进口货物应纳税额的计算。

纳税人进口货物，按照组成计税价格和与国内货物17%或13%税率一样计算应纳税额，其计算公式为

$$应纳进口增值税 = 组成计税价格 \times 税率$$

$$组成计税价格 = 关税完税价格 + 关税$$

$$或 = 关税完税价格 + 关税 + 消费税$$

其中

$$消费税 = \frac{关税完税价格 + 关税}{1 - 消费税税率} \times 消费税税率$$

$$关税 = 关税完税价格 \times 关税税率$$

进口货物的关税完税价格是以该货物运抵我国的到岸价格为依据的，包括买价、加上货物运抵我国关境内输入地点起卸前的包装费、运费、保险费和其他劳务费等费用构成的价格。

【注意】

①进口货物的税率为17%和13%，不使用征收率；②在进口环节不能抵扣任何境外税款；③货物进口环节海关代征的增值税，会构成今后货物销售环节的进项税。

（7）增值税的起征点（2011年11月1日开始执行）。

增值税起征点的幅度规定为：

1）销售货物的，为月销售额 5 000～20 000 元；

2）销售应税劳务的，为月销售额 5 000～20 000 元；

3）按次纳税的，为每次（日）销售额 300～500 元。

增值税起征点的适用范围限于小规模纳税人。销售额为小规模纳税人的销售额，即不含增值税的销售额。省、自治区、直辖市财政厅（局）和国家税务局应在规定的幅度内，根据实际情况确定本地区适用的起征点，并报财政部、国家税务总局备案。

4.6.3 营业税

营业税是指对在我国境内提供应税劳务、转让无形资产或者销售不动产的单位和个人，就其营业（业务）收入额征收的一种税。2008 年 11 月 5 日，国务院修订《中华人民共和国营业税暂行条例》，自 2009 年 1 月 1 日起施行。

1. 营业税的纳税人和扣缴义务人

（1）营业税的纳税人是指在中华人民共和国境内提供应税劳务、转让无形资产或者销售不动产的单位和个人。

【注 意】

上海市试点纳税人自2012年1月1日起，提供交通运输业和部分现代服务业服务改革为征收增值税，不征收营业税。

（2）营业税的扣缴义务人是指中国境外的单位或者个人在境内提供应税劳务、转让无形资产或者销售不动产，在境内未设有经营机构的，以其境内代理人为扣缴义务人。在境内没有代理人的，以受让方或者购买方为扣缴义务人。财政部规定的其他扣缴义务人。

2. 营业税的税目与税率

营业税税目税率见表 4-5。

表 4-5 营业税税目税率表（2009 年 1 月 1 日执行）

税　目	税　率	税　目	税　率
一、交通运输业（不包括上海市）	3%	六、娱乐业	5%～20%
二、建筑业	3%	七、服务业（不包括上海市的现代服务业）	5%
三、金融保险业	5%	八、转让无形资产	5%
四、邮电通信业	3%	九、销售不动产	5%
五、文化体育业	3%	备注：上海市的纳税人从 2012 年 1 月 1 日起，提供交通运输业和部分现代服务业服务改为征收增值税，不征收营业税	

3. 营业税应纳税额的计算

应纳税额计算公式

$$应纳税额 = 营业额 \times 税率$$

如果纳税人提供应税劳务、转让无形资产或者销售不动产的价格明显偏低并无正当理由，由主管税务机关按下列顺序核定其营业额：

（1）按纳税人最近时期发生同类应税行为的平均价格核定。

（2）按其他纳税人最近时期发生同类应税行为的平均价格核定。

（3）按下列公式核定

$$营业额 = \frac{营业成本或工程成本 \times (1 + 成本利润率)}{1 - 营业税税率}$$

式中的成本利润率，由省、自治区、直辖市税务局确定。

其中，价外费用包括收取的手续费、补贴、基金、集资费、返还利润、奖励费、违约金、滞纳金、延期付款利息、赔偿金、代收款项、代垫款项、罚息及其他各种性质的价外收费，但不包括同时符合以下条件代为收取的政府性基金或者行政事业性收费：

1）由国务院或者财政部批准设立的政府性基金，由国务院或者省级人民政府及其财政、价格主管部门批准设立的行政事业性收费。

2）收取时开具省级以上财政部门印制的财政票据。

3）所收款项全额上缴财政。

【例 4-1】

（2011 年初级经济法基础试题）某物流公司 2011 年 1 月有关经营情况如下：提供国内货物运输及装卸服务、取得运输收入 35 万元，装卸收入 4 万元，支付装卸工人工资 1 万元；承揽国际货物运输业务，取得全程运输收入 48 万元，支付境外承运单位运费 16 万元；运营业务中取得货物整理收入 9 万元；代客户保管货物，取得仓储收入 7 万元；在某商业银行开立一般存款账户用于业务结算。已知：交通运输业适用的营业税税率为 3%；服务业适用的营业税税率为 5%。

【解析】

交通运输业的营业额为从事交通运输纳税人提供交通劳务所取得的全部运营价款和价外费用，运输企业自中华人民共和国境内运输旅客或者货物出境，在境外改由其他运输企业承运旅客或者货物，以全程运费减去付给该承运企业的运费后的余额为营业额。

国内、国际运输收入应纳营业税税额 = （35 + 48 − 16） × 3% = 2.01（万元）

装卸收入应纳营业税税额 = 4 × 3% = 0.12（万元）

货物整理收入应纳营业税税额 = 9 × 3% = 0.27（万元）

仓储收入应纳营业税税额 = 7 × 5% = 0.35（万元）

4. 营业税的起征点（2011 年 11 月 1 日执行）

按期纳税的，为月营业额 5000 ~ 20 000 元；

按次纳税的，为每次（日）营业额 300 ~ 500 元。

4.6.4 企业所得税

企业所得税是对在我国境内的企业或组织，就其生产、经营所得和其他所得额征收的一种税。《中华人民共和国企业所得税法》由中华人民共和国第十届全国人民代表大会第五次会议于2007年3月16日通过,《中华人民共和国企业所得税法实施条例》由国务院于2007年12月6日颁布，自2008年1月1日起施行。

1. 企业所得税的纳税人

企业所得税的纳税人是在中华人民共和国境内的企业（个人独资企业、合伙企业除外）和其他取得收入的组织。在中国境内成立的企业，包括依照中国法律、行政法规在中国境内成立的企业、事业单位、社会团体以及其他取得收入的组织。

居民企业是指依法在中国境内成立，或者依照外国（地区）法律成立但实际管理机构在中国境内的企业。居民企业，承担无限纳税义务。非居民企业是指依照外国（地区）法律成立且实际管理机构不在中国境内，但在中国境内设有机构、场所的，或者在中国境内未设立机构、场所，但有来源于中国境内所得的企业。非居民企业承担有限纳税义务。其中，机构、场所是指在中国境内从事生产经营活动的机构、场所。

【注 意】

个人独资企业、合伙企业不是企业所得税的纳税人，而是个人所得税的纳税人。

2. 企业所得税的征税对象和征税范围

企业所得税的征税对象和征税范围是纳税人取得的应当缴纳企业所得税的应税所得。居民企业和非居民企业所得根据情况分别确定。

（1）居民企业的应税所得。

居民企业应当就其来源于中国境内、境外的所得缴纳企业所得税。中国境内、境外的应税所得，包括销售货物所得、提供劳务所得、转让财产所得、股息红利等权益性投资所得、利息所得、租金所得、特许权使用费所得、接受捐赠所得和其他所得。

（2）非居民企业的应税所得。

非居民企业的应税所得包括：

1）非居民企业在中国境内设立机构、场所的，应当就其所设机构、场所取得的来源于中国境内的所得，以及发生在中国境外但与其所设机构、场所有实际联系的所得，缴纳企业所得税。

2）非居民企业在中国境内未设立机构、场所的，或者虽设立机构、场所但取得的所得与其所设机构、场所没有实际联系的，应当就其来源于中国境内的所得缴纳企业所得税。

3. 企业所得税的税率

企业所得税税目税率见表4-6。

表 4-6 企业所得税的税目税率表（2008 年 1 月 1 日执行）

种　类	税　率	适用范围
基本税率	25%	（1）居民企业 （2）非居民企业在中国境内设立机构、场所的
优惠税率	20%	符合条件的小型微利企业
	15%	国家重点扶持的高新技术企业
预提所得税税率 （扣缴义务人代扣代缴）	20% （实际征税时适用 10%）	非居民企业在中国境内未设立机构、场所的或者虽设立机构、场所但取得的所得与其所设机构、场所没有实际联系的，应当就其来源于中国境内的所得

4. 企业所得税的计算

企业所得税的计税依据是企业的应纳税所得额，简称应税所得额，是指企业每一纳税年度的收入总额，减除不征税收入、免税收入、各项扣除以及允许弥补的以前年度亏损后的余额。

应纳税所得额 = 收入总额 – 不征税收入额 – 免税收入额 – 各项扣除额 – 准予弥补的以前年度亏损

企业应纳税所得额的计算，以权责发生制为原则。

（1）收入总额的确定是以货币形式和非货币形式从各种来源取得的收入。

1）销售货物收入是指企业销售商品、产品、原材料、包装物、低值易耗品以及其他存货取得的收入。

2）提供劳务收入是指企业从事建筑安装、修理修配、交通运输、仓储租赁、金融保险、邮电通信、咨询经纪、文化体育、科学研究、技术服务、教育培训、餐饮住宿、中介代理、卫生保健、社区服务、旅游、娱乐、加工以及其他劳务服务活动取得的收入。

3）转让财产收入是指企业转让固定资产、生物资产、无形资产、股权、债权等财产取得的收入。

4）股息、红利等权益性投资收益是指企业因权益性投资从被投资方取得的收入。除国务院财政、税务主管部门另有规定外，按照被投资方做出利润分配决定的日期确认收入的实现。

5）利息收入是指企业将资金提供他人使用但不构成权益性投资，或者因他人占用本企业资金取得的收入，包括存款利息、贷款利息、债券利息、欠款利息等收入。利息收入，按照合同约定的债务人应付利息的日期确认收入的实现。

6）租金收入是指企业提供固定资产、包装物或者其他有形资产的使用权取得的收入。租金收入，按照合同约定的承租人应付租金的日期确认收入实现。

7）特许权使用费收入是指企业提供专利权、非专利技术、商标权、著作权以及其他特许权的使用权取得的收入。特许权使用费收入，按照合同约定的特许使用人应付特许权使用费的日期确认收入的实现。

8）接受捐赠收入是指企业接受的来自其他企业、组织或者个人无偿给予的货币性资产、非货币性资产。接受捐赠收入，按照实际收到捐赠资产的日期确认收入的实现。

9）其他收入是指以上 8 项规定的收入外的其他收入，包括企业资产溢余收入、逾期未退包装物押金收入、确实无法偿付的应付款项、已作坏账损失处理后又收回的应收款项、债务重组收入、补贴收入、违约金收入、汇兑收益等。

（2）不征税收入和免税收入的确定。

1）不征税收入包括：①财政拨款，财政拨款是指各级人民政府对纳入预算管理的事业单位、社会团体等组织拨付的财政资金，但国务院和国务院财政、税务主管部门另有规定的除外；②依法收取并纳入财政管理的行政事业性收费、政府性基金；③国务院规定的其他不征税收入。

2）免税收入包括国债利息收入。

（3）扣除额的确定。

1）成本是指企业在生产经营活动中发生的销售成本、销货成本、业务支出以及其他耗费。

2）费用是指企业在生产经营活动中发生的销售费用、管理费用和财务费用，已经计入成本的有关费用除外。

3）税金（企业所得税和允许抵扣的增值税除外）。

4）损失。

5）其他支出。

（4）相关扣除项目范围和标准。

1）企业发生的合理的工资薪金支出。工资薪金是指企业每一纳税年度支付给在本企业任职或者受雇的员工有现金形式或者非现金形式的劳动报酬，包括基本工资、奖金、津贴、补贴、年终加薪、加班工资，以及与员工任职或者受雇有关的其他支出。

2）职工福利费、工会经费、职工教育经费。①企业发生的职工福利费支出，不超过工资薪金总额的14%的部分，准予扣除。②企业拨款的工会经费，不超过工资薪金总额的2%的部分，准予扣除。③除国务院财政、税务主管部门另有规定外，企业发生的职工教育经费支出，不超过工资薪金总额2.5%的部分，准予扣除。超过部分，准予在以后纳税年度结转扣除。

3）社会保险费。企业依照国务院有关主管部门或者省级人民政府规定的范围和标准为职工缴纳的基本养老保险费、基本医疗保险费、失业保险费、工伤保险费、生育保险费等基本社会保障费和住房公积金、补充养老保险金、补充医疗保险费，准予扣除。企业为投资者或者职工支付的商业保险费，不得扣除。

4）借款费用。①企业在生产经营活动中发生的合理的不需要资本化的借款费用，准予扣除。②企业为购置、建造固定资产、无形资产和经过12个月以上的建造才能达到预定可销售状态的存货发生借款的，在有关资产购置、建造期间发生的合理的借款费用，应做为资本性支出计入有关资本的成本，并依照规定扣除。③企业在生产经营活动中发生的下列利息支出，准予扣除：非金融企业向金融企业借款的利息支出、金融企业的各项存款利息支出和同业拆借利息支出、企业经批准发行债券的利息支出。非金融企业向非金融企业借款的利息支出，不超过按照金融企业同期同类贷款利率计算的数额的部分。

5）汇兑损失。企业在货币交易中，以及纳税年度终了时将人民币以外的货币性资产、负债按照期末即期人民币汇率中间价折算为人民币时产生的汇兑损失，除已经计入有关资产成本以及与向所有者进行利润分配相关的部分外，准予扣除。

6）业务招待费支出。企业发生的与生产经营活动有关的业务招待费支出，按照发生额的60%扣除，但最高不得超过当年销售（营业）收入的5‰。

7）广告费和业务宣传费支出。企业发生符合条件的广告费和业务宣传费支出，除国务院财政、税务主管部门另有规定外，不超过当年销售（营业）收入15%的部分，准予扣除。超过部分，准予在以后纳税年度结转扣除。

8）环境保护生态恢复专项资金。企业依照法律、行政法规有关规定提取的用于环境保护、生态恢复等方面的专项资金，准予扣除。上述专项资金提取后改变用途的，不得扣除。

9）财产保险费。企业参加财产保险，按照规定缴纳的保险费，准予扣除。

10）租赁费。①以经营租赁方式租入固定资产发生的租赁费支出，按照租赁期限均匀扣除。②以融资租赁方式租入固定资产发生的租赁费支出，按照规定构成融资租入固定资产价值的部分应当提取折旧费用，分期扣除。

11）劳动保护支出。企业发生的合理的劳动保护支出，准予扣除。

12）公益性捐赠支出。企业发生的公益性捐赠支出，在年度利润总额12%以内的部分，准予在计算应纳税所得额时扣除。公益性捐赠，是指企业通过公益性社会团体或者县级以上人民政府及其部门，用于《中华人民共和国公益事业捐赠法》规定的公益事业的捐赠。公益性社会团体，是指同时符合下列条件的基金会、慈善组织等社会团体。年度利润总额，是指企业依照国家统一会计制度的规定计算的年度项目。

13）准予扣除的其他项目。

（5）准予弥补的以前年度亏损额。

企业纳税年度发生亏损，准予向以后年度的所得弥补，但结转期限最长不得超过5年。企业在汇总计算交纳企业所得税时，其境外营业机构的亏损不得抵减境内营业机构的盈利。

（6）在计算应纳税所得额时，下列支出不得扣除：①向投资者支付的利息、红利等权益性投资收益款项。②企业所得税税款。③税收滞纳金。④罚金、罚款和被没收财务的损失。⑤企业发生的公益性捐赠支出以外的捐赠支出。⑥赞助支出。⑦未经核定的准备金支出。⑧与取得收入无关的其他支出。

（7）应纳税所得额的计算。

应纳税额的计算公式为

$$应纳税额=应纳税所得额\times适用税率-减免税额-抵免税额$$

公式中的减免税额和抵免税额是指依照企业所得税法和国务院的税收优惠规定减征、免征和抵免的应纳税额。

在实际工作中，应纳税所得额的计算一般有两种方法。

1）计算公式一（直接计算法）

$$应纳税所得额=收入总额-不征税收入-免税收入-各项扣除项目-允许弥补的以前年度亏损$$

企业所得税应纳税所得额的计算以权责发生制为原则。属于当期的收入和费用，不论款项是否收付，均作为当期的收入和费用；不属于当期的收入和费用，即使款项已经在当期收付，也不作为当期的收入和费用。

2）计算公式二（间接计算法）

$$应纳税所得额=会计利润总额\pm纳税调整项目金额$$

纳税调整增加额是指超范围、超标准、未计少计的项目金额。而纳税调整减少额是指不征税、免税、弥补以前年度亏损的项目金额。

【注意】

在实际工作中，采用间接计算法计算企业所得税的情况偏多。

【例 4-2】 某工业企业，从业人数 80 人，资产总额 700 万元，2010 年度的相关情况如下：产品销售收入 96 万元，其他应征税的收入 17 万元，销售成本、销售税金及附加 52.7 万元，有关费用、其他支出 36 万元，经审查企业多列支福利费 5 万元。计算企业 2008 年应纳税所得额和企业所得税税额。

【解析】

企业所得税的计算是依应纳税所得额和税率的乘积，作为应纳税额，应纳税所得额是收入总额扣除不征税收入额、扣除额、免税收入额以及准予弥补的以前年度亏损额后的余额。税率根据相关规定来确定，本案例中的纳税人符合小型微利企业的标准，税率应该是 20%。应纳税所得额和应纳税额计算如下

（1）应纳税所得额 = 收入总额 − 不征税收入额 − 扣除额 − 免税收入额 − 准予弥补的以前年度亏损额

= （96 + 17） − （52.7 + 36 − 5） = 29.3（万元）

（2）应纳所得税 = 应纳税所得额 × 适用税率 − 减免税额 − 抵免税额

= 29.3 × 20% = 5.86（万元）

4.6.5 税收征管的案例

【例 4-3】

某从事餐饮的私营企业于 2011 年 8 月停业，并将餐厅转让给他人。10 月，税务机关检查发现后，找到原私营企业经理李某，令其 5 日之内到税务机关办理注销税务登记，并对李某处以 1500 元的罚款。李某认为自己不营业了，注销登记与否没有多大关系，并认为税务机关对其处以罚款是违法的，因此向上一级税务机关提请行政复议。上级税务机关复议后维持了原税务机关的处罚决定。

【解析】

李某没有依法办理注销税务登记，税务机关对其处以罚款 1500 元是合法的。

（1）根据《税收征管法》第 16 条的规定：从事生产、经营的纳税人，在向工商行政管理机关申请办理注销登记之前，持有关证件向税务机关申报办理变更或者注销税务登记。

（2）《税收征管法》第 60 条规定纳税人未按照规定的期限申报办理税务登记、变更或者注销登记的，由税务机关责令限期改正，可以处 2000 元以下的罚款；情节严重的，处 2000 元以上 1 万元以下的罚款。

【例 4-4】

某县地税局税务检查中发现，某餐饮店新增营业项目，未办理税务登记变更手续，即下发《限期改正通知书》，责令其限期改正。该店经营者认为，虽然增加了经营项目，但店名

没有改变，因此不应办理变更登记。

【解析】

地税局的做法是正确的。从事生产、经营的纳税人，税务登记事项发生变化的，应当自工商行政管理机关办理变更登记之日起30日内，持有关证件到原登记的税务机关申报办理变更税务登记。经营范围属于税务登记内容。该店改变经营范围，属于改变税务登记内容，即使店名没有改变，也理应按照上述规定在限期内办理变更税务登记。否则，将要受到税务机关的处罚。

【例 4-5】

某建筑安装企业在2011年3月擅自开具了3张大头小尾的建筑安装发票，少申报营业税9万元。2011年5月18日，市地税稽查局接到群众举报后，对该公司营业税的缴纳情况进行了专门检查，并于2011年5月22日向该公司下达了补交营业税9万元的《税务处理决定书》和对该公司处以少缴税款1倍罚款的《税务行政处罚事项告知书》。

2011年6月4日，该公司缴纳了9万元税款，但对税务机关对该公司处1倍的罚款问题，该公司认为其系初犯，并且法人代表不知内情，故不应对其处以如此重的罚款。虽然处以罚款经该公司申请并由稽查局举行了听证会，但稽查局仍下达了《税务处罚决定书》，并限该公司在15日内缴清罚款。对此，该公司认为稽查局处罚不当，准备向市地税局申请复议或者向法院起诉。但在2007年7月5日，稽查局从该公司银行账户上强行扣缴了9万元的罚款。

【解析】

（1）市地税稽查局对该公司处以罚款是有法律依据的。根据《税收征管法》第63条的规定，纳税人利用开具大头小尾发票少列收入的方法不缴或者少缴应纳税款的，是一种偷税行为。除由税务机关追缴其不缴或者少缴的税款、滞纳金外，还应处不缴或者少缴税款50%以上5倍以下的罚款，因此，市地税稽查局的行政处罚是合法的。

（2）地税稽查局在复议申请期间和诉讼申请期间对该公司采取强制执行措施不合法。根据我国《行政复议法》第9条的规定，纳税人认为税务机关的处罚侵犯其合法权益的，可以自收到税务处罚决定书之日起60日内提出行政复议申请。该公司自接到《税务处罚决定书》之日起60天内有权提出行政复议申请，3个月内有权提起行政诉讼。根据《税收征管法》第88条第2款、第3款的规定，纳税人、扣缴义务人对税务机关的处罚决定、强制执行措施或者税收保全措施不服的，可以依法申请行政复议，也可以依法向人民法院起诉。对税务机关的处罚决定逾期不申请复议也不向人民法院起诉又不履行的，做出处罚决定的税务机关可以采取税收强制执行措施，或者申请人民法院强制执行。因此，税务机关对税收罚款的强制追缴必须在复议申请期和诉讼申请期满后才能执行，对复议申请期和诉讼申请期内的罚款不能采取税收强制执行措施。

第5章

财政法规制度

教学目的与要求

了解预算法律制度的构成，理解预算收入与预算支出，以及政府采购法律制度。

教学重点与难点

政府采购的执行模式。

5.1 预算法律制度

5.1.1 预算法律制度的构成

预算法律制度由《预算法》和《预算法实施条例》构成。《预算法》自1995年1月1日起施行，是调整在国家进行预算资金的筹集、分配、使用和管理过程中发生的经济关系的法律规范的总称。国务院于1995年11月22日颁布了《预算法实施条例》。2010年8月已经提交全国人大常委会审议修改稿。《预算法实施条例》是《预算法》有关规定的具体和细化。

1. 国家预算

国家预算也叫政府预算，是指经过法定程序批准的国家年度财政收支计划，包括中央预算和地方预算，由预算收入和预算支出组成。

(1) 国家预算的级次划分。

1) 一级政府一级预算。

2) 我国的国家预算共分为5级，具体为：中央预算；省级（省、自治区、直辖市）预算；地市级（设区的市、自治州）预算；县市级（县、自治县、不设区的市、市辖区）预算；乡镇级（乡、民族乡、镇）预算。这5个级次的预算，除中央预算外，其他4个级次的预算都称为地方预算。

【注意】

我国国家预算实行一级政府一级预算，设立中央，省、自治区、直辖市，设区的市、自治州，县、自治县、不设区的市、市辖区，乡、民族乡、镇5级预算。如中央——甘肃省——兰州市——榆中县——青城镇5级。

（2）国家预算的构成。

1）中央预算。中央预算是指中央政府预算，由中央各部门（含直属单位）的预算组成，包括地方向中央上缴的收入数额和中央返还地方或者补助地方的数额。

2）地方预算。地方预算是各地地方政府总预算的统称，是国家预算的有机组成部分。财政部门是具体负责国家预算编制，执行和决算工作的职能部门。地方各级政府预算包括下级政府向上级政府上解的收入数额和上级政府对下级政府返还或者给予补助的数额。

3）总预算。总预算是指各级政府本级及下级政府的年度收支经审核后汇编的预算。

4）部门单位预算。部门单位预算是指部门、单位的收支预算，是总预算的基础，由各预算部门和单位编制。部门预算属于一项综合预算。比如，北京市政府的本级预算由北京市政府各部门预算组成，包括北京市公安局、财政局、民政局、卫生局等部门预算。北京市政府总预算不仅包括上述本级预算，还包括北京市城区的预算，如海淀区等。

2. 预算管理的职权

（1）各级人民代表大会的职权——审查和批准。

1）全国人民代表大会的职权。主要包括：审查中央和地方预算草案及中央和地方预算执行情况的报告；批准中央预算和中央预算执行情况的报告；改变或者撤销全国人民代表大会常务委员会关于预算、决算的不适当的决议。

2）县级以上地方各级人民代表大会的职权：审查本级总预算草案及本级总预算执行情况的报告；批准本级预算和本级预算执行情况的报告；改变或者撤销本级人民代表大会常务委员会关于预算、决算的不适当的决议；撤销本级政府关于预算、决算的不适当的决定和命令。

3）乡、民族乡、镇的人民代表大会的职权（无人大常委会）。

（2）各级财政部门职权——预决编制、预算（执行、调整、报告）。

1）国务院财政部门的职权。主要包括：具体编制中央预算、决算草案；具体组织中央和地方预算的执行；提出中央预备费动用方案；具体编制中央预算的调整方案；定期向国务院报告中央和地方预算的执行情况。

2）地方各级财政部门的职权。主要包括：编制、组织执行、调整、报告。

3）各部门、各单位的职权。主要包括：编制本部门预算、决算草案；组织和监督本部门预算的执行；定期向本级政府财政部门报告预算的执行情况。

5.1.2　预算收入与预算支出

根据预算法规定，国家预算由预算收入和预算支出组成。

1. 预算收入

（1）按来源划分：税收收入（90%以上）；依照规定应当上缴的国有资产收益；专项收入；其他收入。

（2）按分享程度划分：中央预算收入；地方预算收入；中央和地方预算共享收入。

2. 预算支出

（1）按照内容划分：

1）经济建设支出，拨付的生产性贷款贴息支出等。经济建设支出包括用于经济建设的基本建设投资支出，支持企业的挖潜改造支出，拨付的企业流动资金支出，拨付的生产性贷款贴息支出，专项建设基金支出，支持农业生产支出以及其他经济建设支出。

2）教育、科学、文化、卫生、体育等事业发展支出。事业发展支出是指用于教育、科学、文化、卫生、体育、工业、交通、商业、农业、林业、环境保护、水利、气象等方面事业的支出，具体包括公益性基本建设支出、设备购置支出、人员费用支出、业务费用支出以及其他事业发展支出。

3）国家管理费用支出，公共安全支出等。

4）国防支出。

5）各项补贴支出，农业生产资料价差补贴、以旧换新等。

6）其他支出，如抚恤和社会福利救济费支出。实行归口管理的行政事业单位离退休经费支出等。

【注 意】

除预算支出外，还有一部分预算外支出。

3. 预算组织程序

预算组织程序包括四个环节：编制、审批、执行、调整。

（1）预算的编制。预算年度与财政年度、会计年度相同，是公历 1 月 1 日 ~ 12 月 31 日。中央预算和地方各级政府预算，应当参考上一年预算执行情况和本年度收支预测进行编制。

（2）预算的审批。预算的审批是指国家各级权力机关对同级政府所提出的预算草案进行审查和批准的活动。预算草案经审批生效，就成为正式的国家预算，并具有法律约束力，非经法定程序，不得改变。

审批：中央预算由全国人民代表大会审查和批准。国务院在全国人民代表大会举行会议时，向大会作关于中央和地方预算草案的报告。地方各级政府预算由本级人民代表大会审查和批准。地方各级政府在本级人民代表大会举行会议时，向大会作关于本级总预算草案的报告。

批复：各级政府预算经本级人民代表大会批准后，本级政府财政部门应当及时向本级各部门批复预算。各部门应当及时向所属各单位批复预算。

备案：预算批准后要及时向国家机关备案。

（3）预算的执行。各级预算由本级政府组织执行，具体工作由本级政府财政部门负责。

（4）预算的调整。预算调整是指经全国人大批准的中央预算和地方各级人大批准的本级预算，在执行中因特殊情况需要增加支出或减少收入，使原批准的收支平衡的预算的总支出超过总收入，或使原批准的预算中举借债务的数额增加的部分的变更。

1）预算调整方案的审批。县级以上包括中央，由人大常委会审批；乡、民族乡、镇政府预算的调整方案必须提请本级人民代表大会审查和批准。未经批准，不得调整预算。

2）预算调整方案的备案。地方各级政府预算的调整方案经批准后，由本级政府报上一级政府备案。

3）不属于预算调整的范围。在预算执行中，因上级政府返还或者给予补助而引起的预算收支变化，不属于预算调整。接受返还或者补助款项的县级以上地方各级政府应当向本级人民代表大会常务委员会报告有关情况；乡镇级别的，向本级人民代表大会报告有关情况。

4. 决算

决算是指对年度预算收支执行结果的会计报告，是预算的执行结果，是国家管理预算活动的最后一道程序，包括决算报告和文字说明。

（1）决算草案的编制。编制决算草案的具体事项，由国务院财政部门部署。各部门对所属各单位的决算草案，应当审核并汇总编制本部门的决算草案，在规定的期限内报本级政府财政部门审核。

（2）决算草案的审查批准。国务院财政部门编制中央决算草案，报国务院审定后，由国务院提请全国人民代表大会常务委员会审查和批准。县级以上地方各级政府财政部门编制本级决算草案，报本级政府审定后，由本级政府提请本级人民代表大会常务委员会审查和批准。乡、民族乡、镇政府编制本级决算草案，提请本级人民代表大会审查和批准。

5. 预决算的监督

可分为立法机关的监督、行政机关的监督和政府专门机构监督。

（1）立法机关的监督。立法机关的监督具体是：全国人大及常委会对中央和地方预算、决算进行监督；县级以上各级人大及常委会对本级和下级进行监督；乡、民族乡、镇人民代表大会对本级进行监督。

（2）各级政府部门的监督。各级政府部门的监督是各级政府监督下级政府预算执行。

（3）各级政府财政部门的监督。各级政府财政部门负责监督本级各部门及所属单位预算执行，并向本级政府和上级政府财政部门报告。

（4）各级政府审计部门的监督。各级政府审计部门对本级各部门、各单位和下级政府的预算执行、决算实行审计监督。

【注 意】

监督权主要是指组织调查权和询问和质询权。组织调查权是指各级人民代表大会和县级以上人大常委会有权就预算、决算中的重大事项或者特定问题组织调查，有关的政府、部门、单位和个人应当如实反映情况和提供必要的材料。询问和质询权是指各级人大和县级以上各级人大常委会举行会议时，人大代表或者常委会组成人员，依照法律规定程序就预算、决算中的有关问题提出询问或者质询，受询问或受质询的有关的政府或者财政部门必须及时给予答复。

5.2　政府采购法律制度

5.2.1　政府采购法律制度的构成

《中华人民共和国政府采购法》于 2002 年 6 月 29 日审议通过，自 2003 年 1 月 1 日起施行，是我国政府采购的主要法律依据。

1. 政府采购部门规章

国务院各部门颁布的一系列有关政府采购的部门规章。有《政府采购信息公告管理办法》、《中央单位政府采购管理实施办法》、《政府采购货物和服务招标投标管理办法》，等等。

2. 政府采购地方性法规和政府规章

政府采购地方性法规是指省、自治区、直辖市的人民代表大会及其常务委员会在不与法律、行政法规相抵触的情况下制定的规范性文件。一般都带有地名，比如《××省省级 2009～2010 年度政府集中采购目录及限额标准》等。

5.2.2　政府采购

政府采购是指各级国家机关、事业单位和团体组织，使用财政性资金采购依法制定的集中采购目录以内的或者采购限额标准以上的货物、工程和服务的行为。

1. 政府采购的主体范围

我国政府采购的主体，包括国家机关、事业单位和团体组织。

【注 意】

“采购”是指以合同方式有偿取得货物、工程和服务的行为，包括购买、租赁、委托、雇用等。国有企业、私营企业、集体企业都不属于政府采购的主体范围。

2. 政府采购的资金范围

政府采购资金为财政性资金，包括财政预算资金和预算外资金。

3. 政府集中采购目录和政府采购限额标准

政府采购实行集中采购和分散采购相结合。集中采购的范围由省级以上人民政府公布集中采购目录确定。属于中央预算的政府采购项目，其集中采购目录和政府采购限额标准由国务院确定并公布；属于地方预算的政府采购项目，其集中采购目录和政府采购限额由省、自治区、直辖市人民政府或者其授权的机构确定并公布。纳入集中采购目录的政府采购项目，应当实行集中采购。

【注 意】

没有纳入政府采购目录的，但是在采购限额标准以上的也需要集中采购。

4. 政府采购的对象范围

政府采购的对象包括货物、工程和服务。

5.2.3 政府采购的执行模式

我国主要采取集中采购和分散采购相结合的制度。

1. 集中采购

集中采购是指由政府设立的职能机构统一为其他政府机构提供采购服务的一种采购组织实施形式。集中采购的范围由省级以上人民政府公布的集中采购目录确定。纳入集中采购目录的政府采购项目，应当实行集中采购。

【注 意】

集中采购必须委托集中采购机构代理采购。

2. 分散采购

采购未纳入集中采购目录的政府采购项目，可以自行采购，也可以委托集中采购机构在委托范围内代理采购。

分散采购有利于满足采购及时性和多样性的需求，手续简单。不足之处是失去了规模效益，加大了采购成本，也不便于实施统一的管理和监督。

3. 政府采购当事人

（1）采购人。国家机关、事业单位和团体组织。

（2）供应商。向采购人提供货物、工程或者服务的法人、其他组织或者自然人供应商参加政府采购活动的条件：参加政府采购活动前三年内，在经营活动中没有重大违法记录。

（3）采购代理机构。采购代理机构是指具备一定条件，经政府有关部门批准而依法拥有政府采购代理资格的社会中介机构。

4. 政府采购方式

（1）公开招标。

公开招标指招标采购单位（采购人或者代理采购机构）依法以招标公告的方式邀请不特定的供应商参加投标的方式，是政府采购的主要方式。采购人不得将应当以公开招标方式采购的货物或者服务化整为零或者以其他任何方式规避公开招标采购。采用公开招标方式采购的，自招标文件发出之日起至投标人提交投标文件截止之日止，不得少于 20 日。

（2）邀请招标（邀请 3 家以上供应商）。

符合下列情形之一的货物或者服务，可以依照法律采用邀请招标方式采购：

1）具有特殊性，只能从有限范围的供应商处采购的；

2）采用公开招标方式的费用占政府采购项目总价值的比例过大的。

（3）竞争性谈判（与不少于 3 家的供应商谈判）。

符合下列情形之一的货物或者服务，可以依照法律采用竞争性谈判方式采购：

1）招标后没有供应商投标或者没有合格标的或者重新招标未能成立的；

2）技术复杂或者性质特殊，不能确定详细规格或者具体要求的；

3）采用招标所需时间不能满足用户紧急需要的；

4）不能事先计算出价格总额的。

（4）单一来源（唯一）。

符合下列情形之一的货物或者服务，可以依法采用单一来源方式采购：

1）只能从唯一供应商处采购的；

2）发生了不可预见的紧急情况不能从其他供应商处采购的；

3）必须保证原有采购项目一致性或者服务配套的要求，需要继续从原供应商处添购，且添购资金总额不超过原合同采购金额 10% 的。

（5）询价。

询价方式是指只考虑价格因素，要求采购人向 3 家以上供应商发出询价单，对一次性报出的价格进行比较，最后按照符合采购需求、质量和服务相等且报价最低的原则，确定成交供应商的方式。该种采购方式适用于货物规格、标准单一、现货货源充足而且价格变动幅度比较小的采购项目。

【例 5-1】

A 大学曾于 2011 年通过政府采购方式向 B 公司购买化学实验室的专用设备，价值为 12 万元。2012 年 1 月 A 大学的该实验室拟继续通过政府采购方式添置一台与专用设备配套的分析仪器，价值为 1 万元。A 大学可以不采用公开招标方式，只向 B 公司一家供应商采购所需的分析仪器。

【解析】

符合政府采购的方式中的单一来源。因为采购人如果必须保证原有采购项目一致性或者服务配套的要求，需要继续从原供应商处添购，且添购资金总额不超过原合同采购金额 10% 的，可以向唯一供应商进行采购。

5. 政府采购的监督检查

各级人民政府财政部门是负责政府采购监督管理的部门。政府采购监督管理部门不得设置集中采购机构，不得参与政府采购项目的采购活动。采购代理机构与行政机关不得存在隶属关系或者其他利益关系。审计机关应当对政府采购进行审计监督。监察机关应当加强对参与政府采购活动的国家机关、国家公务员和国家行政机关任命的其他人员实施监察。任何单位和个人对政府采购活动中的违法行为，有权控告和检举。

5.3 国库集中收付制度

5.3.1 国库集中收付制度

国库集中收付制度是对财政资金实行集中收缴和支付的制度，由于其核心是通过国库单一账户对现金进行集中管理，所以这种制度一般又称做国库单一账户制度。

1. 国库单一账户体系

国库单一账户是指将所有的政府资金包括预算内资金和预算外资金集中于一家银行的账户，同时所有的财政支出包括预算内和预算外支出均能通过这一账户进行。

目前，我国财政国库管理制度改革刚刚起步，与改革相关的其他各项改革措施在短期内还难于完全配套进行，也难于做到将所有财政性资金都纳入国库单一账户管理，实现每笔支出都通过国库单一账户直接支付到最终收款人。

财政部、中国人民银行《财政国库管理制度改革试点方案》将我国财政国库账户设置为国库单一账户、零余额账户、预算外资金财政专户、小额现金账户和特设专户五类账户的集合，统称为国库单一账户体系。

2. 国库单一账户体系的构成

国库单一账户体系由下列银行账户构成：

（1）财政部门开设的国库存款账户（简称国库单一账户）。

（2）财政部门开设的零余额账户（简称财政部门零余额账户）和财政部门为预算单位开设的零余额账户（简称预算单位零余额账户）。

（3）财政部门开设的预算外资金财政专户（简称预算外资金专户）。

（4）财政部门为预算单位开设的小额现金账户（简称小额现金账户）。

（5）经国务院或国务院授权财政部门批准预算单位开设的特殊专户（简称特设专户）。

【注意】

单位最常使用的、最重要的账户为“财政零余额账户”和“单位零余额账户”。财政直接支付各单位的预算内资金就是通过“财政零余额账户”进行核算支付的。该账户不得提取现金。财政授权支付是通过“单位零余额账户”进行核算支付的。该账户可提取现金。国库单一账户是在人民银行开设的国库存款账户，它与财政零余额账户、单位预算内零余额账户和特设专户进行清算，实现财政国库集中支付。

5.3.2　财政收入收缴方式和程序

1. 收缴方式

（1）直接缴库，由预算单位或缴款人按规定，直接将收入缴入国库单一账户或者预算外资金财政专户。

（2）集中汇缴，由征收机关依法将所收的应缴收入汇总缴入国库单一账户或预算外资金财政专户。

2. 收缴程序

收缴程序包括：直接缴库程序和集中汇缴程序。

5.3.3　财政支出支付方式和程序

1. 财政支出支付方式

（1）财政直接支付。财政直接支付是指通过国库单一账户体系，直接支付到收款人或用款单位账户。包括内容：工资支出、购买支出以及中央对地方的专项转移支付。

（2）财政授权支付。财政授权支付是指由预算单位根据财政授权支付。实行财政授权支付的支出包括未实行财政直接支付的购买支出和零星支出。

2. 财政支出支付程序

（1）财政直接支付程序主要包括：预算单位申请；财政部门国库支付执行机构开具支付令；代理银行划拨资金；资金清算；出具入账通知书；会计处理。

（2）财政授权支付程序主要包括：预算单位申请月度用款限额；通知支付银行；代理银行办理支付；代理银行办理资金清算；预算单位使用资金。

第 6 章

会计职业道德

教学目的与要求

了解会计职业道德的概念、特点、作用。掌握会计职业道德行为规范中爱岗敬业、诚实守信、廉洁自律、客观公正、坚持准则、提高技能、参与管理、强化服务的 8 项具体要求。

教学重点与难点

会计职业道德行为规范的 8 项具体内容。

6.1 职业道德与会计职业道德

6.1.1 职业道德的概念和主要内容

1. 职业道德的概念

“道德”一词比较常见，它与人们的日常生活密切相关，人们往往以此来判断和评价社会各种行为的善与恶、美与丑、正义与非正义、公正与偏私、诚实与虚伪。在西方的古典文献中，“道德”一词源于拉丁语的 mores，意指风尚、习俗、性格。在中国，起初人们对道德是分而释之的。《辞海》中的“道”原指人行的道路，引申为事物运动变化所必须遵循的普遍规律和法则，即指人们的社会行为的准则和规范。“德”即得，指具体事物从“道”所得的特殊规律或特殊性质，对于“道”的认识修养有得于己，人们对“道”的理论上的认识和实践上的遵循而有所得。故古人称，行道，有得于心谓之德。“德”实际被理解为人的内心品质、自我觉悟。由此可见，“道”是“德”的前提，而“德”则是“道”的归宿。规范、规则只有通过有得于心，才能被充分接受并发挥作用。后来人们把“道”“德”二字加以连用，将其视为由一定社会的经济基础所决定的，以善与恶、美与丑、正义与非正义、公正与偏私、诚实与虚伪为评价标准，以法律为保障并依靠社会舆论、传统习俗和内心信念来维系的，调整人们之间以及个人和社会之间关系的行为规范及准则的总和。

职业道德的概念有广义和狭义之分。广义的职业道德是指从业人员在职业活动中应该遵循的行为准则，涵盖了从业人员与服务对象、职业与职工、职业与职业之间的关系。狭义的职业道德是指在一定职业活动中应遵循的、体现一定职业特征的、调整一定职业关系的职业行为准则和规范。

2. 职业道德的特点

职业道德是道德在职业实践活动中的具体体现。由于各行各业的职业活动内容和职业特征不同，不同职业的职业道德内容不尽相同，但各种不同职业的职业道德都有其共同的基本内容。

职业道德是调整一定职业活动关系的职业行为准则和规范，它不是人主观自生的，也不是天生的意志。其本质表现是：

（1）职业道德是社会经济关系所决定的社会意识形态。

社会经济关系的类型决定着职业道德的性质，也就是说，有什么样的社会经济关系就有与其相适应的职业道德。生产资料私有制的社会经济关系决定了私有制社会的职业道德，生产资料公有制的社会经济关系决定了公有制社会的职业道德，这两种社会的职业道德是有一定区别的。

（2）职业道德是职业活动对职业行为的道德要求，与职业活动的要求密切相关。

职业活动是人们在各自的工作岗位上所从事的各种专业活动，每一种职业都有特定的服务对象、活动内容、活动环境和活动方式，承担着不同的社会责任和义务，享有不同的利益。因此，针对从事不同职业的人们，对其职业行为提出了不同的道德要求，形成了不同的职业道德规范。如医生的职业道德是救死扶伤、治病救人、实行人道主义；法官的职业道德是清正廉明、刚直不阿；商人的职业道德是买卖公平、童叟无欺；注册会计师的职业道德是独立、客观、公正。这些职业道德规范用来指导和约束职业行为，以保证职业活动的正常进行。

（3）职业道德是调节职业活动形成的各种职业关系的手段。

职业关系是一般社会关系在职业或行业方面的特定表现，具体表现为从业人员之间、职业之间和职业与社会之间的各种关系。这些关系需要用职业道德来调节，才能使之达到协调，如医生职业与社会之间的关系主要体现在医生与患者及其家属之间的关系。为调节他们之间可能产生的种种矛盾关系，保证患者得到及时合理的治疗，医生应遵循以救死扶伤、治病救人为主要内容的医生职业道德。

3. 职业道德的主要内容

我国《公民道德建设实施纲要》提出了职业道德的基本内容，即“爱岗敬业、诚实守信、办事公道、服务群众、奉献社会”。

（1）爱岗敬业，是职业道德的基础，是社会主义职业道德所倡导的首要规范。人们之间只有社会分工不同，而无贵贱之分。

爱岗就是热爱自己的本职工作，忠于职守，对本职工作尽心尽力。敬业是爱岗的升华，就是以恭敬严肃的态度对待自己的职业，对本职工作一丝不苟。爱岗敬业，就是对自己的工作要专心、认真、负责任，为实现职业上的奋斗目标而努力。

（2）诚实守信，是做人的基本准则，也是职业道德的精髓。人无信无以立，职业无信也不能立。诚实就是实事求是地待人做事，不弄虚作假。守信就是讲信用、重信誉、信守诺言，不搞坑蒙欺诈，不搞假冒伪劣。

（3）办事公道，是指处理各种职业事务要公道正派、不偏不倚、客观公正、公平公开。对不同的服务对象一视同仁、秉公办事，不因职位高低、贫富亲疏的差别而区别对待。

（4）服务群众，是指听取群众意见，了解群众需要，端正服务态度，改进服务措施，提高服务质量。

（5）奉献社会，是职业道德的出发点和归宿。奉献社会就是要履行对社会、对他人的义务，自觉地、努力地为社会、为他人做出贡献。当社会利益与局部利益、个人利益发生冲突时，要求每一个从业人员把社会利益放在首位。

6.1.2 会计职业道德的概念和内涵

1. 会计职业道德的概念

会计职业道德是指在会计职业活动中应当遵循的、体现会计职业特征的、调整会计职业关系的职业行为准则和规范。

我国春秋时期的思想家孔子说过："会计当而已矣"。其中的"当"字的意义之一是：当会计的也必须按照会计制度的要求行事，当收则收，既不可少收，也不可超越规定的标准多收。当用则用，既不能以少用违反规定，也不能违反会计制度要求滥用。总之要做到"俭不违礼，用不伤义"，一切应力求适中，适当，适可而行，适可而止。可见，早在春秋时期就渗透着依法理财、客观恰当的会计职业道德要求。

在20世纪60年代初，国务院发布的《国营企业会计核算工作规程（草案）》、《会计人员职权试行条例》中就提出了会计人员的职业纪律要求；20世纪80年代，财政部颁布的《会计人员工作规则》的有关内容，也体现了国家对会计人员职业道德的要求。

1996年6月，财政部颁发的《会计基础工作规范》，首次较系统地提出了会计职业道德的具体要求，其内容包括以下8个方面。

（1）会计人员在工作中应当遵守职业道德，树立良好的职业品质、严谨的工作作风，严守工作纪律，努力提高工作效率和工作质量。

（2）会计人员应当热爱本职工作，努力钻研业务，使自己的知识技能适应所从事工作的要求。

（3）会计人员应当熟悉财经法律、法规、规章和国家统一会计制度，并结合会计工作进行广泛宣传。

（4）会计人员应按照会计法律、法规和国家统一会计制度规定的程序和要求进行会计工作，保证所提供的会计信息合法、真实、准确、及时、完整。

（5）会计人员办理会计事务应当实事求是、客观公正。

（6）会计人员应当熟悉本单位的生产经营和业务管理情况，运用掌握的会计信息和会计方法，为改善单位内部管理、提高经济效益服务。

（7）会计人员应当保守本单位的商业秘密。除法律规定和单位领导人同意外，不能私自向外界提供或者泄露单位会计信息。

(8) 财政部门、业务部门和各单位应当定期检查会计人员遵守职业道德的情况，并作为会计人员晋升、晋级、聘任专业职务、表彰奖励的重要考核依据。会计人员违反职业道德的，由所在单位进行处罚，情节严重的，由会计证发证机关吊销其会计证。

1999年10月31日，第九届全国人大常委会第十二次会议修订的《会计法》规定："会计人员应当遵守职业道德，提高业务素质。"首次将会计人员应当遵守职业道德的要求，写进了《会计法》，并且作为一项法律要求确定下来。

2000年财政部颁布的《会计从业资格管理办法》，将遵守会计职业道德作为取得会计从业资格、从事会计工作的基本条件，并且将其纳入会计从业资格考试教材，即《财经法规与会计职业道德》。在会计技术职称的考试中，会计职业道德也一直是考试重点内容。可见会计职业道德内容的重要性，但目前我国还没有一部完整的会计职业道德方面的法律规定。

2. 会计职业道德的内涵

(1) 会计职业道德是调整会计职业活动利益关系的手段。可以配合国家法律制度，调整会计职业关系中的各种经济利益关系，维护正常的经济秩序。

(2) 会计职业道德具有相对稳定性。会计职业道德主要依附于历史继承性和经济规律，在社会经济关系不断的变迁中，保持自己的相对稳定性。在任何一个社会都要求会计人员保守单位的商业秘密，诚实守信、客观公正。

(3) 会计职业道德具有广泛的社会性。会计服务的对象涉及社会的方方面面，会计信息质量直接影响着社会经济的发展和社会经济秩序的健康运行，会计职业道德必将受到社会关注，具有广泛的社会性。

6.1.3 会计职业道德的作用

会计职业道德对于调整会计职业的各种内外关系、规范会计人员的职业行为、提高会计人员的职业素养和职业水平都具有重要作用。

1. 会计职业道德是对会计法律制度的重要补充

会计法律制度是会计职业道德的最低要求，会计职业道德是对会计法律规范的重要补充，其作用是其他会计法律制度所不能替代的。

会计法律只能对会计人员不得违法的行为做出规定，不适合对爱岗敬业、提高技能、强化服务等提出具体要求。但是，如果会计人员没有爱岗敬业的态度，缺少积极性和热情，不具备搞好会计工作的技能和服务意识，就很难保证会计信息达到真实、完整的法定要求。

2. 会计职业道德是规范会计行为的基础

会计职业道德对会计的行为动机提出了相应的要求，如诚实守信、客观公正等，引导、规劝、约束会计人员树立正确的职业观念，遵循职业道德要求，从而达到规范会计行为的目的。

3. 会计职业道德是实现会计目标的重要保证

会计职业道德规范约束着会计人员的职业行为，是实现会计目标的重要保证。《企业会计准则》规定财务会计报告的目标是向财务会计报告使用者提供与企业财务状况。财务会计报告使用者包括投资者、债权人、政府及其有关部门和社会公众等。会计人员如果故意或过失地提供了不充分、不可靠的会计信息，就会严重背离会计目标，造成会计信息严重失真，使服务对象的决策失误。

4. 会计职业道德是会计人员提高素质的内在要求

一个高素质的会计人员如果能够爱岗敬业，自然就会不断加强学习和钻研，努力提高专业技能，提升自己对会计工作的胜任能力，所以会计职业道德可以引导会计人员进一步加强自我修养，提高专业胜任能力，有利于促进会计人员整体素质的不断提高。

在会计法规制度不断健全完善的情况下，会计职业道德状况并没有根本好转，甚至出现“会计诚信危机”，其中的一个重要原因就是没有处理好法治与德治的辩证关系，放松了会计职业道德的建设。在规范和管理会计职业过程中，法治和德治是一个紧密结合的整体，二者不可偏废。

6.1.4 目前我国会计职业道德不完善的原因分析

1. 目前我国会计职业道德的现状

目前我国广大会计人员忠于职守、廉洁奉公、坚持原则、遵纪守法已成为主流，树立了良好的会计职业道德风尚，涌现了一大批热爱会计事业的先进集体和先进个人，为国家、单位做出了重要贡献。2005 年，在《会计法》颁布实施 20 周年之际，各地财政部门组织会计法执行情况检查和会计信息质量抽查，查处了一批违法违纪的单位和个人，表彰了一大批模范执法的先进个人和集体。从 2005 年起，财政部将定期组织全国优秀会计工作者表彰和先进事迹宣传活动，以鼓励先进、倡导诚信、弘扬正气、树立新风。但是，在市场激烈竞争中，的确在会计职业道德方面存在不健全、不完善的地方，职业道德观念淡薄。

在现实中，一些会计人员在国家、社会公众利益与单位利益发生冲突时，不能够坚持准则，而是通同作弊，为违法违纪活动出谋划策，直接参与伪造、变造虚假会计凭证、会计账簿、会计报表。当单位负责人授意会计人员提供虚假会计信息时，会计人员常常面临职业道德冲突的选择。如某股份有限公司为骗取上市资格，在公司领导人的授意下，财务部副部长陈某具体组织实施，把上市前已处于破产边缘的公司，通过采取违反国家统一的会计制度的规定进行会计政策变更、虚开增值税专用发票等手段，虚报利税 1000 万元，使得公司股票得以上市。

中国会计学会会计诚信课题组就国家、社会公众利益与单位利益发生冲突时会计人员该如何处理这一问题，曾对一千多名在岗会计人员进行了问卷调查，有 16.87% 的会计人员认为应当坚持原则，有 61.27% 的会计人员认为应当按单位负责人意见办，同时做好会计上的“技术处理”，有 21.86% 的会计人员认为应直接按单位负责人的意见办。大多数人选择应当按单位负责人意见办，这尽管与会计人员在单位的地位有关，但是与会计人员自身职业道德观念淡薄也有关。

一些会计人员通过故意伪造、变造、隐匿、毁损会计资料，利用职务之便贪污、挪用公款，以身试法，走上了违法犯罪的道路。贵州省某单位会计许某，在其担任会计兼出纳的 10 年中，采取各种手段贪污公款 7272 万元，媒体报道时冠以“惊天大案”。某房地产公司会计黎某，中专毕业，参加工作仅 3 年，利用单位财务制度不严密，贪污公款 200 多万元。这种严重的违法犯罪行为虽然是少数会计人员所为，但也反映出在金钱面前如何加强会计职业道德修养的重要性。

2. 目前我国会计职业道德不完善的原因分析

（1）社会变革及市场经济对价值观念的冲击。

随着社会主义市场经济体制的建立和完善，人们的思想意识、价值观念，都在随之发生变化。在市场经济条件下，由于社会经济成分、组织形式、就业方式和分配方式日益多样化，人们利益格局势必多样化和复杂化，原来那种单一的利益关系向大跨度、多层次的利益关系格局变化。就像有的老会计人员感慨的：在计划经济时期从事会计工作容易，在市场经济情况下，做好会计工作就很困难了。因为多方面的利益关系需要都处理好，平衡好，不是一件容易的事。时常还会引起道德的冲突。

人们在分析会计信息失真原因时所讲的“利益驱动”，就是指这种价值观念变化的一种负面效应。在会计职业道德滑坡中，小团体利益与社会利益发生冲突的占了会计职业活动中利益关系的绝大多数，而且往往是小团体利益占了上风，导致了会计信息失真。

（2）会计从业环境不利于会计人员形成良好的会计职业道德。

1）会计人员坚持职业道德的内部法律环境不便于会计人员履行职责。

会计人员是单位内部的会计从业人员，是受聘、受雇于其所在单位的工作人员，其衣、食、住、行、奖惩、升迁，均依靠其所在单位的任职及任职的业绩。当会计人员与单位负责人发生道德冲突时，会计人员则面临着坚持准则、坚守职业道德就可能被辞退下岗的痛苦选择，客观上存在着“站得住的顶不住，顶得住的站不住”的现象。当前突出存在的会计信息失真问题，绝大部分是单位负责人授意、指使、强令会计人员编制虚假会计信息造成的，虽然也表现出会计人员职业道德上的欠缺，但主要还是单位负责人不良道德水平所造成的。从公开曝光的造假账、提供虚假财务会计报告的典型案例看，产生造假账等违法会计行为的一个重要原因是单位负责人的授意、指使、强令所致。在会计人员坚持原则同单位负责人的意见产生分歧时，许多会计人员不能坚持客观公正，不能做到依法办事，表现出不良的职业道德，这种不良职业道德的表现，正是单位负责人意志的体现，是单位负责人不良道德的直接结果。

从自身的角度考虑，会计人员一味服从于长官意志，对其未必是好事。会计人员需要注意的是，会计人员在“搞好服务”时不仅要有良好的工作态度和作风，而且要有不错的工作方法和技巧。

【例 6-1】

1996 年小李大学毕业后，进入专门从事皮鞋生产的一家公司从事会计工作，该公司为了避税，多次暗示小李在会计账上做手脚，小李为了得到公司的赏识，也多次做假账并提供虚假财务会计报告，该公司从而逃避了大量的税费。1998年案发，小李被判有期徒刑2年，该公司也被处罚金24万元。2000年，小李刑满释放，由于受过刑事处罚，小李求职非常困难，无奈之下，小李又来到了该公司，由于他曾经为公司立下了汗马功劳，而且小李的犯法多少与公司有关，于是公司同意小李复职。2001年，税务部门在审核中发现了此事，公司的负责人再一次受到法律的处罚。

2）会计人员坚持职业道德的外部法律环境对会计人员履行职责的保障不够。

这种情况表现在会计人员坚持准则的法律保障和法律救济制度不完善，法律和制度的不完善也不利于会计人员形成良好的会计职业道德。会计法律规范是维护会计职业道德的重要手段，会计职业道德建设离不开良好的法制环境。

现阶段，我国有关会计的法制仍然需要不断的建立和健全，相关法律对违法会计行为的制约在强制性和操作性上有待完善，客观上会有意或无意让违法的会计行为滋生和蔓延。正像有的会计人员在面对弄虚作假的授意、指使、强令而承认自己行为有失职业道德时所说："法律都管不到的事，我们的道德更无能为力了。"这个问题，国家已经充分认识到了，所以对从事会计工作的人员，进行了"凡进必考"的制度，考试的课程名称就是《财经法规与会计职业道德》，可见对会计职业道德的重视程度。

3）对会计职业道德的宣传教育和监督检查缺乏有力手段和措施。

会计人员道德素质偏低，受社会风气的影响，同时也是不良社会风气的组成部分。具体来看道德素质偏低与教育不够极有关系。学校教育较长时期片面注重智育，忽视德育。所以，教育部规定必须抓好政治、思想、品德教育这些薄弱环节。

除上述原因外，造成会计人员职业道德欠缺和不完善的原因还有很多，如会计职业纪律松弛、惩治违法行为不力、缺乏职业道德自律组织和对道德优劣表现赏罚不明等。

6.2 会计职业道德规范的主要内容

根据我国会计工作、会计人员的实际情况，结合《公民道德建设实施纲要》和国际上会计职业道德的一般要求，财政部在《会计从业资格考试大纲》中，规定了我国会计职业道德规范的8项主要内容。

（1）爱岗敬业。要求会计人员热爱会计工作，安心本职岗位，忠于职守，尽心尽力，尽职尽责。这是会计从业人员做好本职工作的基础和条件，是最基本的道德素质。

（2）诚实守信。要求会计人员做老实人，说老实话，办老实事，执业谨慎，信誉至上，不为利益所诱惑，不弄虚作假，不泄露秘密。这是会计职业道德的基本工作准则。

（3）廉洁自律。要求会计人员公私分明、不贪不占、遵纪守法、清正廉洁。这是会计职业道德的内在要求，也是会计职业声誉的"试金石"。

（4）客观公正。要求会计人员端正态度，依法办事，实事求是，不偏不倚，保持应有的独立性。这是会计职业道德所追求的理想目标。

（5）坚持准则。要求会计人员熟悉国家法律、法规和国家统一的会计制度，始终坚持按法律、法规和国家统一的会计制度的要求进行会计核算，实施会计监督。这是会计职业道德的核心。

(6) 提高技能。要求会计人员增强提高专业技能的自觉性和紧迫感，勤学苦练，刻苦钻研，不断进取，提高业务水平。

(7) 参与管理。要求会计人员在做好本职工作的同时，努力钻研相关业务，全面熟悉本单位经营活动和业务流程，主动提出合理化建议，协助领导决策，积极参与管理。

(8) 强化服务。要求会计人员树立服务意识，提高服务质量，努力维护和提升会计职业的良好社会形象。这是会计职业道德水平的保证。

有人将这 8 项会计职业道德规范内容，直接称为“八项军规”。

6.2.1 爱岗敬业

1. 爱岗敬业的含义

爱岗敬业，指热爱本职工作，尽心尽力，尽职尽责，认真对待本职工作。

爱岗就是会计人员热爱本职工作，安心本职岗位，并为做好本职工作尽心尽力、尽职尽责。它是会计人员的一种意识活动，是敬业精神在其职业活动方式上的有意识的表达。这种表达可概括为忠于职守，具体表现为会计人员对自己应承担责任和义务所表现出的一种责任感和义务感。

天道酬勤。当人们对某一项工作或职业有了正确的认识，就会对这个工作倍加珍惜，其表现形式就是“勤劳”和“辛勤”地干好这项工作，精益求精。因此，敬业的直接表现在于“勤”、在于“强”。天才来自勤奋，“业精于勤，荒于嬉”。人们只要“辛勤”、“勤劳”、认真地干好本职工作，就是敬业。

爱岗敬业是爱岗与敬业的总称。爱岗和敬业，互为前提，相互支持，相辅相成。“爱岗”是“敬业”的基石，“敬业”是“爱岗”的升华，“敬”由“爱”生，“爱”由“敬”起。

会计人员对所从事的会计工作没有热情，不热爱，就难以做到吃苦耐劳，兢兢业业；就不会主动想到去刻苦钻研业务，更新专业知识，提高业务技能；就不会珍惜会计这份工作，努力维护会计职业的声誉和形象，自觉做到忠于职守；就无法具备与其职务相适应的业务素质和能力，更谈不上坚持准则、客观公正、文明服务，维护国家和企业的利益，为国家和企业承担责任。会计人员虽有热爱会计职业的一腔热情，没有勤奋踏实的工作作风和忠于职守的实际行动，敬业也就成为一句空话。

会计人员如果没有形成爱岗敬业的观念，不珍惜自己的职业声誉，不忠于职守，甚至私欲膨胀，就很可能无视国家和企业的利益，向会计信息的使用者提供虚假的会计信息，其结果不仅会严重干扰信息使用者决策的正确性，而且会给社会经济生活和会计职业的形象及声誉带来破坏性的影响。

2. 爱岗敬业的基本要求

(1) 正确认识会计职业，树立爱岗敬业的精神。

只有正确地认识会计本质、会计工作的重要性，树立热爱会计工作，敬重职业的精神，才能克服“懒”、“惰”、“拖”的不良习惯和作用。

填制凭证只签一个“姓”，连“名”也懒得签，时间一久，凭证是谁填制的都搞不清楚。这是“懒”的表现。“懒”使会计工作质量下降的可能性大大增加，甚至会给一些不法分子带来可乘之机。

有的会计人员在工作中只是完成规定的任务，对会计档案不积极、不主动地将其及时整理归类，乱堆乱放，任凭霉烂损坏。这是“惰”的表现。

会计人员对本应立即完成的事情拖拉，故意将今天的事留到明天去做。这是“拖”的表现。

（2）热爱会计工作，敬重会计职业。

“爱”是“敬”的源泉，只有热爱会计职业，才会有职业乐趣，即使对会计职业开始并不感兴趣，但是只要树立了“干一行爱一行”的职业思想，就会发现会计职业中的乐趣。只有树立“干一行爱一行”的思想，才会刻苦钻研会计业务技能，才会努力学习会计业务知识，才会发现在会计工作中有许多值得去研究学习的东西。只有做到热爱会计工作，敬重会计职业，才会全身心地投入会计工作中。

（3）任劳任怨。

会计人员应具有不怕吃苦，不计较个人得失的思想境界，具有“对工作极端负责任”的敬业精神和方便群众、勤奋工作的工作态度。只有安心本职工作，才有可能做到任劳任怨；只有任劳任怨，才能安心本职工作。

（4）严肃认真。

严肃认真、一丝不苟的职业作风贯穿于会计工作的始终，不仅要求数字计算准确，手续清楚完备，而且绝不能有“都是熟人不会错”的麻痹思想和“马马虎虎”的工作作风。

比如，有的单位在管理货币资金时专门规定：不准挪用、贪污公款；不准坐支现金或白条入库；不准签发空头支票或远期支票；不准超限额库存现金；不准私设“小金库”；不准该用转账支票而改用现金；不准用现金购置未经批准的专项审批商品；不准出借银行账户，套取现金。平时会计人员在使用和审核货币资金时，如果认真执行了，那么差错和舞弊就可以大量的减少。

（5）忠于职守，尽职尽责。

单位会计人员要忠实于所服务的单位，不仅要客观真实地记录反映单位的经济活动，认真进行财产清查，向管理决策者提供真实的会计信息，积极参与经营和决策，而且还应抵制不当的开支，防止有人侵占单位财产和资金。

6.2.2 诚实守信

1. 诚实守信的含义

诚实守信是指言行跟内心思想一致，不弄虚作假，不欺上瞒下，做老实人，说老实话，办老实事。

诚实是中华民族的优良传统和美德。自古以来，有许多关于诚实的名言广为流传。“诚者，天之道也；思诚者，人之道也”（《孟子》）；“唯天下至诚，为能经纶天下之大经，立天下之大本，知天地之化育”（《中庸》）；“欲正其心者，先诚其意”，“意诚而后心正”（《大学》）；“与人以实，虽疏必密；与人以虚，虽戚必疏”（汉·韩婴《韩诗外传》）；“自谋不诚，则欺心而弃己，与人不诚，则丧德而增怨”（宋·杨时《河南程氏粹言·论学篇》）。

中国现代会计学之父潘序伦先生认为，“诚信”是会计职业道德的重要内容。他终身倡导：“信以立志，信以守身，信以处事，信以待人，毋忘‘立信’，当必有成”，并将其作为立信会计学校的校训。

诚实守信是做人的基本准则，也是公民道德规范主要内容。社会生活中的人们由不相识到相识，由不了解到了解，靠的就是诚信。人无信不立，国无信不强。人与人的交往、合作需要诚信。市场经济越发达，职业越社会化，道德信誉就越重要。自古以来，人们将“诚实”和“守信”视为道德的最高境界，也将其作为道德的基本要求，甚至将诚实作为经邦治国、修身养性的根本。

2. 诚实守信的基本要求

（1）做老实人，说老实话，办老实事，不搞虚假。

做老实人，要求会计人员言行一致，表里如一，光明正大。说老实话，要求会计人员说话诚实，说一不二，不夸大，不缩小，不隐瞒，如实反映和披露单位经济业务。办老实事，要求会计人员踏实，不弄虚作假，不欺上瞒下。

《会计法》规定：“各单位必须根据实际发生的经济业务事项，进行会计核算，填制会计凭证，登记会计账簿，编制财务会计报告。”

会计人员只有根据实际发生的经济业务事项，真实正确地记录，如实反映单位经济业务活动情况，才能实现会计核算和会计监督的会计职能。在处理会计业务时，从原始资料的取得、记账凭证的填制、会计账簿的登记，到会计报表的编制，最后到会计报表的分析，都要做到实事求是，严格按照会计准则或者会计制度进行，做到手续完备、账目清楚、数字准确，不为他人所左右，也不因个人好恶而取舍，更不能为谋取个人或单位私利而弄虚作假，编造假账。

（2）保密守信，不为利益所诱惑。

在市场经济中，秘密可以带来经济利益，会计人员因职业特点经常接触到单位和客户的一些秘密。因而，会计人员应依法保守单位秘密，尤其是商业秘密，这也是诚实守信的具体体现。

财政部印发的《会计基础工作规范》第 23 条规定：“会计人员应当保守本单位的商业秘密。除法律规定和单位领导人同意外，不能私自向外界提供或者泄露单位的会计信息。”

比如，企业如果向竞争对手泄露了产品配方、设计、制作工艺、制作方法、客户名单、货源情报、产销策略等商业秘密，就会使企业处于不利的竞争地位；内部管理活动被泄密，可能会影响管理效果，使单位管理层处于非常被动的地位。会计人员如果泄露本单位的商业秘密，不仅会对单位的利益产生威胁，同时也将会损害会计人员自身的形象和利益。

会计人员是单位里的员工，泄露单位的商业秘密后如果使单位利益受损，单位的每位员工包括会计人员将不同程度地承担单位的损失。同时，泄露商业秘密也属于害人害己的违法行为，一旦查出，泄露秘密的会计人员将承担法律责任。

会计人员平时应保持必要的警惕，防止无意泄密。俗话说，说者无意，听者有心。在日常生活中，与同事、客户、亲友聊天、讨论时要注意不能无意中随口泄露单位商业秘密甚至国家秘密。会计人员要养成该讲的讲，不该讲的一定不能讲的习惯。

（3）职业谨慎，信誉至上。

会计人员应在职业中始终保持应有的谨慎态度，对客户和社会公众尽职尽责，形成“守信光荣，失信可耻”的氛围，以维护职业信誉。

比如，中天勤会计师事务所注册会计师在对严重失实的“银广夏”1999年度及2000年度财务报表的审计中，由于一味地追求营业收入，迎合客户不正当要求，“根本没有履行必要的审计程序”就签署了“无保留意见”，爆发了影响全国证券市场的“银广夏”会计造假丑闻。会计造假丑闻曝光后，不仅使相关责任人“身败名裂”，被逐出注册会计师行业，而且也使中天勤会计师事务所崩塌。

6.2.3 廉洁自律

1. 廉洁自律的含义

廉洁自律是会计职业道德的前提，也是会计职业道德的内在要求，这是会计工作的特点所决定的。

古往今来，一切有识之士无不把廉洁清正作为人士从政的准则。“天下为公”的包拯，不仅严于律己，而且铁面无私，执法如山。

自律的核心就是用道德观念自觉地抵制自己的不良欲望。只有正确行使会计职责，才能保证各项经济活动正常进行。

2. 廉洁自律的基本要求

（1）树立正确的人生观、价值观。

会计人员必须加强世界观的改造，树立正确的人生观和价值观。

（2）公私分明，不贪不占。

会计人员整天与钱物打交道，必须要有“理万金分文不沾”、“常在河边走，就是不湿鞋”的道德情操。会计人员只有首先做到自身廉洁，严格约束自己，才能要求别人廉洁，才能理直气壮地阻止或防止别人侵占集体利益，正确行使反映和监督的会计职责，保证各项经济活动正常进行。

比如，原中国××发展基金会出纳员刘某，1996年3月至1999年2月，利用职务之便采取弄虚作假、不记账、销毁支票存根等手段，先后窃取、骗取现金支票、转账支票及汇票共119张，贪污公款874万余元，供其夫李某用于赌博和挥霍。另外，刘某还挪用公款8万元，借他人炒股。1999年2月，刘某和其丈夫带着仅有11岁的女儿及部分赃款出逃，后被抓获。2000年7月7日，北京市高级人民法院对贪污犯刘某、李某夫妇进行二审宣判，驳回二人的上诉，维持一审判决，对二人判处死刑。刘某公私不分，又贪又占，结果家破人亡。

（3）遵纪守法，尽职尽责。

遵纪守法，正确处理会计职业权利与职业义务的关系，增强抵制行业不正之风的能力，是会计人员廉洁自律的又一个基本要求。

《会计法》规定了会计人员的职责和义务。会计人员不仅要遵纪守法，不违法乱纪、以权谋私，做到廉洁自律；而且要敢于、善于运用法律法规赋予的职业权利，尽职尽责，勇于承担职业责任，履行职业义务，保证廉洁自律。

6.2.4　客观公正

1. 客观公正的含义

客观公正是指按事物的本来面目反映，不掺杂个人的主观意愿，也不为他人意见所左右。

公正就是公平正直，没有偏失，但公正不是中庸。对于会计职业和会计工作而言，公正主要包括以下两种含义。

（1）国家统一的会计制度，即会计准则、制度要公正。也就是说，会计准则、制度不是为某一特定的主体而制定的，而是为众多主体和社会公众所制定的，它不应偏袒任何一个特定的主体，任何一个主体都能平等地运用会计准则、制度，不会因某一特定主体的运用较其他主体的运用获得更大的优势。

（2）执行会计准则、制度的人，即公司、企业单位管理层和会计人员不仅应当具备诚实的品质，而且应公正地开展会计核算和会计监督工作，即在履行会计职能时，摒弃单位、个人私利，公平公正，不偏不倚地对待相关利益各方。

客观是公正的基础，公正是客观的反映。是否公平、合理，既取决于客观的选择标准，也取决于选择者的道德品质和职业态度。

2. 客观公正的基本要求

（1）端正态度。

坚持客观公正原则的基础是会计人员的态度、专业知识和专业技能。没有客观公正的态度，不可能尊重事实。

（2）依法办事。

认真遵守法律法规，是保证会计工作客观公正的前提。会计人员必须依据《会计法》、《企业会计准则》、《小企业会计准则》等法律、法规和制度的规定进行会计业务处理，并对复杂疑难的经济业务，做出客观的会计职业判断。

（3）实事求是，不偏不倚。

客观公正是会计工作和会计人员追求的目标。它要求通过不断提高专业技能，正确理解、把握并严格执行会计准则、制度，不断消除非客观、非公正因素的影响，做到最大限度的客观公正。

比如，某个职工因公出差丢失了报销用的车票，不能因为无报销凭证就不给其报销，当然也不能随意报销。正确的做法是要求出差人员办理各种合法合理的证明手续后，可以给其报销。这样就客观公正地进行会计处理。不报销或随意报销，都是不客观公正的做法。

（4）保持独立性。

客观公正是会计人员的一种工作态度。它要求会计人员对会计业务的处理，对会计政策和会计方法的选择，以及对财务会计报告的编制、披露和评价，必须独立进行职业判断，做到客观、公平、理智、诚实。

实事求是、客观公正是每个会计人员应该具备的职业品质。会计是经济管理的重要组成部分，会计资料不仅是各单位进行经营管理和业务管理的依据，而且也是国家据以进行宏观经济分析和调控的重要依据。如果会计数据失真，那么会计核算就毫无意义，这不仅会影响到微观管理，而且还会影响到宏观决策。因此，会计人员在办理会计事务中，必须以实事求是的精神和客观公正的态度，完整、准确、如实地反映各项经济活动情况，不隐瞒歪曲，不弄虚作假，不搞假账真算、真账假算。

不做假账是每个会计人员最基本的职业道德和行为准则，保证会计信息的真实性、完整性，充分发挥会计在单位管理中的重要作用，这是《会计法》的要求，也是会计人员职业道德的要求。会计人员应端正态度，依法办事，实事求是，不偏不倚，保持应有的独立性。

6.2.5 坚持准则

1. 坚持准则的含义

坚持准则，指对会计业务处理严格按会计法律制度办事，不为主观或他人意志所左右。这里所说的“准则”不仅指会计准则，而且包括会计法律、国家统一的会计制度以及与会计工作相关的会计法律制度。

2. 坚持准则的处理方法

现实生活中经常会出现单位、社会公众和国家利益发生冲突的情况。面对不同的情况会计人员应如何处理，国际会计师联合会发布的《职业会计师道德守则》提出了如下几点建议。

（1）如遇到严重的职业道德问题时，职业会计师首先应遵循所在组织的已有政策加以解决；如果这些政策不能解决道德冲突，则可私下向独立的咨询师或会计职业团体寻求建议，以便采取可能的行动步骤。

（2）若自己无法独立解决，可与最直接的上级一起研究解决这种冲突的办法。

（3）若仍无法解决，则在通知直接上级的情况下，可请教更高一级的管理层。若有迹象表明，上级已卷入这种冲突，职业会计师必须和更高一级的管理当局商讨该问题。

（4）如果在经过内部所有各级审议之后道德冲突仍然存在，那么对于一些重大问题，如舞弊，职业会计师可能没有其他更好的选择。作为最后手段，他只能诉诸辞职，并向该组织的适当代表提交一份信息备忘录。

国际会计师联合会发布的《职业会计师道德守则》中提出的道德冲突时解决的途径值得借鉴。在我国为了切实维护会计人员的合法权益，《会计法》之所以强化单位负责人对本单位会计工作和会计资料真实、完整的责任，就是为了改善会计人员的执法环境。

3. 坚持准则的基本要求

（1）熟悉准则。

会计人员应了解和掌握《会计法》和国家统一的会计制度及与会计相关的法律制度，这是遵循准则、坚持准则的前提。只有熟悉准则，才能按准则办事，才能遵纪守法，才能保证会计信息的真实性、完整性。

（2）遵循准则。

会计人员不仅要经常学习、掌握准则的最新变化，了解本部门、本单位的实际情况，准确地理解和执行准则，还要在面对经济活动中出现的新情况、新问题以及准则未涉及的经济业务或事项时，通过运用所掌握的会计专业理论和技能，做出客观的职业判断，予以妥善处理。

（3）坚持准则。

会计人员应认真执行国家统一的会计制度，依法履行会计监督职责，发生道德冲突时，应坚持准则，对法律负责，对国家和社会公众负责，敢于同违反会计法律法规和财务制度的现象作斗争，确保会计信息的真实性和完整性。

会计人员不仅要正确领会会计法律制度，而且也应根据单位的实际需要，了解和熟悉与会计相关的法律制度，如税法、公司法、金融法、证券法、票据法、合同法等法律制度。

此外，还要熟悉本部门、本单位内部制定的管理制度，如内部控制制度、财务管理制度等。只有熟悉准则，才可能提高会计人员的守法能力，这也是做好会计工作的前提。会计人员不仅要经常学习、掌握准则的最新变化，了解本部门、本单位的实际情况，准确地理解和执行准则，还要在面对实际经济生活中出现的新情况、新问题以及准则未涉及的经济业务或事项时，通过运用所掌握的会计专业理论和技能，做出客观的职业判断，予以妥善地处理。

《会计法》规定，单位负责人对本单位会计信息的真实性和完整性负责。也就是说，单位的会计责任主体是单位负责人。会计人员坚持准则，不仅是对法律负责，对国家、社会公众负责，也是对单位负责人负责。

如果会计人员为了自己的个人利益不受影响，放弃原则，做“老好人”，对单位领导公款消费、私分财物，甚至直接授意伪造会计凭证、会计账簿等违规违纪行为，不提醒、不抵制，领导怎么说就怎么做，唯领导意图是命，对关系好的同事、朋友放弃会计监督职责，随意“迁就”和“照顾”，凭证审核不严，开支标准尺度放宽，能马虎的就马虎，能视而不见者就视而不见，就会使会计工作严重偏离准则，使会计信息的真实性、完整性无法保证，这样不仅害单位负责人承担主体责任，而且也害自己承担相应责任。

6.2.6 提高技能

1. 提高技能的含义

提高技能，指提高职业技能和专业胜任能力。我国加入世界贸易组织后，会计改革不断深入，随着《企业会计准则》在上市公司和中央企业等的实施，会计专业性和技术性日趋复杂，对会计人员所应具备的职业技能要求越来越高。会计人员必须不断地提高其职业技能，这既是会计人员的义务，也是使其做到客观公正、坚持准则的基础，是会计人员参与管理的前提。

会计人员只有不断学习，才能不断提高专业胜任能力、职业判断能力和交流沟通能力；只有不断地提高会计专业技能，才能适应我国深化会计改革和会计国际化的要求。

2. 提高技能的基本要求

（1）具有不断提高会计专业技能的意识和愿望。

会计人员必须具有不断提高会计专业技能的意识和愿望，才能不断进取，才会主动地求知、求学、刻苦钻研，使自身的专业技能不断提高，使自己的知识不断更新，从而掌握过硬的本领。

（2）具有勤学苦练的精神和科学的学习方法。

谦虚好学、刻苦钻研、锲而不舍，是练就高超的专业技术和过硬本领的唯一途径，也是衡量会计人员职业道德水准高低的重要标志之一。

会计人员必须在实践中不断地学习，认真钻研业务技能，精通现代科学技术，熟练掌握会计电算化管理技术，才能适应会计工作发展的需要。会计人员应增强提高专业技能的自觉性和紧迫感，勤学苦练，刻苦钻研；应掌握科学的学习方法，向书本学、向社会学、向实际工作学，在学中思，在思中学，努力提高业务水平。

此外，职业判断能力，也是会计人员提高技能的一个重要方面。它是指建立在专业知识和职业经验基础之上的判断能力，而不是主观随意地猜测，是职业胜任能力的综合体现。职业判断需要职业经验来支撑。如成本核算方法的选择、存货计价方法的选择等，在不同的企业、不同的时期或不同的条件下会有不同的选择，这都需要职业经验。会计人员要想生存和发展就必须使自身具有高层次的专业知识和技能，使自己的知识不断更新。

6.2.7 参与管理

1. 参与管理的含义

参与管理，指间接参加管理活动，为管理者当参谋。会计人员应积极主动地向单位领导反映本单位的财务、经营状况及存在的问题，主动提出合理化建议，积极参与市场调研和预测，参与决策方案的制定和选择，参与决策的执行、检查和监督，为领导的经营管理和决策活动当好助手和参谋。

2. 参与管理的基本要求

（1）努力钻研业务，熟悉财经法规和相关制度，提高业务技能，为参与管理打下坚实的基础。

会计人员只有努力钻研业务，不断提高业务技能，深刻领会财经法规和相关制度，才能有效地管理，为改善经营管理、提高经济效益服务。

（2）熟悉服务对象的经营活动和业务流程，使参与管理的决策更具有针对性和有效性。

会计人员应当了解本单位的整体情况，特别是要熟悉本单位的生产经营、业务流程和管理情况，掌握单位的生产经营能力、技术设备条件、产品市场及资源状况等情况，这样才能在参与管理的活动中有针对性地拟定可行性方案，从而提高经营决策的合理性和科学性，更有效地服务于单位的总体发展目标。会计人员应当努力钻研业务，使自己的知识和技能适应所从事的工作要求。

首先，会计人员要有扎实的基本功，做好会计核算的各项基础性工作，确保会计信息真实、完整。其次，要充分利用掌握的大量会计信息去分析单位的管理，从财务会计的角度渗透到单位的各项管理中，找出经营管理中的问题和薄弱环节，提出改进意见和措施，把管理结合在日常工作之中，从而使会计的事后反映变为事前的预测分析，真正起到当家理财的作用，成为决策层的参谋助手。

6.2.8 强化服务

1. 强化服务的含义

强化服务，指要求会计人员具有文明的服务态度，强烈的服务意识和优良的服务质量。

会计人员不仅要有热情、耐心、诚恳的工作态度，待人平等礼貌，而且遇到问题时要以商量的口吻，充分尊重服务对象和其他部门的意见，要做到大事讲原则，小事讲风格，沟通讲策略，用语讲准确，建议看场合。

强化服务的结果，就是奉献社会。任何职业的利益、职业劳动者个人的利益都必须服从社会的利益、国家的利益。如果说爱岗敬业是职业道德的出发点，那么，强化服务、奉献社会就是职业道德的归宿点。

2. 强化服务的基本要求

（1）强化服务意识。

只有树立了强烈的服务意识，才能做好会计工作，履行会计职能，为单位和社会经济的发展做出应有的贡献。

会计工作需要与各方面打交道，会计人员的一言一行，一举一动表现出其道德素质的高低，因此会计人员应做到态度温和，语言文明，尊重同事，尊重事实，谦虚谨慎，彬彬有礼，团结协作，互相支持。常言道：良言一句三冬暖，恶语伤人六月寒。

会计工作是一项需要相互协作的工作，制单、记账、审核、报表、出纳、库存各个环节都紧密相连。任何一个环节出错或延迟，都会影响整个会计信息的真实、客观和及时的传输。因此，各个岗位上会计人员之间、会计人员与其他人员之间要团结协作，互相支持，“以和为贵”。会计人员不仅要自觉地培养团结协作、互相支持的道德观念，并以此来规范自己的言行，而且还要严于律己，宽以待人；同时，还要正确处理各部门之间以及上下级之间的关系。

（2）提高服务质量。

单位会计人员的服务质量表现在是否真实地记录单位的经济活动，向有关方面提供可靠的会计信息，是否积极主动地向单位领导反映经营活动情况和存在的问题，提出合理化建议，协助领导决策，参与经营管理活动。

如果企业的资金流动比较大，那么会计部门除每年按会计制度要求对外编制报送现金流量表外，每半年、每季、每月还应该编制供内部管理使用的完整的现金流量表；每旬编制简易现金流量表；每天还要编制现金日报表，为单位负责人决策提供第一手资料。强化单位会计人员的服务就是真实、客观地记账、算账和报账，积极主动地向上级领导者反映经营活动情况和存在的问题，提出合理化建议，协助领导决策，参与经营管理活动。

如果说管理是“船”，服务是“帆”，准则是“桨”，会计人员是“船夫”，那么，只有提升驾驭风浪的本领（提高技能、客观公正），挺立船头（爱岗敬业），慎独追远（廉洁、守信），才能直挂云帆济沧海！

6.3 会计职业道德与会计法律制度的关系

会计职业道德与会计法律制度作为社会规范，两者既有联系，也有区别。

6.3.1 会计职业道德与会计法律制度的联系

会计职业道德是会计法律制度正常运行的社会和思想基础，会计法律制度是促进会计职业道德规范形成和遵守的制度保障。会计职业道德与会计法律制度有着共同的目标、相同的调整对象，承担着同样的职责。

1. 二者在作用上相互补充、相互依托

基本的会计行为必须运用会计法律制度强制遵守，但不需要或不宜用会计法律制度进行规范的行为，可通过会计职业道德规范来实现。

2. 二者在内容上相互渗透、相互重叠

会计法律制度中含有会计职业道德规范的内容，会计职业道德规范中也包含会计法律制度的某些条款。

3. 二者在地位上相互转化、相互吸收

会计职业道德逐渐被吸收到会计法律制度中，会计法律制度是会计职业道德的最低要求。

4. 二者在实施上相互作用、相互促进

会计职业道德是会计法律制度正常运行的社会和思想基础，会计法律制度是促进会计职业道德规范形成和遵守的制度保障。

6.3.2 会计职业道德与会计法律制度的区别

1. 性质不同

会计法律制度充分体现国家的愿望和意志，在一个阶级社会只有一种会计法律制度体系。会计法律制度通过国家机器强制执行，具有很强的他律性；会计职业道德主要依靠会计从业人员的自觉性，并依靠社会舆论来实现，具有很强的自律性。

2. 作用范围不同

会计法律制度侧重于调整会计人员的外在行为和结果的合法化，具有较强的客观性；会计职业道德则不仅要求调整会计人员的外在行为，还要调整会计人员内在的精神世界。违反会计法律制度的行为，同时也违反了会计职业道德；但是违反会计职业道德的行为，不

一定违反会计法律制度。

3. 表现形式不同

会计法律制度是通过一定的程序由国家立法机关或行政管理机关制定的，其表现形式是具体的、明确的、正式形成文字的成文规定；会计职业道德出自于会计人员的职业生活和职业实践，日积月累，约定俗成。其表现形式既有明确的成文的规定，也有不成文的规范，存在于人们的意识和信念之中。

4. 实施保障机制不同

会计法律制度是一种权利和义务的规定，由国家强制力保障实施，在其法律规范的内容中具有明确的制裁和处罚的条款，同时有与之配合的制裁和审判机关；会计职业道德既有国家法律的相应要求，又需要会计人员的自觉遵守。

6.4　会计职业道德教育

会计职业道德教育是指为了会计人员正确履行会计职能，而对其实施有目的、有计划、有组织、有系统的道德教育活动。会计职业道德教育是提高会计职业道德水平的重要方式和手段，也是提高会计职业道德水平的重要途径。

《公民道德建设实施纲要》指出："提高公民道德素质，教育是基础"。会计职业道德教育的目的不仅是让会计人员认知会计职业道德规范，而且是使他们将会计职业道德规范逐步形成自身的思想观念，并指导和约束自身的行为，提高职业道德自律能力，形成良好、稳定的道德品行。

发达市场经济国家也十分重视道德教育的作用。美国《2000 年教育目标法》把品德教育作为国家教育目标的重要内容。日本《21 世纪的教育目标》强调思想素质的培养。由此可见，无论哪种社会意识形态下的国家，都不能回避道德教育的问题，都把对"人才"品德的培养作为一个发展目标。美国会计学会（AAA）认为"会计教育不仅传授必需的技巧与知识，而且要灌输道德标准和敬业精神"。

6.4.1　会计职业道德教育的意义

会计职业道德教育是提高会计职业道德水平的重要方式和手段，也是提高会计职业道德水平的重要途径。它是公民教育的一个重要组成部分，其意义表现在以下 3 个方面。

1. 会计职业道德教育有利于提高会计职业道德水平

会计职业道德教育是根据会计人员从事的工作的特点，有目的、有计划、有组织地进行系统的道德教育，促使会计人员形成优良的职业道德观念和良好的职业行为，最大限度地发挥好会计人员的主观能动作用。会计职业道德的形成，教育是根本。只有加强会计职业道德教育，才能使会计人员树立诚信观念，从心理上对职业道德规范有正确的认识。只有从总体上提高会计职业道德水平，会计信息才有可能真实可靠。

2. 会计职业道德教育有利于培养会计人员的会计职业道德情感

会计职业道德教育是一种教育性道德影响活动，它通过一定的教育方式和方法，把会计职业道德观念灌输到会计人员的头脑中，逐渐培养其职业道德情感。会计职业道德情感包括会计职业的荣誉感、责任感以及对服务对象的热情等。

会计职业道德规范中的“爱岗敬业”是会计职业情感的核心内容。应通过教育手段，运用会计行业涌现出的先进模范人物的典型案例，晓之以理，动之以情，增强会计人员的荣誉感、责任感。

3. 会计职业道德教育有利于树立会计职业道德信念

我国社会主义市场经济的建立和发展需要有公正、公平的竞争原则，也需要人们发扬奉献社会、顾全大局、互相尊敬、诚实守信等精神，而好的会计职业道德信念的形成离不开会计职业道德教育。

加强会计职业道德教育，培养会计职业情感，树立会计职业道德信念，引导会计人员加强自我修养，将法制的外在约束和道德的内在制约结合起来，才能形成良好的会计职业道德信念。

6.4.2 会计职业道德教育形式

1. 接受教育

接受教育形式，是指通过学校或培训单位对会计人员进行以职业责任、职业义务为核心内容的正面灌输，以规范其职业行为，维护国家和社会公众利益的教育。

2. 自我教育

自我教育形式，是指会计人员自我学习、提高自身道德修养的行为活动。自我教育是内在教育，只有大力提倡和引导会计人员自我教育，在社会实践中不断加强职业道德修养，养成良好的道德行为，才能实现道德行为规范境界的升华。

6.4.3 会计职业道德教育的主要内容

会计职业道德教育的主要任务是帮助和引导会计人员培养会计职业道德情感，树立会计职业道德信念，遵守会计职业道德规范。会计职业道德教育的主要内容包括以下 4 点。

1. 会计职业道德观念教育

普及会计职业道德基础知识，是会计职业道德教育的基础，也是重要的一环。进行会计职业道德观念教育应广泛宣传会计职业道德基本常识，使广大会计人员懂得什么是会计职业道德，它对社会经济秩序、会计信息质量有何重要影响；懂得一旦违反会计职业道德，除了受到良心和道义上的谴责外，还会受到行业惩戒和处罚。把会计职业道德教育同社会教育、学校教育、家庭教育结合起来。采取广播电视、报纸杂志等媒介普及会计职业道德知识，形成会计人员遵守职业道德光荣，不遵守职业道德可耻的社会氛围。

2. 会计职业道德规范教育

即以会计职业道德规范为内容的教育。爱岗敬业、诚实守信、廉洁自律、客观公正、坚持准则、提高技能、参与管理和强化服务，是会计职业道德规范的主要内容。会计职业道德规范教育是会计职业道德教育的核心部分。其涵盖的内容非常广泛，贯穿于会计职业道德教育的始终。

3. 会计职业道德警示教育

即通过对违反会计职业道德行为和违法会计行为典型案例进行讨论和剖析，使会计人员从中得到启发和警示。进行会计职业道德警示教育，可以根据不同的教育对象，选择一些违法会计行为的典型案例和违反会计职业道德行为的典型案例，开展广泛深入的讨论，提高法律意识和会计职业道德观念，提高会计人员辨别是非的能力。

4. 其他与会计职业道德相关的教育

即采用图片、动漫、宣传片等形式进行的与会计职业道德相关的教育。例如，国家税务总局已成功组织了 3 届税收宣传动漫比赛，获奖作品均登载在国家税务局的网站上。

6.4.4　会计职业道德教育途径

1. 通过会计学历教育进行会计职业道德教育

会计学历教育在会计职业道德教育中处于基础地位。据统计，我国每年有 10 万左右的学生进入会计队伍的行列。我国有 500 多所高校设置会计学专业，会计学专业在校学生人数近 40 万人，平均每 10 名在校大学生中就有 1 名学会计专业。目前我国已有 1200 万人的会计职业大军，可以说异常庞大。

21 世纪的会计人员应具备的能力与知识包括以下 4 个方面。

（1）基础能力和知识，包括语言、交流，计算机和网络，经济、法律以及职业道德；

（2）专业知识和技能，包括会计专业知识和技能，相关财务软件应用；

（3）管理知识和技能，包括组织和协调、分析和决策能力；

（4）创新能力和自学能力。

会计教育不仅要讲授会计专业知识，训练专业技能，还必须传授会计职业道德知识，陶冶职业道德品质、情操，把职业道德教育与文化知识、专业技能的培训有机结合起来，其目标实际上是通才加专才的培养目标。

目前，从全国人才市场的整体看，对会计主管、财务经理等中高级会计人才的需求越来越大，对仅需要记账报账的会计员的需求越来越小；一些外资企业、大型企业要求应聘人员有行业经验，注册会计师证书。按照这个发展趋势，未来的会计市场中，做基础工作的会计人员会减少，中、高层次会计人员将增加。这在发达国家已经得到了印证。比如美国企业中只有少数的会计人员从事会计报表及相关工作等反映企业经营成果的工作，大多数的会计人员从事资本运作、财务管理和预算管理等管理工作，美国约有 70% 的公司总裁是来自于财经方面的专家，而且是以会计行业的专家为主。因此，综合技术应用能力较强、复合知识的运用和实践能力较强，尤其是达到会计职业道德要求的会计人才更能适应社会经济发展的要求。

2. 通过会计继续教育进行会计职业道德教育

《会计法》第39条规定“会计人员应当遵守职业道德，提高业务素质，对会计人员的教育和培训工作应当加强”，为会计人员继续教育提供了法律保障。

在不断更新、补充、拓展会计专业理论、业务能力的同时，通过会计职业道德信念教育、会计职业义务教育、会计职业荣誉教育，可以形成良好的会计职业道德品行。

3. 通过会计人员的自我教育与修养进行会计职业道德教育

即通过自我教育、自我锻炼、自我修养，将会计职业道德规范转化为会计人员的内在品质，规范和约束自身会计行为。

6.4.5 会计职业道德修养

会计职业道德修养指人们依照职业道德原则进行的自我教育、自我改造、自我锻炼、自我提高的活动。会计职业道德修养的培养主要包括以下3方面内容。

1. 着力增强会计职业修养，树立崇高的会计职业理想

“经济越发展，会计越重要”。会计自产生起，就是经济活动的一部分，它是经济管理不可缺少的重要部分。会计工作受到社会的广泛重视，会计职业也成为人们崇尚的职业之一。会计人员要正确认识会计职业的重要性，自觉增强职业修养，树立正确的世界观、人生观、价值观和崇高的会计职业理想，把所从事的职业，不仅看成是维持生计所必需，更要看成是自己的事业，要把会计职业当成自己的事业来经营，这样，才能确保我们在遇到“两难”时，做到正确抉择，自觉遵守和维护职业道德。

2. 着力提高自身学识水平和专业能力

现在我国处于不断深化改革，与世界经济逐步融为一体的阶段，会计也正在加快与国际惯例接轨，各项新制度、新准则以及各种科学管理方法、先进经营理念不断推出和创新。要成为一名合格的会计人员就不能满足于现有的水平，而是要具有丰富的知识和技能，能够理解国家和社会总体目标，这也是会计职业道德得以存在的前提。只有在不断加强对专业知识、信息技术和科学技术的学习，不断提高学识水平、专业能力的基础上，才谈得上如何加强会计职业道德建设。

3. 着力提高自身的政策法律水平

政策、法规不仅是会计人员执行职业道德的依据和保障，而且是会计职业道德中带有强制性的、最基本的部分。会计工作是一项涉及面广、专业性、政策性强的工作，会计人员必须加强会计法规、公司法、证券法、经济法等法规的学习，不断提高政策法律水平和运用法律手段处理会计事务的能力，才能切实履行会计职业道德。

6.5 会计职业道德的检查与奖惩

会计职业道德检查与奖惩机制的建立是一个复杂的系统工程，需要政府部门、行业组织、有关单位的积极参与，需要运用经济、法律、行政、自律等综合治理手段才能予以实现。

6.5.1 财政部门对会计职业道德的监督检查

加强会计队伍的业务培训、职业道德教育和诚信建设，始终是财政部门管理会计工作的重点。

财政部门对会计职业道德进行监督检查主要有 3 个途径。

（1）将会计法执法检查与会计职业道德检查相结合。

财政部门作为《会计法》的执法主体，一方面督促各单位严格执行会计法律法规，另一方面对各单位会计人员遵守会计职业道德情况的检查和检验。如检查中发现会计人员违反《会计法》的职业道德规范，会计人员将受到相应的道德制裁。道德制裁可以采取通报批评、指令其参加一定学时的继续教育课程、暂停从业资格、行政处分等手段。

（2）将会计从业资格证书注册登记管理与会计职业道德检查相结合。

有条件的地方，财政机关可以将会计从业资格证书注册登记管理与会计职业道德检查相结合。

（3）将会计专业技术资格考评、聘用与会计职业道德检查相结合。

我国《会计专业技术资格考试暂行规定》及其实施办法规定，报考初级资格、中级资格的人员，应“坚持原则，具备良好的职业道德品质”。经审查发现有不遵循会计职业道德记录的报考人员，考试管理机构应取消其报名资格；会计职业道德的记录也是高级会计师考评的一个重要内容。

6.5.2 会计行业组织对会计职业道德进行自律管理与约束

在会计行业自律组织比较健全的情况下，可以由职业团体通过自律性监管，对违反会计职业道德规范的行为进行相应的惩罚。

1. 建立激励机制

《会计法》第 6 条规定：“对认真执行本法，忠于职守，坚持原则，做出显著成绩的会计人员，给予精神的或者物质的奖励。”依据会计法等法律法规，建立激励机制，对会计人员遵守职业道德情况进行考核和奖惩。

此外，《会计法》对忠于职守，坚持原则的会计人员，也给予保护。因此，会计职业道德规范的贯彻与实施，既要对违反会计职业道德的行为进行惩戒，同时又要对自觉遵守会计职业道德规范的先进单位和先进个人进行表彰。

2. 会计人员违反职业道德，情节严重的，由财政部门吊销会计从业资格证书

《会计从业资格管理办法》对此做了相关规定。

（1）参加会计从业资格考试舞弊的，由会计从业资格管理机构取消其该科目的考试成

绩；情节严重的，取消其全部考试成绩。

（2）用假学历、假证书等手段得以免试考试科目并取得会计从业资格证书的，由会计从业资格管理部门撤销其会计从业资格。

（3）持证人员未按照本办法规定办理注册、调转登记的，会计从业资格管理机构责令其限期改正；逾期不改正的，予以公告。

（4）持证人员有违法违纪情形的，由会计从业资格管理机构按照《会计法》的规定予以处理并向社会公告。

6.5.3 会计职业道德建设组织与实施

1. 加强和改善会计职业道德建设的组织和领导

会计职业道德建设是一项复杂的系统工程，要抓好会计职业道德建设，关键在于加强和改善会计职业道德建设的组织和领导，积极探索会计职业道德建设组织与实施的制度和机制，并使其得到贯彻和实施。

（1）财政部门组织和推动会计职业道德建设，依法行政，探索会计职业道德建设的有效途径和实现形式。

会计职业道德建设是会计管理工作的重要部分，应当纳入财政部门重要议事日程，应当建立和完善会计职业道德建设与会计从业人员管理相结合的机制，把本地区会计职业道德建设不断提高到新的水平。

（2）会计职业组织建立行业自律机制和会计职业道德惩戒制度。

会计职业组织起着会员与政府的桥梁作用，应充分发挥协会等会计职业组织的作用，改革和完善会计职业组织的自律机制，有效发挥自律机制在会计职业道德建设中的促进作用。

2. 加强单位任用合格会计人员的管理

（1）企事业单位任用合格会计人员，应开展会计人员职业道德教育。

（2）单位应建立和完善内部控制制度，形成内部约束机制，防范舞弊和经营风险，支持并督促会计人员遵循会计职业道德，依法开展会计工作。

3. 社会各界各尽其责，相互配合，齐抓共管

加强会计职业道德建设，不仅是某一个单位、某一个部门的任务，也是各地、各部门、各单位的共同责任，各地、各部门、各单位应当互相配合，各尽其职，把会计职业道德建设与业务工作紧密结合起来，制定规划，完善措施，与时俱进。同时还应进行社会舆论监督，形成良好的社会氛围。

良好的会计职业道德风尚离不开社会舆论的支持和监督，强化舆论监督，有利于在全社会形成守信的氛围，应以新闻媒体为阵地，广泛开展会计职业道德的宣传教育，弘扬正气，打击歪风。

6.6 会计职业道德案例分析

会计职业道德好坏是导致会计信息失真的主要因素，是影响会计工作质量的关键所在。会计信息的过失性失真，与会计人员职业道德相关，因为责任心、技能、心理素质均包括在职业道德中。下面列举的案例只包含一小部分目前存在的违背会计职业道德的现象，旨在说明应该对会计人员加强职业道德教育，提升会计人员的职业道德素质，以提高会计工作质量，增强会计信息的真实性。

6.6.1 爱岗敬业的会计职业道德要求案例

【例 6-2】

某企业会计科长老王，年近花甲，勤勤恳恳从事会计工作已经 30 年，科里开始实行会计电算化时，老王第一个报名学习电子计算机技术，当会计科长后，经常加班加点，以厂为家。他常讲："会计工作很重要，凡事应该以工作为重。"他自己也是一切按制度办事，对工作一丝不苟。一天晚上，为了给厂长提供有关资料，他与会计科的同事们一直忙得不亦乐乎。大约快到晚上 10 点的时候，老王说："我有些发闷，给我倒杯水，我把药吃了"。当同事把杯子递过去，却发现老王的手抖个不停，脸色也变了，后被送进医院抢救。第三天，老王从医院打来电话说，他在医院完成了内部财务管理制度的最后起草工作，想转到科里。

【解析】

老王的行为体现了爱岗敬业的会计职业道德要求。

6.6.2 参与管理的会计职业道德要求案例

【例 6-3】

2002 年 5 月 16 日，《中国财经报》报道了河北省邢台市公共交通公司财务总监常兴玫的事迹。1997 年之前的邢台公交公司，营运车辆少、车况差、收入少、亏损严重，正常营运都几乎难以维持，根本谈不上有所发展。政府部门也颇多微词，到了讨论公交是否有必要存在下去的境地。如何在这样的被动局面下有所突破，上任伊始的财务总监常兴玫提出了负债经营的思路：从银行贷款购置新车以增强运力、降低消耗，充分发挥财务杠杆的作用。按说，负债经营并不是什么创新的理念，可在当时的公交行业，应该说是石破天惊的另类新思维。常兴玫凭借自己多年来对公司经营情况的熟悉和了解，以及对市场前景的准确预测和把握，抓住企业管理中的薄弱环节，以强化成本核算和管理为突破口，将成本逐层分解，直至单车个人，将成本费用按车分配到贷款购置的每一部新车上，让车组人员根据每日每车的运营收支情况，隔日汇总上报一次，做到投资回收心中有数。此举不仅使公交员工人人都有了危机感，更激发起他们艰苦创业、自力更生的积极性和创造性，也使得公司决策层清楚掌握基层的成本动态，从容应对经营局面。这样一年下来就产生了可观的现金流量。之后公司继续扩大筹资及购车规模，创建更加完善可信的成本监控中心，发现异常成本动态立即分析应对。事实证明，这一财务决策是成功的，财务杠杆的积极作用是明显的。5 年后，该公司走出了困境，获得了长足的发展：营运车辆由当初的不足百辆增至现在的 300 多辆；营运收入由当初的 754 万元一跃而至 2001 年的 3118 万元，累计减亏 188 万元。

【解析】

常兴玫的行为体现了会计人员参与管理的会计职业道德的要求。

6.6.3 违背诚实守信会计职业道德要求案例

【例 6-4】

小李原系某公司艺术团演员。2004 年该艺术团解散，小李通过参加考试考取了会计证，后调到公司财务部担任出纳工作。小李从事会计工作以来，感到出纳工作太具体、太琐碎，认为一辈子干会计没多大出息，所以工作上应付差事，敷衍了事，也从未参加会计人员继续教育。2006 年年底的一次偶然机会，小李在工作中将接触到的本公司新产品研发计划的相关会计资料复印件提供给其在某民营企业任总经理的丈夫，致使该企业获利，给本公司造成了一定损失。

【解析】

（1）小李对出纳工作应付、敷衍，违背爱岗敬业会计职业道德要求；

（2）小李从未参加会计人员继续教育，违背提高技能会计职业道德要求；

（3）小李将工作中接触的有关会计信息提供给其丈夫，违背诚实守信会计职业道德要求。

6.6.4 违背坚持准则的会计职业道德要求案例

【例 6-5】

某公司因技术改造，资金周转困难，需要向银行贷款 3000 万元。公司总经理找来返聘的老会计赵庆，说："现在公司资金紧张，急需向银行贷款，提供给银行的会计报表一定要做漂亮一点，请你负责技术处理一下。"赵庆开始感到为难，心想自己做了一辈子会计工作，也曾当过公司财务部经理，对公司的财务状况和偿债能力十分清楚，做这种"技术"处理是不应该的。但赵庆又认为，公司领导对他十分照顾，退休以后又返聘他，并为他解决了孩子的就业问题，现在公司有难处，应该知恩图报，况且自己只是个返聘人员，做一些"技术"处理也不为过。于是赵庆编制了一份"漂亮"的会计财务报告，顺利获得银行 3000 万元的贷款。

【解析】

赵庆的行为违反了坚持准则、不做假账、诚实守信的会计职业道德要求。

6.6.5 违背强化服务、坚持准则、廉洁自律的会计职业道德规范案例

【例 6-6】

会计人员看人办事："官大办得快，官小办得慢，无官拖着办。"

【解析】

违背了“强化服务”的会计职业道德规范。

【例 6-7】

会计人员“站得住的顶不住，顶得住的站不住”，领导怎么说就怎么做，只要领导高兴，“原则”可以变成“圆则”。

【解析】

违背了“坚持准则”的会计职业道德规范，将“原则”变成“圆则”就违背了“坚持准则”的基本要求。

【例 6-8】

会计人员整天与钱物打交道，“常在河边走，就是不湿鞋”，只要坚持“不犯罪”这个底线就行了。

【解析】

违背了“廉洁自律”的会计职业道德规范。

6.6.6　违背爱岗敬业、坚持准则的会计职业道德规范案例

【例 6-9】

某施工单位为顺利签下一笔工程合同，拟向工程发包方有关人员支付好处费 8 万元，小张根据总经理的指示，到财务部申领该款项，财务部经理认为该项支出不符合有关规定，支出后也不好做账，但考虑到总经理已做指示，该项目拿下后，会给企业带来 100 万元以上的利润，于是同意拨付该笔款项，并叮嘱小张想办法弄 8 万元费用发票，以便做原始凭证，从而好做账。

【解析】

财务部经理的行为违背了爱岗敬业、坚持准则的会计职业道德要求。

第 7 章

新企业会计准则的特点

教学目的与要求

了解新企业会计准则的基本框架、准则体系的内容、特点，我国企业会计准则与国际会计准则的差异、《企业会计准则——基本准则》的作用和地位、总体突出特点以及部分具体企业会计准则的突出特点。

教学重点与难点

新企业会计准则的基本框架、部分具体企业会计准则的突出特点。

7.1 新企业会计准则的基本框架

我国企业会计准则体系，由 1 项基本准则、38 项具体准则和相关应用指南构成。企业会计准则体系强化了为投资者和社会公众提供决策有用会计信息的新理念，实现了与国际惯例的趋同，首次构建了比较完整的有机统一体系，并为改进国际财务报告准则提供了有益借鉴，实现了我国企业会计准则建设新的跨越和突破。

我国的会计准则体系中，基本准则属于部门规章，是由时任财政部部长金人庆于 2006 年 2 月 15 日以第 33 号部长令形式签发的；具体准则及其应用指南属于新规范性文件，分别于 2006 年 2 月 15 日和 2006 年 10 月 30 日以财政部文件形式印发。于 2007 年 1 月 1 日起先在上市公司范围内施行，其他企业可以自愿执行。由于执行新准则能为企业带来实实在在的利益，因此，各类企业执行准则的积极性很高，执行范围不断扩大。从 2008 年 1 月 1 日起，中央管理的国有企业也全面执行新会计准则。新企业会计准则体系涵盖了各类企业各项经济交易和事项，是我国会计制度的一项重大改革，具有里程碑式的意义。

此次会计准则改革的方向，是逐步强化准则的作用和地位，弱化、最终取消会计制度。新会计准则体系仍以提高会计信息质量为前提，以满足投资者、债权人、政府和企业管理层等有关方面对会计信息的需求，从而规范会计行为和会计工作秩序，维护社会公众利益，其基本目标是建立起与我国社会主义市场经济相适应，并与国际准则趋同、涵盖企业各项经济业务、可独立实施的中国会计准则体系。

7.1.1　新企业会计准则体系的内容

新企业会计准则体系由 1 项基本准则、38 项具体准则和应用指南三个层次构成，其中基本准则是根据 1992 年财政部发布的《企业会计准则》和《企业财务通则》进行的修改，16 项具体准则对 2005 年前已经颁布的具体会计准则进行了修改和完善，另外 22 项具体准则是全新制定的。

1. 基本准则

基本准则的作用是“准则的准则”，对 38 项具体准则起着统驭和指导作用，具体准则在基本会计准则规定的框架内，按照会计业务或事项的类别进行制定与执行。基本会计准则主要规范如下几方面的内容。

（1）规定整个会计准则体系的目的。

（2）规范会计核算的基本前提和会计信息质量要求。

（3）规范会计要素及其确认与计量、会计报告整体要求。

2. 具体准则的基本内容

38 项具体准则应根据基本准则的精神制定，用来指导企业各类经济业务的确认、计量、记录和报告。具体准则具体规范三类经济业务或会计事项的处理。

（1）一般业务处理准则。

一般业务处理准则主要规范各类企业普遍适用的一般经济业务的确认与计量，如存货核算、长期股权投资、固定资产、无形资产、投资性房地产、职工薪酬、收入、建造合同、所得税、股份支付、政府补助、外币折算、借款费用、资产减值、每股收益、企业合并、企业年金基金、财务报表列报、现金流量表、中期财务报告、分部报告、资产负债表日后事项、会计政策、会计估计变更和前期差错更正等。

（2）特殊行业会计准则。

特殊行业会计准则主要规范特殊行业的会计业务或事项的处理，如生物资产、石油天然气开采等。

（3）特定业务准则。

特定业务准则主要规范特定业务的确认与计量，如债务重组、非货币性资产交换、租赁、或有事项、金融工具确认与计量、金融资产转移、金融工具列报、套期保值、原保险合同、再保险合同等。

3. 企业会计准则应用指南

《企业会计准则——应用指南》是根据基本准则和具体准则制定的，是指导会计实务操作的细则，主要解决在运用会计准则处理经济业务时所涉及的会计科目、账务处理、会计报表及格式及其编制说明，类似于以前的会计制度。由于金融企业的会计业务与其他企业的会计业务存在较大的差别，所以会计准则应用指南包括金融企业的会计科目和会计报表以及非金融企业的会计科目和会计报表。

新会计准则的应用指南是企业会计准则体系的组成部分，从不同角度对企业会计准则进行了细化，以解决实务操作问题。应用指南有助于会计人员完整、准确地理解和掌握新准则，确保新准则的贯彻实施。企业会计准则应用指南包括2项主要内容。

（1）准则解释部分，主要对各项准则的重点、难点和关键点进行具体解释和说明。

（2）会计科目和财务报表部分，主要根据企业会计准则规定应当设置的会计科目及主要账务处理、报表格式及编制要求等。

7.1.2 新企业会计准则体系的特点

1. 与国际惯例实现实质性趋同

（1）在会计理念上，有重大创新。

新发布的企业会计准则体系，强化了为投资者和社会公众提供决策有用的会计信息的新理念，实现了与国际惯例的趋同，首次构建了比较完整的有机统一体系，并为改进国际财务报告准则提供了有益借鉴，实现了我国企业会计准则建设新的跨越和突破。新企业会计准则体系在多个方面实现了重大创新，比以往更加关注企业资产的质量、更加强调对企业资产负债表日财务状况进行真实公允地反映，更加强调企业的盈利模式和资产的营运效率而不仅仅是营运效果，强化了为投资者和社会公众提供有用会计信息的新理念，实现了与国际会计惯例趋同，首次构建了比较完整的会计准则体系。由于会计准则和审计准则相辅相成，会计准则国际趋同也有助于培养符合国际资本市场认可的审计机构和人员，减少对国际会计事务所的依赖，进而减少中国企业走出去的成本。

（2）在会计结构上，是一个有机整体。

新企业会计准则体系由基本准则、具体准则和应用指南构成的一个有机整体，体例合理，定义科学，表述清楚。整个准则体系，既体现了与国际会计准则趋同，又考虑了中国的国情。

2. 体系完整，覆盖面广

（1）在纵向上，新企业会计准则体系是由基本准则、具体准则和应用指南构成的一个有机整体。

（2）在横向上，38项具体准则和两个应用指南基本上涵盖了各类企业的主要经济业务，既有各类企业一般的、共同的会计业务处理规范，又有特殊行业和特殊业务的会计处理规范。

3. 进一步统一了会计原则，提高了新企业会计准则的可操作性和可理解性

从1992年颁布《企业会计准则》和《企业财务通则》起至2005年年底，我国先后颁布了16项具体准则，期间有的具体准则还进行了修订，如债务重组、资产负债表日后事项、现金流量表等；企业会计制度也经历了从1993年执行的13个行业会计制度、股份公司会计制度和外商投资企业会计制度统一为一个企业会计制度，即《企业会计制度》（同时还有《小企业会计制度》和《金融企业会计制度》）还发布了《财务会计报告条例》和一些补充规定，使得实际工作中的会计人员刚刚熟悉旧规定的一些内容，又要面对变动，出现无所

适从的局面。这种情况给会计教学和会计人员的继续教育都带来了诸多的不便，实际工作中经常遇到会计政策变更要调账、调表问题，增加了会计人员实务操作的难度，使得处理出来的会计信息由于经常调整，其严肃性大打折扣。

由于此次新企业会计准则体系出台经过了较长时间的思考和完善，其科学性有助于新企业会计准则的运用在较长时间内保持稳定性。

4. 更注重备查账簿和合并工作底稿，对财务人员的综合素质提出了更高要求

新企业会计准则中规定了企业合并报表过程中工作底稿的设置和保存，扩大了传统会计账簿的概念，修正了传统上账表相符的概念，对相关资料的重视程度需要大大提高。相比较《企业会计制度》，新准则更加强调职业判断能力，如公允价值的采用、商业实质和现金产出单元的判断、合并商誉以及总部资产减值的处理等，都需要会计人员具有较高的职业判断能力，对会计人员的综合素质提出了更高要求。

7.1.3 我国企业会计准则与国际会计准则的差异

新企业会计准则体系充分考虑了与国际会计准则协调与趋同，绝大部分会计政策和方法与国际会计准则的要求是一致的，总体上保持了两者之间较高程度的协调和趋同。但由于每个国家都有自己的法律环境、经济环境和文化环境，不同的会计环境决定了各国的会计准则不可能与国际会计准则完全相同。我国新企业会计准则体系在借鉴了国际会计准则中一些先进、合理、科学、对各类信息使用者有用精华的基础上，适当考虑了中国的实际情况，保留了一些与国际准则之间的一些差异。这些差异具体表现在以下几个方面。

1. 公允价值计量的有选择使用

尽管这次会计准则的修订，将会计核算的计量基础由完全按历史成本作为计量基础改为按公允价值作为会计核算的计量基础，但在公允价值的应用方面，采用了适度和谨慎的态度，其适用范围比国际会计准则中公允价值的适用范围要窄些，目前我国的公允价值计量基础只适用于金融工具、投资性房地产、债务重组、非货币性交易、非共同控制下的企业合并。从整体上讲，新企业会计准则体系对公允价值的运用还是比较谨慎的。

2. 企业合并的会计处理采用权益法和购买法

《国际会计准则第 3 号》关于企业合并的会计处理，只讨论了非控制下的企业合并，且在会计处理方法上规定只能采用购买法，取消了权益结合法。我国会计准则规范，既考虑了同一控制下的企业合并，又考虑了非同一控制下的企业合并，并且规定同一控制下的企业合并采用权益结合法、非同一控制下的企业合并采用购买法进行会计处理。

3. 资产减值的会计处理

国际会计准则规定，资产发生了减值，确认减值损失，计提减值准备，已计提的减值准备的资产以后价值回升时，可以将升值的价值予以转回。我国为了防止企业利用减值准备转回任意调节利润，规定企业已经提取的减值准备，除了存货跌价准备以外，其他减值准备计提后不得转回。这一规定是与中国的国情相适应的。

4. 对关联方关系及其交易的披露给予较大的宽松

国际会计准则认为国有企业也应按照关联交易的准则进行充分披露。而我国会计准则规定，只有存在投资关系而且一方对另一方的财务和经营决策有重大影响，并存在一定的经济利益依存关系的情况下，国有企业之间才视为关联方。这也是由中国的国情决定的。如果把所有国有企业都视为关联方，一方面会增加信息披露的量和难度，另一方面由于披露的信息量大，容易掩盖或模糊真正的关联交易，失去关联交易信息披露的意义。

中国企业会计准则与国际财务报告准则和国际会计标准具体项目比较见表 7-1。

表 7-1 中国企业会计准则与国际财务报告准则和国际会计标准具体项目比较表

中国企业会计准则	国际财务报告准则和国际会计标准
企业会计准则第 1 号——存货	国际会计标准第 2 号——存货
企业会计准则第 2 号——长期股权投资	国际会计标准第 27 号——合并财务报表和单独财务报表 国际会计标准第 28 号——联营中的投资 国际会计标准第 31 号——合营中的权益
企业会计准则第 3 号——投资性房地产	国际会计标准第 40 号——投资性房地产
企业会计准则第 4 号——固定资产	国际会计标准第 16 号——不动产、厂场和设备 国际财务报告准则第 5 号——持有待售的非流动资产和终止经营
企业会计准则第 5 号——生物资产	国际会计标准第 41 号——农业
企业会计准则第 6 号——无形资产	国际会计标准第 38 号——无形资产
企业会计准则第 7 号——非货币性资产交换	国际会计标准第 16 号——不动产、厂场和设备 国际会计标准第 38 号——无形资产 国际会计标准第 40 号——投资性房地产
企业会计准则第 8 号——资产减值	国际会计标准第 36 号——资产减值
企业会计准则第 9 号——职工薪酬	国际会计标准第 19 号——雇员福利
企业会计准则第 10 号——企业年金基金	国际会计标准第 26 号——退休福利计划的会计和报告
企业会计准则第 11 号——股份支付	国际财务报告准则第 2 号——以股份为基础的支付
企业会计准则第 12 号——债务重组	国际会计标准第 39 号——金融工具：确认和计量
企业会计准则第 13 号——或有事项	国际会计标准第 37 号——准备、或有负债和或有资产
企业会计准则第 14 号——收入	国际会计标准第 18 号——收入
企业会计准则第 15 号——建造合同	国际会计标准第 11 号——建造合同
企业会计准则第 16 号——政府补助	国际会计标准第 20 号——政府补助的会计和政府援助的披露
企业会计准则第 17 号——借款费用	国际会计标准第 23 号——借款费用
企业会计准则第 18 号——所得税	国际会计标准第 12 号——所得税
企业会计准则第 19 号——外币折算	国际会计标准第 21 号——汇率变动的影响 国际会计标准第 29 号——恶性通货膨胀经济中的财务报告
企业会计准则第 20 号——企业合并	国际财务报告准则第 3 号——企业合并
企业会计准则第 21 号——租赁	国际会计标准第 17 号——租赁
企业会计准则第 22 号——金融工具确认和计量 企业会计准则第 23 号——金融资产转移 企业会计准则第 24 号——套期保值	国际会计标准第 39 号——金融工具：确认和计量
企业会计准则第 25 号——原保险合同 企业会计准则第 26 号——再保险合同	国际财务报告准则第 4 号——保险合同

（续）

中国企业会计准则	国际财务报告准则和国际会计标准
企业会计准则第 27 号——石油天然气开采	国际财务报告准则第 6 号——矿产资源的勘探和评价
企业会计准则第 28 号——会计政策、会计估计变更和差错更正	国际会计标准第 8 号——会计政策、会计估计变更和差错
企业会计准则第 29 号——资产负债表日后事项	国际会计标准第 10 号——资产负债表日后事项
企业会计准则第 30 号——财务报表列报	国际会计标准第 1 号——财务报表的列报 国际财务报告准则第 5 号——持有待售的非流动资产和终止经营
企业会计准则第 31 号——现金流量表	国际会计标准第 7 号——现金流量表
企业会计准则第 32 号——中期财务报告	国际会计标准第 34 号——中期财务报告
企业会计准则第 33 号——合并财务报表	国际会计标准第 27 号——合并财务报表和单独财务报表
企业会计准则第 34 号——每股收益	国际会计标准第 33 号——每股收益
企业会计准则第 35 号——分部报告	国际财务报告准则第 8 号——分部报告
企业会计准则第 36 号——关联方披露	国际会计标准第 24 号——关联方披露
企业会计准则第 37 号——金融工具列报	国际财务报告准则第 7 号——金融工具：披露 国际会计标准第 32 号——金融工具：列报
企业会计准则第 38 号——首次执行企业会计准则	国际财务报告准则第 1 号——首次采用国际财务报告准则

7.2　《企业会计准则——基本准则》的作用和地位

7.2.1　基本准则的作用

从国际会计惯例看，无论是国际会计准则理事会，还是美国等国家或者地区，在其会计准则制定中，通常都制定有“财务会计概念框架”，它既是制定国际财务报告准则和有关国家会计准则的概念基础，也是会计准则制定应当遵循的基本法则。

我国基本准则类似于国际会计准则理事会的《编报财务报表的框架》和美国财务会计准则委员会的《财务会计概念公告》，在企业会计准则体系建设中扮演着同样的角色，它在整个企业会计准则体系中起着统驭作用。基本准则规范了包括财务报告目标、会计基本假设、会计信息质量要求、会计要素的定义及其确认、计量原则、财务报告等在内的基本问题，是会计准则制定的出发点，是制定具体准则的基础。

基本准则在 1992 年发布的《企业会计准则》的基础上，根据形势发展的需要作了重大修订和调整，对于规范企业会计行为、提高会计信息质量、报告财务状况和经营成果、供投资人做出决策、完善资本市场和市场经济等具有十分重要的意义。

7.2.2　基本准则的地位

基本准则在企业会计准则体系中占有重要的地位。

1. 统驭具体准则的制定

随着我国经济发展迅速，会计实务问题层出不穷，会计准则需要规范的内容日益增多，体系日趋庞杂。在这样的背景下，为了确保各项准则的制定建立在统一的理念基础之上，基本准则就需要在其中发挥核心作用。我国基本准则规范了会计确认、计量和报告等一般要求，是“准则的准则”，它对各具体准则的制定起着统驭作用，可以确保各具体准则的内在一致性。我国《企业会计准则——基本准则》第三条明确规定，企业会计准则包括基本准则和具体准则，具体准则的制定应当遵循本准则（即基本准则）。在企业会计准则体系的建设中，各项具体准则也都严格按照基本准则的要求加以制定和完善，并且在各具体准则的第一条中做了明确规定。

2. 为会计实务中出现的、具体准则尚未规范的新问题提供会计处理依据

在会计实务中，由于经济交易事项的不断发展、创新，具体准则的制定有时会出现滞后的情况，一些新的交易或者事项在具体准则中尚未规范但又急需处理，这时，企业不仅应当对这些新的交易或者事项及时进行会计处理，而且在处理时应当严格遵循基本准则的要求，尤其是基本准则关于会计要素的定义及其确认与计量等方面的规定。因此，基本准则不仅扮演着具体准则制定依据的角色，也为会计实务中出现的、具体准则尚未做出规范的新问题提供了会计处理依据，从而确保了企业会计准则体系对所有会计实务问题的规范作用。

7.3 《企业会计准则——基本准则》的主要内容

《企业会计准则——基本准则》共 11 章 50 条，主要就会计核算的一般要求和会计核算的主要方面做出原则性的规定，包括会计核算的一般原则和会计要素准则两方面。会计核算的一般原则是就中国会计核算的基本要求做出规定，包括会计核算工作的总体要求、会计信息质量的要求、会计要素确认与计量的要求。会计要素准则主要是就资产、负债、所有者权益、收入、费用、利润和财务报告做出规定。

我国基本准则的制定吸收了当代财务会计理论研究的最新成果，反映了当前会计实务发展的内在需要，体现了国际上财务会计概念框架的发展动态。

7.3.1 会计基本假设

会计基本假设是企业会计确认、计量和报告的前提，是对会计核算所处时间、空间环境等所作的合理设定。我国企业会计基本假设包括会计主体、持续经营、会计分期、货币计量和权责发生制五个假设。

（1）会计主体。会计主体是指企业会计确认、计量和报告的空间范围。企业应当对其本身发生的交易或者事项进行会计确认、计量和报告。

（2）持续经营。企业会计确认、计量和报告应当以持续经营为前提。在这一假设下，会计确认、计量和报告应当以企业持续、正常的生产经营活动为前提。

（3）会计分期。企业应当划分会计期间，分期结算账目和编制财务会计报告。会计期间分为年度和中期。中期是指短于一个完整的会计年度的报告期间。企业通过按期编报财务报告，及时向财务报告使用者提供有关企业财务状况、经营成果和现金流量的信息。

（4）货币计量。企业会计应当以货币计量。会计主体在财务会计确认、计量和报告时

以货币计量，才能统一反映会计主体的各项生产经营活动。

(5) 权责发生制。企业应当以权责发生制为基础进行会计确认、计量和报告。

企业会计的确认、计量和报告应当以权责发生制为基础。权责发生制要求，凡是当期已经实现的收入和已经发生或应当负担的费用，无论款项是否收付，都应做为当期的收入和费用，计入利润表；凡是不属于当期的收入和费用，即使款项已在当期收付，也不应做为当期的收入和费用。

相对于权责发生制，收付实现制是目前我国行政单位会计所采用的会计基础，它是以收到或支付的现金作为确认收入和费用的依据。事业单位会计除经营业务可以采用权责发生制外，其他业务也采用收付实现制。企业会计统一要求以权责发生制为会计基础。

7.3.2 会计信息质量要求

会计信息质量要求是对企业财务报告中所提供会计信息质量的基本要求，是使财务报告中所提供会计信息对使用者决策有用应具备的基本特征，新企业会计准则将《企业会计制度》中的 13 条会计核算原则分成了两部分，一是对会计信息质量方面的要求包括：真实性、相关性、明晰性、可比性、一贯性、实质重于形式、谨慎性、重要性、及时性等；二是对会计要素计量提出的要求处理包括：历史成本计价、权责发生制、配比原则。

1. 会计信息质量要求

会计信息质量要求中取消了：权责发生制、历史成本、配比、划分收益性支出和资本支出原则。

【注 意】

①权责发生制作为会计要素的计量基础；②历史成本体现在会计要素的计量之中；③取消了配比原则将不利于损益的计量，容易造成操纵利润的空间；④取消了划分收益性支出和资本性支出原则，此原则容易产生误导。

(1) 可靠性，又称为真实性，要求企业应当以实际发生的交易或者事项为依据进行确认、计量和报告，如实反映符合确认和计量要求的各项会计要素及其他相关信息，保证会计信息真实可靠、内容完整。

(2) 相关性，要求企业提供的会计信息应当与财务报告使用者的经济决策需要相关，有助于财务报告使用者对企业过去、现在或者未来的情况做出评价或者预测。相关性是以可靠性为基础的，两者之间并不矛盾，不应将两者对立起来。

(3) 可理解性，要求企业提供的会计信息应当清晰明了，便于财务报告使用者理解和使用。

(4) 可比性，将纵向一致、横向可比合并为可比性原则。要求企业提供的会计信息应当相互可比，对于同一企业不同时期发生的相同或者相似的交易或者事项，应当采用一致的会计政策，不得随意变更；对于不同企业发生的相同或者相似的交易或者事项，也应当采用规定的会计政策，确保会计信息口径一致，以使不同企业按照一致的确认、计量和报告要求提供会计信息。

(5) 实质重于形式，要求企业应当按照交易或者事项的经济实质进行会计确认、计量和报告，不应仅以交易或者事项的法律形式为依据。具体准则中大量运用了实质重于形式原则。

(6) 重要性，要求企业提供的会计信息应当反映与企业财务状况、经营成果和现金流量有关的所有重要交易或者事项，如果会计信息的省略或者错报会影响使用者据此做出经济决策的，该信息就具有重要性。

(7) 谨慎性，要求企业对交易或者事项进行会计确认、计量和报告应当保持应有的谨慎，不应高估资产或者收益、低估负债或者费用，也不允许企业设置秘密准备。也就是说，对导致经济利益流入要素不得高估，对导致经济利益流出要素不得低估。

(8) 及时性，要求企业对于已经发生的交易或者事项，应当及时进行确认、计量和报告，不得提前或者延后，从而可以把相关信息及时传递给财务报告使用者，便于其及时使用和决策。

2. 会计要素及其确认原则

会计要素是根据交易或者事项的经济特征所确定的财务会计对象的基本分类，它既是会计确认和计量的依据，也是确定财务报表结构和内容的基础。

基本准则规定，我国企业会计要素按照其性质仍然分为资产、负债、所有者权益、收入、费用和利润，其中，资产、负债和所有者权益要素侧重于反映企业的财务状况，收入、费用和利润要素侧重于反映企业的经营成果。会计要素的界定和分类使财务会计系统更加科学严密，并可为使用者提供更加有用的信息。

基本准则对各会计要素的定义做了修改和完善，突出了经济利益的核心特征，建立起了会计要素确认体系，规定会计要素在确认时，均应满足相应条件，即符合会计要素的定义；相关的经济利益很可能流入或者流出企业；该经济利益流入或者流出的金额能够可靠计量。

(1) 资产。

资产是指企业过去的交易或事项形成的、由企业拥有或者控制的、预期会给企业带来经济利益的资源。

新企业会计准则要求符合资产定义还应同时满足两个条件：一是与该资源有关的经济利益很可能流入企业；二是该资源的成本或者价值能够可靠地计量。符合资产定义和资产的确认条件的项目，应当列入资产负债表，它更多地运用职业判断。新企业会计准则没有按分类进行定义和会计报表列示说明。

(2) 负债。

负债是指企业过去的交易或者事项形成的、预期会导致经济利益流出企业的现实义务。

新企业会计准则规定符合负债定义应同时满足两个条件：一是与该义务有关的经济利益很可能流出企业；二是未来流出的经济利益的金额能够可靠地计量。符合负债定义和确认条件的项目，应当列入资产负债表。新企业会计准则也没有按分类进行定义和会计报表列示说明。

(3) 所有者权益。

所有者权益是指企业资产扣除负债后由所有者享有的剩余权益，公司的所有者权益又称为股东权益。

新企业会计准则规定所有者权益金额取决于资产和负债的计量，所有者权益项目应当列入资产负债表。新企业会计准则也没有对所有者权益进行分类，描述了所有者权益来源包括所有者投入的资本、直接计入所有者权益的利得和损失、留存收益等。

（4）收入。

收入是指企业在日常活动中形成的、会导致所有者权益增加的、与所有者投入资本无关的经济利益的总流入。

新企业会计准则规定收入只有在经济利益很可能流入从而导致企业资产增加或者负债减少、且经济利益的流入额能够可靠计量时才能予以确认。符合收入定义和确认条件的项目，应列入利润表。新企业会计准则对收入没有进行分类。

（5）费用。

费用是指企业在日常活动中发生的、会导致所有者权益减少的、与向所有者分配利润无关的经济利益的总流出。

新企业会计准则规定费用只有在经济利益很可能流出从而导致企业资产减少或者负债增加、且经济利益的流出额能够可靠计量时才能予以确认，符合费用定义和确认条件的项目，应列入利润表。对费用进行了分类，即企业为生产产品、提供劳务等发生的，可归属于产品成本、劳务成本等的费用，以及企业发生的支出不产生经济利益的，或者即使能够产生经济利益但不符合或者不再符合资产确认条件的。

（6）利润。

利润是指企业在一定会计期间的经营成果。利润包括收入减去费用后的净额、直接计入当期利润的利得和损失等。其中利得和损失，是指应当计入当期损益、会导致所有者权益发生增减变动的、与所有者投入资本或者向所有者分配利润无关的利得或者损失。

新企业会计准则规定利润金额取决于收入和费用、直接计入当期利润的利得和损失金额的计量，利润项目应当列入利润表。利润包括收入减去费用后的净额、直接计入当期利润的利得和损失等。

7.3.3　会计要素的计量

会计计量是为了将符合确认条件的会计要素登记入账并列报于财务报表而确定其金额的过程。企业应当按照规定的会计计量属性进行计量，确定相关金额。计量属性是指所予计量的某一要素的特性方面，如桌子的长度、铁矿的重量、楼房的高度等。从会计角度，计量属性反映的是会计要素金额的确定基础，主要包括历史成本、重置成本、可变现净值、现值和公允价值等。

1. 历史成本

历史成本又称为实际成本，是取得或制造某项财产物资时所实际支付的现金或者其他等价物。在历史成本计量下，资产按照其购置时支付的现金或者现金等价物的金额，或者按照购置资产时所付出的对价的公允价值计量。负债按照其因承担现时义务而实际收到的款项或者资产的金额，或者承担现时义务的合同金额，或者按照日常活动中为偿还负债预期需要支付的现金或者现金等价物的金额计量。

2. 重置成本

重置成本又称现行成本，是指按照当前市场条件，重新取得同样一项资产需支付的现金或现金等价物金额。在重置成本计量下，资产按照现在购买相同或者相似资产所需支付的现金或者现金等价物的金额计量。负债按照现在偿付该项债务所需支付的现金或者现金等价物的金额计量。

3. 可变现净值

可变现净值指在正常生产经营过程中以预计售价减去进一步加工成本和销售所必需的预计税金、费用后的净值。在可变现净值计量下，资产按照其正常对外销售所能收到现金或者现金等价物的金额，扣减该资产至完工时估计将要发生的成本、估计的销售费用以及相关税金后的金额计量。

4. 现值

现值指对未来现金流量以恰当的折现率进行折现后的价值，是考虑货币时间价值因素等的一种计量属性。在现值计量下，资产按照预计从其持续使用和最终处置中所产生的未来净现金流入量的折现金额计量。负债按照预计期限内需要偿还的未来净现金流出量的折现金额计量。

5. 公允价值

公允价值指在公平交易中，熟悉情况的交易双方自愿进行资产交换或者债务清偿的金额。在公允价值计量下，资产和负债按照在公平交易中，熟悉情况的交易双方自愿进行资产交换或者债务清偿的金额计量。

【注意】

各种计量属性之间的关系是：各种会计要素计量属性中，历史成本通常反映的是资产或者负债过去的价值，而重置成本、可变现净值、现值以及公允价值通常反映的是资产或者负债的现时成本或者现时价值，是与历史成本相对应的计量属性。

7.3.4 财务报告的基本规范

财务报告是企业对外提供的反映企业某一特定日期的财务状况和某一会计期间的经营成果、现金流量等会计信息的文件，是企业财务会计确认与计量的最终结果体现。投资人等信息使用者主要是通过财务报告来了解企业当前的财务状况、经营成果和现金流量等情况，从而预测未来的发展趋势。

新企业会计准则对报告的内容规范为会计报表、附注和其他应当在财务会计报告中披露的相关信息和资料，即由“披露的相关信息”取代了原财务会计报告中的“财务情况说明书”。

财务报告是向投资人等财务报告使用者提供决策有用信息的媒介和渠道，是沟通投资者、债权人等使用者与企业管理层之间信息的桥梁和纽带。我国会计法、公司法、证券法等出于保护投资者、债权人等利益的需要，都规定企业应当定期编报财务报告。

（1）财务报告包括会计报表和其他应当在财务报告中披露的相关信息和资料。

其中，财务报表至少应当包括资产负债表、利润表和现金流量表等，考虑到小企业规模较小，外部信息需求相对较低，基本准则规定小企业编制的报表可以不包括现金流量表；基本准则突出了附注的作用，将附注作为财务报表的有机组成部分，要求企业在附注中对重要的报表列示项目以及未能在这些报表中列示项目作有关说明，以更加全面、系统地反映企业财务状况、经营成果和现金流量的全貌，有助于使用者做出更加科学合理的决策。

（2）财务报告还应当包括除会计报表之外的其他相关信息，具体可以根据有关法律法规的规定和外部使用者的信息需求而定。

比如企业可以在财务报告中披露其承担的社会责任、可持续发展能力等信息，这些信息对于使用者的决策也是相关的，尽管属于非财务信息，无法包括在会计报表中，但是如果有规定或者使用者有需求的，企业应当在财务报告中予以披露，有时企业也可以自愿选择在财务报告中披露这些相关信息。

7.4 《企业会计准则》的总体突出特点

2006 年 2 月财政部发布了包括 1 项基本准则和 38 项具体准则在内的新企业会计准则，与 2001 年发布的准则相比，新企业会计准则不仅增添了若干新的准则，而且对现行准则进行了重大的修改，使会计准则体系更加完善，形成一个比较完整的系统。

1. 增添了许多新准则

《企业会计准则》增添了许多新准则，形成了系统化的准则体系。新增添的准则包括以下内容。

（1）涉及房地产行业的准则：《投资性房地产》（企业会计准则第 3 号）；

（2）涉及农业的准则：《生物资产》（企业会计准则第 5 号）；

（3）涉及金融、证券行业的准则：《金融工具确认和计量》（企业会计准则第 22 号）、《金融资产转移》（企业会计准则第 23 号）、《套期保值》（企业会计准则第 24 号）、《金融工具列报》（企业会计准则第 37 号）等；

（4）涉及保险企业的准则：《原保险合同》（企业会计准则第 25 号）和《再保险合同》（企业会计准则第 26 号）；

（5）涉及能源企业的准则：《石油天然气开采》（企业会计准则第 27 号）；

（6）涉及外贸企业的准则：《外币折算》（企业会计准则第 19 号）；

（7）涉及薪酬和个人收入的准则：《职工薪酬》（企业会计准则第 9 号）、《企业年金基金》（企业会计准则第 10 号）、《股份支付》（企业会计准则第 11 号）及《政府补助》（企业会计准则第 16 号）等。

另外，新企业会计准则中还增添了《每股收益》（企业会计准则第 34 号）和《分部报告》（企业会计准则第 35 号）等准则，对上市公司每股收益的具体计算方法和分部报告的具体披露内容与方法等事项做出了详细的规定。对于第一次执行企业会计准则所可能引发的问题在准则《首次执行企业会计准则》（企业会计准则第38号）中进行了相应的规范。

2. 会计核算的一般原则变动

《企业会计准则》在基本准则中取消了对历史成本原则和划分收益性支出与资本性支出原则的明确规定，并且对于配比原则也未在“总则”中单独列项反映，而是在“费用”第35条中规定：“企业在生产产品、提供劳务等发生的可归属于产品成本、劳务成本等的费用，应当在确认产品销售收入、劳务收入等时，将已销售产品、已提供劳务的成本等计入当期损益。”这实际上就是现行准则中所谓的“收入与其相关的成本费用应当相互可比”，但新的说法更加明确具体，可操作性更强。

此外，《企业会计准则》还规定：“企业发生的支出不产生经济利益的，或者即使能够产生经济利益但不符合或者不再符合资产确认条件的，应当在发生时确认为费用，计入当期损益。企业发生的交易或者事项导致其承担了一项负债而又不确认为一项资产的，应当在发生时确认为费用，计入当期损益。”这实际上反映了现行准则中关于划分收益性支出与资本性支出的规定，只是上述说法更能反映“实质重于形式”原则的要求。

3. 增加了新的会计计量属性

在基本准则中，除了历史成本、重置成本、可变现净值和现值等已有计量属性外，特别增加并强调了“公允价值”计量属性，明确规定“在公允价值计量下，资产和负债按照在交易公平中，熟悉情况的交易双方自愿进行资产交换或者债务清偿的金额计量”。“公允价值”的计量属性在《非货币性资产交换》、《债务重组》、《房地产性投资》、《生物资产》、《股份支付》、《金融工具确认和计量》等具体准则中得到了具体的运用。

4. 资产减值准备计提与转回的新规定

我国《企业会计制度》和《国际会计准则第36号》都允许对已经确认的资产减值损失予以转回（又称为冲回），其中国际会计准则对于商誉减值损失不允许转回，但是从我国实际运行情况看，该规定已经成为一些企业操纵损益的主要手段，不利于提高会计信息质量。为此，针对我国目前所处的特殊经济环境，《企业会计准则第8号——资产减值》第17条规定：“资产减值损失一经确认，在以后会计期间不得转回。”

我国《企业会计制度》规定我国七项资产减值准备都以单项资产为基础计提，但是在实务中，许多固定资产、无形资产难以单独产生现金流量，要求以单项资产为基础计提减值准备在操作上有困难，因此，《企业会计准则第8号——资产减值》引入了“资产组”的概念，要求对于不能独立产生现金流量的资产，应当按其所归属的资产组为基础进行减值测试，计算确认减值损失。本准则还对资产公允价值、处置费用以及现值的计算等提供了较为详细的指南，以便于实务操作。

5. 发出存货计价方法的变更

《企业会计准则第1号——存货》第14条规定：“企业应当采用先进先出法、加权平均法或者个别计价法确定发出存货的实际成本。”取消了《企业会计制度》中所允许的发出存货计价采用“后进先出法”和“移动加权平均法”的规定，这对于那些生产周期较长、存货较多、周转率较低的上市公司将产生一定的影响。例如，原来采用“后进先出法”的家电公司，在显像管价格下跌过程中，如果改为“先进先出法”，将会导致成本大幅上升，毛利率快速下滑。

6. 关联交易概念的细化

新企业会计准则关于关联方的界定，无论在内涵上还是外延上都对现行准则进行了一定程度的深化和细化，现行准则规定的关联方只有：①直接或间接控制其他企业或受其他企业控制，以及同受某一企业控制的两个或多个企业（例如：母公司、子公司、受同一母公司控制的子公司之间）；②合营企业；③联营企业；④主要投资者个人、关键管理人员或与其关系密切的家庭成员；⑤受主要投资者个人、关键管理人员或与其关系密切的家庭成员直接控制的其他企业。

7. 债务重组收益的确定

新企业会计准则改变了《企业会计制度》中将原先因债权人让步而导致债务人豁免或者少偿还的负债计入资本公积的做法，详细规定了可能产生损益（根据惯例主要为利润）的债务重组情况：①债务人应当将重组债务的账面价值与实际支付现金之间的差额，确认为债务重组利得，计入当期损益；②债务人以非现金资产清偿债务的，债务人应当将重组债务的账面价值与转让的非现金资产公允价值之间的差额，确认为债务重组利得，计入当期损益；③当债务转为资本，重组债务的账面价值与股份的公允价值总额之间有差额，也可产生损益；④修改其他债务条件，使得重组债务的前后入账价值之间存在差额。这些规定使那些负债金额较高又有可能获得债务豁免的公司，可能会因此获得较高的收益水平。

8. 改变了企业合并的会计处理方法和合并会计报表编制的理论依据

《企业会计准则第 20 号——企业合并》明确了企业合并采用购买法，并规定对于同一控制下的企业合并以账面价值为会计处理基础，而对于非同一控制下的企业合并则以公允价值为会计处理基础。新的规定限制了上市公司通过合并或置换等手段制造利润的行为。

《企业会计准则第 33 号——合并财务报表》所依据的理论已经由原来的侧重母公司理论转化为侧重实体理论，并更多地强调“实质重于形式”原则的运用，要求对所有母公司能够控制的子公司均应纳入合并范围，而不一定考虑严格的股权比例。这一规定将使上市公司利用母公司或子公司进行利润操纵的行为得到很大程度的限制。

9. 所得税处理的根本性变革

《企业会计准则第 18 号——所得税》准则是企业会计准则体系中修订的一项重要内容。本准则没有按照原《企业所得税会计处理暂行规定》那样，将税前会计利润与纳税所得之间的差异分为永久性差异和时间性差异，而是直接借鉴《国际会计准则第 12 号——所得税》，采用暂时性差异的概念，据此计算递延所得税资产或递延所得税负债，由此确认的所得税费用包括了当期所得税费用和递延所得税费用，然后根据利润总额扣除所得税费用，得出税后利润即净利润。

7.5 部分具体准则的突出特点

7.5.1 《企业会计准则第1号——存货》

存货，是指企业在日常活动中持有以备出售的产成品或商品、处在生产过程中的在产品、在生产过程或提供劳务过程中耗用的材料和物料等。

新企业会计准则主要变化有两点：

（1）取消了发出存货计价的后进先出；

（2）某些存货发生的借款费用可以资本化。

《企业会计准则第1号——存货》的特点

（1）商品流通企业需变更采购成本内容，商品流通企业的进货费用也应计入存货成本。

商品流通企业在采购过程中发生的运输费、装卸费、保险费以及其他可归属于存货采购成本的费用等进货费用，应当记入存货采购成本。原准则不允许进货费用计入存货成本，规定单独计入营业费用。

（2）在发出存货计价方法中取消了后进先出法，不再允许选择后进先出法。

企业在确定发出存货的实际成本时，应当采用先进先出法、加权平均法或个别计价法。取消的原因主要在于后进先出法下成本流与实物流在大多数情况下不一致，移动平均法的计算相对繁琐且无太大必要。要求原采用后进先出法的企业需按照新准则要求变更存货发出计价方法。

（3）允许因存货而发生的借款费用资本化。

为生产大型机器设备、船舶等生产周期较长的资产而借入的款项所发生的利息在满足有关条件时可以资本化，计入存货价值，即可进行利息资本化，改变了以前直接计入当期损益的做法。

（4）改变了投资者投入存货入账成本的计量。

除了按照投资合同或协议约定的价值（即投资各方确认的价值）确定以外，新企业会计准则还针对合同或协议约定价值不公允的情况做出了例外性规定，规定此种情况下应按公允价值确定存货的成本，符合新修订的《公司法》中“对作为出资的非货币财产应当评估作价，核实财产，不得高估或者低估作价”的规定。

（5）企业只能采用一次转销法或者五五摊销法对低值易耗品和包装物进行摊销，计入相关资产的成本或者当期损益，取消了分次摊销法和净值摊销法。

（6）对采用分期付款方式购置的存货，需以现值入账；存在分期收款发出商品的企业，需在当期全部确认销售收入，并结转相关成本。

（7）提供劳务的企业需核算劳务成本，在未确认收入前，作为存货列示。

7.5.2 《企业会计准则第4号——固定资产》

固定资产，指同时具有下列特征的有形资产：为生产商品、提供劳务、出租或经营管理而持有的；使用寿命超过一个会计年度。使用寿命是指企业使用固定资产的预计期间，或者该固定资产所能生产产品或提供劳务的数量。

《企业会计准则第 4 号——固定资产》的特点

（1）在定义上删除了“单位价值较高”的标准。

要求同时具有以下两个特征的有形资产才能定义为固定资产：一是为生产商品，提供劳务，出租或经营管理而持有的；二是使用寿命超过一个会计期间。新企业会计准则将原准则中的“单位价值较高”给予了删除。因为针对不同的企业，固定资产的单位价值标准是不一样的，在服务业作为固定资产管理的实物，在制造业可能只能作为日常的备品备件进行核算和管理。此处的固定资产没有包括经济林木和产役畜等生物资产、矿区权益和石油、天然气矿产储量以及作为投资性房地产的建筑物。

（2）在计量方面引入公允价值。

企业合并、非货币性资产交换、债务重组、融资租赁取得的固定资产成本，分别按照相应的会计准则进行确认初始成本。以上这些具体准则均引入了公允价值，也就是说，通过以上几种方式取得的固定资产成本的计价基础为固定资产的公允价值。

（3）明确了固定资产使用寿命、预计净残值和折旧方法的改变应做为会计估计变更处理。

固定资产使用寿命、预计净残值，系人为估计确定，如果企业情况发生变化，需要改变固定资产使用寿命、预计净残值的比率，应当确认为会计估计变更。所以新企业会计准则对此给予了明确，并增加了“折旧方法的改变”为会计估计变更，并且重新定义了预计净残值。预计净残值是指假定固定资产的预计使用寿命已满并处于使用寿命终了时的预期状态，企业目前从该项资产的处置中获得的扣除预计处置费用后的金额。新的预计净残值的定义强调了现值，即在确定预计净残值时其金额应为其折现值。在企业准备出售固定资产时，应复核其预计净残值，在这种情况预计净残值通常应等于公允价值减去处置费用后的净额。

（4）固定资产减值准备的变化。

新企业会计准则规定：固定资产的减值，应当按照《企业会计准则第 8 号——资产减值》处理。《企业会计准则第 8 号——资产减值》第 17 条明确规定：“资产减值损失一经确认，在以后的会计期间不得转回。”新规定的实施，可以说将上市公司操纵利润的一条主要通道——固定资产减值准备转回封死了，盈利上升，多计提减值准备，盈利下滑，再将减值准备冲回，这样调节利润的手段将不能再使用。

（5）取消了后续支出的确认原则。

企业与固定资产有关的后续支出，如同时符合确认条件：

1）该固定资产包含的经济利益很可能流入企业；

2）该固定资产的成本能够可靠计量，应当计入固定资产成本；不符合确认条件的，应当在发生时计入当期损益。

7.5.3　《企业会计准则第 6 号——无形资产》

无形资产是指企业拥有或控制的没有实物形态的可辨认非货币性资产，包括专利权、非专利技术、商标权、著作权、土地使用权、特许权等。

《企业会计准则第6号——无形资产》的特点

（1）无形资产定义发生变化。

《企业会计准则第6号——无形资产》规定：无形资产指没有实物形态的可辨认非货币性资产。不再区分可辨认无形资产和不可辨认无形资产，把商誉排除在外。

（2）无形资产研究与开发费用的处理方法更加明确化。

《企业会计准则第6号——无形资产》引入《国际会计准则》中的做法，将企业内部研究开发项目的支出区分为研究阶段支出与开发阶段支出，将研究阶段支出于发生时计入当期费用，因为研究阶段是探索性的，为进一步开发活动进行资料及相关方面的准备，已进行的研究活动将来是否会转入开发、开发后是否会形成无形资产等均具有较大的不确定性；相对于研究阶段而言，开发阶段应当是已完成研究阶段的工作，在很大程度上具备了形成一项新产品或新技术的基本条件，所以符合相应条件的开发阶段支出才可确认为无形资产。

（3）无形资产的摊销时间和摊销方法。

《企业会计准则第6号——无形资产》在摊销问题上做了很大调整，规定对取得无形资产的使用寿命先要进行判断，使用年限有限的，应就其摊销金额在使用寿命内系统摊销，摊销方法应反映与该项资产有关的经济利益的预期实现方式；无法可靠确定预期实现方式的采用直线法摊销；对于使用寿命不确定的无形资产不应摊销。

7.5.4 《企业会计准则第8号——资产减值》

除了存货的减值适用《企业会计准则第1号——存货》外，其余资产减值准备均执行《企业会计准则第8号——资产减值》。

《企业会计准则第8号——资产减值》的特点

（1）引入了总部资产的概念。

总部资产是企业集团和事业部的资产，难以脱离其他资产和资产组产生独立的现金流入，《企业会计准则第8号——资产减值》规定，应计算总部资产所归属的资产组或资产组组合的可收回金额，然后与相应的资产账面价值相比较，据以判断是否需要确认减值损失。

（2）资产减值准备有明确、具体的计提依据。

资产减值是指资产的可收回金额低于其账面价值。如果可收回金额的计量结果表明资产的可收回金额低于其账面价值的，应当将资产的账面价值减记至可收回金额，减记的金额确认为资产减值损失，计入当期损益，同时计提相应的资产减值准备。

（3）已计提的资产减值准备不允许转回。

《企业会计准则第8号——资产减值》规定：资产减值损失一经确认，在以后会计期间不得转回。公允价值的确定在很大程度上是靠人为判断，我国目前还无法广泛使用公允价值，因为人为调整利润的行为屡屡出现，所以我国对公允价值采取限制使用的态度。此规定将会在未来时期内从制度上杜绝利用减值准备的计提金额来操纵利润的现象，为企业提供更加客观真实的会计信息提供制度保障。许多企业为了体现公司业绩良好而不计提资产减值准备或是在经营不景气时制造前期亏损后期经营业绩持续上升的做法将被遏制。此规定的意义还在于，由于我国税法与会计准则在很多问题上的处理不一致，最终需要进行纳税调整，这一规定可以杜绝企业借减值准备的转回进行所谓的“合理避税”，甚至偷税。

（4）取消了商誉直线法摊销，改用公允价值法。

企业合并形成的商誉，每年至少进行一次减值测试，并结合相关资产组和资产组组合进行测试。只要有活跃市场，只要有公平价值，就可以使用公允价值。强调企业一旦使用了公允价值，就应停止历史成本价值的账务处理。

7.5.5　《企业会计准则第9号——职工薪酬》

在借鉴国际会计准则基础上，结合我国现行有关政策和实际情况，新企业会计准则中首次提出了“职工薪酬”条款，为系统规范我国企业职工各种形式劳动报酬的会计处理和相关信息的披露提供了依据。

《企业会计准则第9号——职工薪酬》的特点

（1）明确了职工薪酬的内容。

《企业会计准则第9号——职工薪酬》明确定义了职工薪酬是指企业为获得职工提供的服务而给予各种形式的报酬以及其他相关支出，它包括职工工资、奖金、津贴和补贴；职工福利费；医疗保险费、养老保险费、失业保险费、工伤保险费和生育保险费等社会保险费；住房公积金；工会经费和职工教育经费；非货币性福利；因解除与职工的劳动关系给予的补偿；其他与获得职工提供的服务相关的支出，共计八项内容。同时还明确规定以股份为基础的薪酬和以规范补充养老保险基金会计核算的企业年金基金准则。准则中职工薪金的概念覆盖面较广，有别于以往仅指工资和福利费的狭窄范围。

（2）规范了职工薪酬的会计处理原则。

1）职工薪酬在职工提供服务期间均确认为负债，按职工提供服务的受益对象计入相关成本或者确认为当期费用，有别于以往的全部费用化的处理方式；取消计提职工福利费；设置“应付职工薪酬”一级科目，更具有针对性和可操作性。

该具体准则规定除因解除与职工的劳动关系给予的补偿（满足一定的条件，计入当期损益）外，应当根据职工提供服务的受益对象计入资产成本或当期费用；应由生产产品、提供劳务负担的职工薪酬，计入产品成本或劳务成本；应由在建工程、无形资产负担的职工薪酬，计入建造固定资产或无形资产成本；其他的职工薪酬，计入当期损益。

该具体准则同时规定企业为职工缴纳的医疗保险费、养老保险费、失业保险费、工伤保险费、生育保险费等社会保险费和住房公积金，应当在职工为其提供服务的会计期间，根据工资总额的一定比例计算并根据上述原则按提供服务的受益对象分别处理。

2）对现行的应付福利费处理做出规范，改变了以前按工资总额14%计提职工福利费的做法，而是采用按实列支的处理办法，超过税法规定允许列支的部分调整应纳税所得额。

3）增加了辞退福利的会计处理方法。首次引入并明确规定了辞退福利的处理方法，对于企业在职工正常退休之前，解除与职工的劳动关系及为鼓励职工自愿接受裁减而提出给予补偿的建议，明确了确认标准。这类福利的引进，使我国会计准则与国际接轨的步伐又向前迈进一步。

7.5.6 《企业会计准则第14号——收入》

收入是指企业在日常活动中形成的、会导致所有者权益增加的、与所有者投入资本无关的经济利益的总流入。其中“日常活动”是指企业为完成其经营目标所从事的经常性活动以及与之相关的活动。

《企业会计准则第14号——收入》的特点

（1）强调“收入”是“日常活动”产生的，以区别于“利得”是“非日常活动”形成的。

（2）采用公允价值模式入账。

1）从购货方已收或应收的合同或协议价款，通常为公允价值；

2）合同本身不公允的，以公允价值为准，公允价值与已收或应收金额的差额，计入“资本公积”；

3）分期收款发出商品，实质上带有融资性质，应当按应收的合同或协议价款的现值确定为公允价值。公允价值与应收金额的差额，计入“未实现融资收益”，并按实际利率法摊销，冲减“财务费用”。

7.5.7 《企业会计准则第18号——所得税》

所得税包括企业以应纳税所得额为基础的各种境内和境外税额。《企业会计准则第18号——所得税》取代了1994年财政部发布的财会字［1994］第025号《企业所得税会计处理的暂行规定》等规定。

《企业会计准则第18号——所得税》的特点

（1）首次定义了暂时性差异并进行分类。

暂时性差异，从资产和负债看，是一项资产或一项负债的计税基础和其在资产负债表中的账面价值之间的差额，随时间推移将会消除。该项差异在以后年度资产收回或负债清偿时，会产生应税利润或可抵扣金额。

该具体准则将暂时性差异进一步分为应纳税暂时性差异和可抵扣暂时性差异，应纳税暂时性差异，是指在确定未来收回资产或清偿负债期间的应纳税所得额时，将导致产生应税金额的暂时性差异。可抵扣暂时性差异，是指在确定未来收回资产或清偿负债期间的应纳税所得额时，将导致产生可抵扣金额的暂时性差异。

（2）企业一律采用资产负债表债务法核算递延所得税。

资产负债表债务法，是把本期由于暂时性差异而产生的影响纳税的金额，保留到这一差异发生相反变化的期间予以注销，当税率变动或开征新税时，需要按新的税率对资产负债表中递延税款余额进行调整，从而客观反映税率变动而引起的企业所得税付款义务或收款权利。其特点是注重暂时性差异；强调资产，负债观；以资产负债表中的资产和负债项目为着眼点，逐一确认资产和负债项目的账面金额与其计税基础之间的暂时性差异，据以确认递延所得税资产或负债。

（3）在科目的设置上增加了专门的科目。

新企业会计准则在资产类科目中设置“递延所得税资产”科目，在负债类科目中设置“递延所得税负债”科目，在“所得税”科目下增设“所得税——当期所得税费用”科目和“所得税——递延所得税费用”科目，用以核算所得税。

7.5.8 《企业会计准则第 30 号——财务报表列报》

为了规范财务报表的列报，保证同一企业不同期间和同一期间不同企业的财务报表相互可比而制定，适用于：①个别财务报表和合并财务报表；②中期财务报表和年度财务报表。

规定财务报告至少由以下六部分组成：资产负债表、利润表、利润分配表、所有者权益增减变动表、现金流量表、附注。并对财务报表的编制做出了规定。

《企业会计准则第 30 号——财务报表列报》的特点

（1）企业应当以持续经营为基础，根据实际发生的交易和事项，按照《企业会计准则——基本准则》和其他各项会计准则的规定进行确认和计量，在此基础上编制财务报表。

（2）财务报表项目的列报应当在各个会计期间保持一致，不得随意变更，但下列情况除外：

1）会计准则要求改变财务报表项目的列报；

2）企业经营业务的性质发生重大变化后，变更财务报表的列报能够提供更可靠、更相关的会计信息。

（3）具有重要性的内容，企业应当按其类别在财务报表中单独列报。

1）重要性是指财务报表某项目的省略或错报会影响使用者据此做出经济决策的，该项目具有重要性。重要性应当根据企业所处环境，从项目的性质和金额大小两方面予以判断。

2）性质或功能不同的项目，应当在财务报表中单独列报，但不具有重要性的项目除外。

3）性质或功能类似的项目，其所属类别具有重要性的，应当按其类别在财务报表中单独列报。

（4）该项具体准则特别规定了不得抵销的内容。

1）不得抵销部分：财务报表中的资产项目和负债项目的金额、收入项目和费用项目的金额不得相互抵销，但其他会计准则另有规定的除外。

2）特别指出：资产项目按扣除减值准备后的净额列示，不属于抵销；非日常活动产生的损益，以收入扣减费用后的净额列示，不属于抵销。

第8章

新企业会计准则与《企业所得税法》的差异

教学目的与要求

了解《企业会计制度》、《企业会计准则》与所得税法的区别；了解《企业会计准则》在会计科目设置上的特点，便于更好地理解和运用《企业会计准则》。

教学重点与难点

《企业会计准则》在会计科目设置上的特点。

8.1 《企业会计制度》、《企业会计准则》与《企业所得税法》的差异

8.1.1 《企业会计制度》、《企业会计准则》与《企业所得税法》在基本内容上的不同

长期以来，我国企业所得税法规一直依附于企业所执行的会计政策。税法中对计税收入的确认，成本、费用和损失的列支范围与列支标准等规定，基本上以会计政策为基础，但是在一些项目上加了限制和调整。究其原因，是现行的《企业会计制度》、《企业会计准则》的会计政策与《企业所得税法》等税收政策在基本内容、核算原则上有差异。

1. 立法原则不同

《企业会计制度》是为了规范企业的会计核算，真实、完整地提供会计信息，根据《会计法》及国家其他有关法律和法规而制定的。

《企业会计准则》是为了规范企业会计确认、计量和报告行为，保证会计信息质量，根据《会计法》和其他有关法律、行政法规而制定的。

《企业所得税法》按照“简税制、宽税基、低税率、严征管”的要求，并按照贯彻公平税负、落实科学发展观、发挥调控作用、参照国际惯例、理顺分配关系、有利于征收管理

的立法原则而制定，在税制基本要素的设计、优惠政策的安排、征管措施的制定等方面，更加科学、规范、合理。比如，对高新技术企业的低税率规定，对民族自治地方的减征或免征规定，对安置残疾人员工资的加计扣除，以及对环保、节能节水、安全生产的税额抵免都符合了科学发展观的立法原则要求。

2. 制定的机关不同

《企业会计制度》和《企业会计准则》都是由财政部颁布，属于第三层次规章，对企业会计核算具有指导和规范的作用。

《企业所得税法》是全国人大颁布，属于第一层次法律。即使是《所得税实施条例》，也属于第二层次行政法规，远远高于其他税金法规的层次，即便是与企业所得税一样因为主体税的另一个主体税——增值税的规定也只是属于第三层次规章。

3. 制定的目的不同

《企业会计制度》是为了规范企业的会计核算，使企业真实、完整地提供会计信息而制定的。

《企业会计准则》规范企业会计确认、计量和报告行为，保证会计信息质量，向财务报告使用者提供与企业财务状况、经营成果和现金流量等有关的会计信息，反映企业管理层受托责任履行情况，有助于财务会计报告使用者做出经济决策。也就是说，会计政策的目的在于规范企业的会计核算，真实、完整地提供会计信息，以满足有关各方面了解企业财务状况和经营成果的需要。

《企业所得税法》是在世界经济向一体化方向发展和各国税制改革呈现趋同化的情况下而制定的，是为了顺应税制改革“低税率、宽税基、少优惠、严管理”的发展潮流，以增强我国所得税法的统一性和前瞻性。《企业所得税法》通过对企业应纳税所得额、应纳税额的计算及缴纳，使企业履行纳税义务，保证国家财政收入的实现，维持社会的正常运转。同时，《企业所得税法》体现国家的产业政策，实现对经济的宏观调控，最终达到社会的公平与效率。所以《企业所得税法》明确了“四个统一”：内资、外资企业适用统一的企业所得税法；统一并适当降低企业所得税税率；统一和规范税前扣除办法和标准；统一税收优惠政策，实行“产业优惠为主、区域优惠为辅”的新税收优惠体系。

4. “国际化”色彩不同

由于资本市场的快速发展，我国会计准则的国际化过程中既要平衡立足于国情和与国际接轨，又要有利于我国企业的发展。所以我国不论是会计制度还是会计准则的建设都加快了与国际会计准则的接轨，具有了“国际化”色彩。

1992 年发布的《企业会计准则》实现了我国会计模式由计划经济模式向市场经济会计模式的转换，是中国会计准则国际化的一个里程碑。2000 年的《企业会计制度》和旧 16 项企业会计准则的出台，表明了与国际会计准则的“协调”。此时，中国会计准则已注意借鉴国际会计准则，尽量实现与国际会计准则的充分协调。从而使采取中国会计准则编制财务报告的企业，在内地发行 B 股和到香港发行 H 股时，按国际会计标准要求需要进行调整的内容已经较少了。

2006年的1项基本准则、16项具体准则的修订和22项新准则的颁布和实施，表明了与国际会计准则的“趋同”。至此，我国绝大部分会计政策和方法与国际会计准则的要求是一致的，总体上保持了两者之间较高程度的趋同。同时新会计准则适当考虑了中国的实际情况，保留了一些与国际准则之间的一些差异，比如公允价值的采纳、企业合并的会计处理、资产减值的会计处理以及对关联方关系及其交易的披露等。

《企业所得税法》及其实施条例为了参照国际通行做法、维护我国税收权益的需要，借鉴国际反避税立法经验，结合我国税收征管实践做出特别纳税调整条款的具体规定，确立了我国企业所得税的反避税制度，这是我国首次较为全面的反避税立法。比如业务招待是正常的商业做法，但在许多情况下，无法将商业招待与个人消费区分开。因此，国际上许多国家采取对企业业务招待费支出在税前“打折”扣除的做法，我国也采用国际惯例将企业发生的与生产经营活动有关的业务招待费，按照发生额的60%扣除，且扣除总额全年最高不得超过当年销售（营业）收入的5‰。

5. 适用范围不同

《企业会计制度》适用于除不对外筹集资金、经营规模较小的企业，以及金融保险企业以外，在我国境内设立的所有企业（含公司）。就目前执行情况看，小企业执行《小企业会计制度》，非上市的金融机构执行《金融企业会计制度》，除了上市公司、中央企业外的企业仍在执行《企业会计制度》。《企业会计制度》打破了所有制和行业界限，建立了国家统一的会计核算制度。

《企业会计准则》适用于在中华人民共和国境内设立的企业（包括公司）。就目前执行情况看，2007年1月起上市公司、2008年1月起中央企业先后开始执行《企业会计准则》，有条件的企业也在执行《企业会计准则》。

《企业所得税法》考虑到实践中从事生产经营经济主体的组织形式多样，为充分体现税收公平、中性的原则，将以公司制和非公司制形式存在的企业和取得收入的组织确定为企业所得税纳税人，具体包括国有企业、集体企业、私营企业、联营企业、股份制企业、中外合资经营企业、中外合作经营企业、外国企业、外资企业、事业单位、社会团体、民办非企业单位和从事经营活动的其他组织，保持与国际上大多数国家的做法协调一致。同时《企业所得税法》将属于自然人性质企业，没有法人资格，股东承担无限责任的个人独资企业和合伙企业排除在企业所得税纳税人之外。

8.1.2 《企业会计制度》、《企业会计准则》与《企业所得税法》在核算原则上的不同

核算原则是企业进行会计核算和征纳税收所必须遵循的规则和总体要求，《企业会计制度》规定了12项核算原则，即“真相可一及明权配谨实划全”，再加上在《企业会计制度》中增加的“实质重于形式”原则，共13项核算原则。

《企业会计准则》制度中所说的核算原则称为会计核算信息质量要求，分为客观性、相关性、清晰性、可比性、实质重于形式、重要性、谨慎性和及时性。权责发生制和历史成本不再作为会计核算的基本原则。权责发生制上升为会计基本假设，历史成本体现在会计要素的计量中。

《企业所得税法》也遵循一些会计核算的基本原则，但税法坚持的法定原则、收入均衡原则、公平原则、反避税原则和便于行政管理原则等，在诸如谨慎性原则等会计核算原则的使用中有所背离。《企业所得税法》的原则主要包括权责发生制、配比、相关性、合理性原则。

1. 权责发生制原则

《企业会计制度》将权责发生制作为 13 项核算原则之一，规定企业的会计核算应当以权责发生制为基础。凡是当期已经实现的收入和已经发生或应当负担的费用，不论款项是否收付，都应做为当期的收入和费用；凡是不属于当期的收入和费用，即使款项已在当期收付，也不应做为当期的收入和费用。所以，现销、赊销作为收入，而预售不作为收入。同时，《企业会计制度》对费用的核算强调了本期以及收益性支出与资本性支出的划分，对预付和预提强调了跨期摊提，规定了权责发生制的两个标志性会计科目："待摊费用"和"预提费用"。

《企业会计准则》将权责发生制从核算原则上升为会计假设，规定企业应当以权责发生制为基础进行会计确认、计量和报告。但是，取消了"待摊费用"和"预提费用"两个会计科目。只允许存在用于核算短期借款利息的"应付利息"和用于核算固定资产大修理费的"长期待摊费用"科目，将预付的费用作为"预付账款"核算。在费用的计算上，更加强调实际发生，尽量减少虚拟资产和虚拟负债的产生，更加强调了资产负债表上的资产、负债和所有者权益的真实性表现。

《企业所得税法》规定，企业应纳税所得额的计算，以权责发生制为原则，按企业经济权利和经济义务是否发生作为计算应纳税所得额的依据，注重强调企业收入与费用的时间配比，要求企业收入费用的确认时间不得提前或滞后。企业在不同纳税期间享受不同的税收优惠政策时，坚持按权责发生制原则计算应纳税所得额。但是在特定情况下，可以采用收付实现制的原则。《企业所得税法》规定了不采用权责发生制的情形，同时授权国务院财政、税务主管部门也可以根据实际情况对不采用权责发生制的情形作进一步详细规定，以保证应纳税所得额计算的更加科学合理。比如对房地产企业的预售仍然采用收付实现制，预收其营业税和企业所得税。

2. 谨慎性原则

《企业会计制度》规定企业在进行会计核算时，应当遵循谨慎性原则的要求，不得多计资产或收益、少计负债或费用，但不得计提秘密准备。

《企业会计准则》规定企业对交易或者事项进行会计确认、计量和报告应当保持应有的谨慎，不应高估资产或者收益、低估负债或者费用。《企业会计准则》对资产减值准备不仅做出规定，还专门颁布其具体准则。《企业会计准则》对谨慎性原则的解释是，在面临不确定性因素时，既不高估资产或收益，也不低估负债或损失。

《企业会计制度》、《企业会计准则》中谨慎性原则的应用侧重于对收入、费用的确认和计量行为进行约束，以实现会计上对纯收益（或利润）确认和计量的客观和稳妥，以免对会计信息使用人产生误导。

比如，在《企业会计制度》中规定存货发出的计价方法有先进先出、后进先出、个别计价、加权平均法，企业可以根据自己需要进行选择，一经选择确定，不得随意变更。不少企业在物价呈上升趋势时，为了体现谨慎性原则常常选择后进先出法。但是《企业会计准则》取消了后进先出法，对个别计价法的选择也有了限制性条件。尽管《企业所得税法》对存货计价方法的选择与企业执行的会计制度或者会计准则相符，但是对工业、商业上的生产成本与销售成本的计算仍然有较大的影响。

再比如，在《企业会计制度》、《企业会计准则》中，都规定企业可以计提坏账准备、存货跌价准备等7项资产减值准备。只是《企业会计制度》规定计提后可以转回，而《企业会计准则》规定资产减值损失一经确认，除了存货跌价减值准备可以转回外，其余在以后会计期间不得转回，目的都是为避免和减少上市公司操纵利润。

《企业所得税法》对谨慎性原则的理解着重强调防止税收收入的流失，更多地从反避税的角度出发。《企业所得税法》规定在计算应纳税所得额时，未经核定的准备金支出不得扣除，经核定的准备金除了坏账准备允许据比例扣除外，其余不允许扣除。企业根据《企业会计制度》或者《企业会计准则》规定提取的任何形式的准备金（包括资产准备金、风险准备金等）如果不得在企业所得税前扣除，必须在缴纳所得税时进行纳税调整。

3. 重要性原则

《企业会计制度》规定企业的会计核算应当遵循重要性原则的要求，在会计核算过程中对交易或事项应当区别其重要程度，采用不同的核算方式。对资产、负债、损益等有较大影响，并进而影响财务会计报告使用者据以做出合理判断的重要会计事项，必须按照规定的会计方法和程序进行处理，并在财务会计报告中予以充分、准确地披露；对于次要的会计事项，在不影响会计信息真实性和不至于误导财务会计报告使用者做出正确判断的前提下，可适当简化处理。

《企业会计准则》规定企业提供的会计信息应当反映与企业财务状况、经营成果和现金流量等有关的所有重要交易或者事项，即在选择会计方法和程序时，要考虑经济业务本身的性质和规模，根据特定的经济业务对经济决策影响的大小，来选择合适的会计方法和程序。

而《企业所得税法》不承认重要性原则，只要是应纳税收入或不得扣除项目，无论金额大小均需按规定计算所得。例如会计准则对以前年度的重大和非重大会计差错给予了不同的更正方法，而税法则从不采用“重要性原则”。

4. 实质重于形式原则

《企业会计制度》规定企业应当按照交易或事项的经济实质进行会计核算，而不应当仅仅按照它们的法律形式作为会计核算的依据。这一原则体现在会计实务中的诸多方面，如企业合并政策、外币折算政策、所得税的会计处理方法、存货的计价方法、长期投资的核算方法、坏账损失的核算，或有事项的处理、关联方关系及交易的披露等。实质重于形式原则是《企业会计制度》中新增加的一项核算原则，它是加强会计国际协调的必然要求，也是提高会计信息质量的重要条件。

《企业会计准则》规定企业应当按照交易或者事项的经济实质进行会计确认、计量和报告，不应仅以交易或者事项的法律形式为依据。《企业会计准则》有关收入的确认中较多地运用了实质重于形式原则。比如在确认商品销售收入时，其确认条件之一就是企业已将商品所有权上的主要风险和报酬转移给买方，其重视的是所有权上的主要风险和报酬的经济实质而不是所有权的法律形式。

《企业会计制度》、《企业会计准则》中对实质重于形式原则的应用，侧重于对企业发生的经济活动内容（即企业行为）全面揭示，以使会计信息的使用者可以通过会计信息对企业经济活动的现状和企业现时的财务状况进行客观的分析与评价，以免产生误导。

例如，在《企业会计制度》中规定："除购建固定资产以外，所有筹建期间所发生的费用，先在长期待摊费用中归集，待企业开始生产经营当月起一次计入开始生产经营当月的损益"，而《企业所得税法》则为了方便确定应纳税所得额，甚至对筹建期都作了明确的解释："所谓筹建期，是指从企业被批准筹建之日起至开始生产、经营（包括试生产、试营业）之日的期间。"

又如，在售后回购业务的会计核算上，按照"实质重于形式"的要求，《企业会计制度》、《企业会计准则》将其视同融资进行账务处理，但税法并不承认这种融资，而将其视为销售、购入两项经济业务分别进行处理，要求企业缴纳流转税和企业所得税。

5. 税前扣除的相关性和合理性原则

相关性和合理性是企业所得税税前扣除的基本要求和重要条件。

《企业会计制度》规定相关性是企业提供的会计信息应当能够反映企业的财务状况、经营成果和现金流量，以满足会计信息使用者的需要。《企业会计制度》没有规定合理性原则。

《企业会计准则》规定相关性是企业提供的会计信息应当与财务会计报告使用者的经济决策需要相关，有助于财务会计报告使用者对企业过去、现在或者未来的情况做出评价或者预测。《企业会计准则》也没有规定合理性原则。

《企业所得税法》及其实施条例规定，支出税前扣除的相关性是指与取得收入直接相关的支出，同时规定一般从支出发生的根源和性质来分析这种相关性，而不是根据费用支出结果来做判断。《企业所得税法》规定不符合相关性原则的支出不得扣除，比如为取得企业非营利性活动取得的收入（即不征税收入）而发生的支出不得扣除或计算对应的折旧、摊销。

《企业所得税法》实施条例规定，支出税前扣除的合理性是指符合生产经营活动常规、应当计入当期损益或有关资产成本的必要和正常的支出。合理性的具体判断标准是发生的支出的计算和分配方法是否符合一般经营常规。例如实施条例规定，企业发生的合理的工资薪金支出，准予扣除。同时将工资薪金支出进一步界定为企业每一纳税年度支付给在本企业任职或者受雇的员工的所有现金或者非现金形式的劳动报酬，包括基本工资、奖金、津贴、补贴、年终加薪、加班工资，以及与任职或者受雇有关的其他支出。如果雇员实际提供了服务，并且报酬总额在数量上是合理的，就允许在应纳税所得额中全额扣除。

8.2 会计科目设置（新企业会计准则）

8.2.1 新企业会计准则与《企业会计制度》的科目设置差异

由于2006年2月财政部发布的企业会计准则体系对会计科目做了较大改变，将新会计科目体系中除涉及金融和生物类特别科目外的会计科目与《企业会计制度》(2001) 中相关科目做比较，便于会计专业的学生更好地掌握会计核算的特点。

1. 未作任何改变的科目有以下5类

（1）资产类：银行存款、其他货币资金、应收账款、应收利息、应收股利、原材料、材料成本差异、库存商品、商品进销差价、委托加工物资等科目。

（2）负债类：应付票据、应付账款、预收账款、应付利息、应付股利、其他应付款、未确认融资费用等科目。

（3）所有者权益类：本年利润、利润分配等科目。

（4）成本类：生产成本等科目。

（5）损益类：利息收入、其他业务收入、投资收益、主营业务成本、营业外支出、以前年度损益调整等科目。

2. 科目名称改变但实质内容未改变的科目主要有“库存现金”和“所得税费用”两个科目

《企业会计制度》中的现金是指库存现金，但现金流量表中的现金是包括库存现金及可以随时动用的银行存款，从这一点来看科目涵盖的内容是不一致的，因此，《企业会计准则》将“现金”科目改为“库存现金”科目是合理的。

更改后的“所得税费用”科目与《企业会计制度》中的“所得税”科目核算内容相同，均为企业确认的应从当期利润总额中扣除的所得税费用，只是名称改变了而已。

3. 科目名称改变且实质内容发生改变的科目

（1）资产类。

“材料采购”科目：《企业会计制度》中“物资采购”科目用来核算企业购入的材料、商品等的采购成本，商品流通企业购入的商品也通过本科目核算。而“材料采购”科目只用来核算工业企业购入的材料，商品流通企业购入的商品一律通过“在途物资”科目核算，不通过本科目核算。

（2）损益类。

1）“其他业务成本”科目：本科目用来核算企业其他业务成本，不核算其他业务发生的税费及销售费用，与“其他业务支出”科目有一定的区别。

2）“营业税金及附加”科目：本科目不仅核算主营业务产生的税金及附加，也核算其他业务产生的税金及附加。这反映了主营业务和其他业务的区分的淡化，因为不管是主营业务还是其他业务都属于日常业务，其发生的经济利益流出作为费用，不再区分。

3）“销售费用”科目：本科目用来核算企业销售商品和材料、提供劳务的过程中发生的各种费用，与“营业费用”科目相比核算内容减少。

4. 科目名称未变但实质内容发生改变

（1）资产类。

1）“应收票据”科目。

《企业会计制度》明确规定不得计提坏账准备，如有确凿证据表明企业所持有的未到期应收票据不能够收回或收回的可能性不大时，应将其账面余额转入应收账款并计提坏账准备。新企业会计准则取消了这一内容，在“坏账准备”科目中明确应收票据也要计提坏账准备。

2）“预付账款”科目。

本科目的核算内容主要有以下变化：第一，预付工程款也通过本科目核算，不再直接记入“在建工程”科目。第二，《企业会计制度》规定，预付账款不能计提坏账准备，如果有确凿证据表明其不符合预付账款的性质，应将其转入其他应收款并计提坏账准备。新企业会计准则规定只要是预付账款均可计提坏账准备。第三，科目的位置由原来放在“坏账准备”科目之后调整到“坏账准备”科目之前。

3）“坏账准备”科目。

本科目的核算内容主要有以下变化：第一，计提基础由《企业会计制度》对“应收账款”和“其他应收款”计提坏账准备扩大到对全部的应收款项和预付账款等。第二，已确认为坏账的应收账款又收回，可直接借记“银行存款”科目，贷记“坏账准备”科目。第三，坏账准备的计提方法不再是余额百分比法、赊销百分比法和账龄百分比法，凡是对于单项金额重大的应收款项，应当单独进行减值准备，也可以与经单独测试后未减值的应收款项一起按类似信用风险特征划分为若干组合，再按资产负债表日这些款项组合余额的一定比例计算确定减值损失，计提坏账准备。

4）“长期股权投资”科目。

本科目的核算内容主要有以下变化：第一，取消了“股权投资差额”明细科目。投资成本与应享有被投资单位的份额的差额应调整资本公积、留存收益（同一控制下企业合并形成）、商誉（非同一控制下企业合并形成）；投资成本大于应享有的份额不调整投资成本，小于应享有的份额则将其差额计入营业外收入（权益法）。第二，“股权投资准备”明细科目改为“其他权益变动”明细科目。第三，将《企业会计制度》中“被投资单位因增资扩股而增加的所有者权益，按持股比例增加长期股权投资”改为“在持股比例不变的情况下，被投资单位除净损益以外所有者权益的其他变动，企业按持股比例计算应享有的份额，借记或贷记本科目（其他权益变动），贷记或借记‘资本公积——其他资本公积’科目”。第四，未对因改变持有目的而重新分类的会计处理做出规定。

5）“固定资产”科目。

本科目增加了两个核算内容：第一，建造承包商的临时设施以及企业购置计算机硬件所附带的、未单独计价的软件也在本科目核算。第二，固定资产原价中要考虑弃置费用的内容。固定资产减值准备：计提的固定资产减值准备不能转回。

6）“在建工程”科目。

本科目的核算内容主要有以下变化：第一，企业预付的工程款先记入“预付账款”科目，期末按合理估计的发包工程进度和合同规定结算的进度款借记“在建工程”科目，贷记“银行存款”、“预付账款”等科目。第二，在建工程进行负荷联合试车发生的费用，借记本科目（待摊支出），贷记“银行存款”、“原材料”等科目；试车形成的产品或副产品对外销售或转为库存商品的，借记“银行存款”、“库存商品”等科目，贷记本科目（待摊支出）；结转在建工程成本，借记“固定资产”等科目，贷记本科目（××工程）。第三，设置了“建筑工程”、“安装工程”、“在安装设备”、“待摊支出”以及“单项工程”等明细科目，取消了“技术改造工程”、“大修理工程”、“其他支出”三个明细科目。“工程物资”科目：取消了“预付大型设备款”明细科目，并且未明确规定其预付款该如何处理。

7）“无形资产”科目。

本科目的核算内容发生了如下改变：第一，商誉从无形资产中分离出来单独核算。第二，自行开发的无形资产，其开发成本先归依在“开发支出”科目，应予以资本化的金额则转入“无形资产”科目。第三，无形资产的摊销分为2种情况，可以合理确定年限的在受益年限内摊销，不能合理确定年限的采用减值无形资产，这样更能够反映企业无形资产的规模及摊销情况。

8）“长期待摊费用”科目。

本科目取消了以下项目：第一，开办费，企业发生的开办费在发生当期直接记入“管理费用”科目。第二，固定资产大修理支出，符合固定资产确认条件的应当计入固定资产成本，不符合固定资产确认条件的则在发生时直接计入当期损益。

（2）负债类。

1）“长期借款”科目。

本科目核算内容的主要改变是：第一，借入时应按实际收到的金额，借记“银行存款”科目，贷记本科目（本金）。如存在差额还应借记本科目（利息调整）。第二，在资产负债表日，企业应按长期借款的摊余成本和实际利率计算确定利息费用，而不是按借款本金和实际利率计算。

2）“应付债券”科目。

本科目核算内容的主要变化是：第一，将“溢（折）价”明细科目改为“利息调整”明细科目。第二，计算每期利息费用时按摊余成本和实际利率计算，实际利率与票面利率差异较小的也可以采用票面利率。第三，规定按实际收到的金额，借记“银行存款”等科目，按该项可转换公司债券包含的负债成分的面值，贷记本科目（可转换公司债券——面值），按权益成分的公允价值，贷记“资本公积——其他资本公积”科目，按其差额，借记或贷记本科目（利息调整）。第四，债券到期的会计处理规定，如果“利息调整”科目有余额还要调整“财务费用”、“制度费用”、“在建工程”等科目。

3）“长期应付款”科目。

增加了“以分期付款方式购入固定资产”的核算。

4）“专项应付款”科目。

专项应付款是企业取得政府作为企业所有才投入的具有专项或特定用途的款项，同时也明确了只有形成长期资产的部分才能转为“资本公积——资本溢价”。

5）“预计负债”科目。

新增了资产弃置义务的核算。由资产弃置义务产生的预计负债，应按确定的金额，借记

“固定资产”或“油气资产”科目，贷记本科目。在固定资产或油气资产的使用寿命内，按计算确定各期应负担的利息费用，借记“财务费用”科目，贷记本科目。

(3) 所有者权益类。

1)“实收资本”科目。

本科目新增了以下项目：①企业（中外合作经营）在合作期间归还投资者的投资，应在本科目设置“已归还投资”明细科目核算。②应购股票在冲减实收资本的同时增加“库存股”。

2)“资本公积”科目。

取消了“接受捐赠非现金资产准备”和“接受现金捐赠”明细科目，接受捐赠记入“营业外收入”科目。《企业会计准则第19号——外币折算》应用指南规定企业接受投资者投入的外币应采用交易当日即汇率折算，不得采用合同汇率或近似汇率，不产生折算差额，因此取消了“外币资本折算差额”明细科目。同时，也取消了“股权投资准备”和“拨款转入”明细科目。

3)“盈余公积”科目。

增加了中外合作经营根据合同规定在合作期间归还投资者的投资，应按实际归还投资的金额贷记本科目（利润归还投资）。

(4) 成本类。

“制造费用”科目：规定企业生产车间（部门）和行政管理部门等发生的固定资产修理费用等后续支出，在管理费用核算，而《企业会计制度》规定在制造费用核算。

(5) 损益类。

1)“主营业务收入”科目：对采用递延方式分期收款、具有融资性质的销售商品或提供劳务满足收入确认条件的营业收入采用按应收合同或协议价款的公允价值（折现值）计价。

2)“营业外收入”科目：增加了原记入“资本公积”科目的有关债务重组、非货币性资产交换、捐赠、政府补助等。

3)“管理费用”科目。

本科目新增了以下项目：

1) 企业生产车间（部门）等发生的固定资产修理费用等后续支出的核算；

2) 开办费在发的当期直接记入“管理费用”科目。原计入管理费用的存货跌价准备和坏账准备等统一在“资产减值损失”科目核算。

5. 将同类型的科目合并

(1)“周转材料”科目：包括了制度中“包装物”和“低值易用品”两个科目的核算内容。

(2)“应付职工薪酬”科目。

本科目的主要核算内容：①包括了制度中“应付工资”，“应付福利费”，“其他应付款”中的工会经费、职工教育经费，属于“其他应交款”核算的住房公积金、医疗保险、养老保险、生育保险、失业保险、工伤保险等。②新增原来不作为负债核算的内容，包括发放非货币性福利、辞退福利和股份支付。

（3）“发出商品”科目：包括了制度中“分期收款发出商品”、“委托代销商品”、“发出商品”的核算内容，也就是核算商品已发生但未满足收入确认条件的业务。

（4）“应交税费”科目：包括了应交税金和其他应交款中的教育附加、矿产资源补偿费、河道维护费等。

6. 取消和新增的会计科目

（1）取消的会计科目。

1）“预提费用”和“待摊费用”科目。

2）“短期投资”和“长期债权投资”科目：其核算内容根据金融资产的分类分别由“交易性金融资产”、“持有至到期投资”及“可供出售金融资产”科目核算。

3）“短期投资跌价准备”科目：如果是持有至到期的短期投资跌价准备转入“持有至到期投资减值准备”科目。其他短期投资应作为金融工具采用公允价值计价不再计提减值准备。

4）“应收补贴款”科目：其核算内容转入“其他应收款”科目核算。

5）“自制半成品”科目。

6）“受托代销商品”、“代销商品款”、“委托贷款”、“待转资产价值”科目。

7）“已归还投资”科目：其核算内容转入“实收资本——已归还投资”科目核算。

8）“补贴收入”科目：其核算内容转入“营业外收入”科目核算。

9）“在建工程减值准备”和“工程物资减值准备”科目：科目表中未单独设置这两个科目，但是在解释“在建工程”科目时提到，如果在建工程发生减值也可以设置“在建工程减值准备”和“工程物资减值准备”科目。

10）“递延税款”科目：其核算内容转入“递延所得税资产”和“递延所得税负债”两个科目核算。

（2）新增的会计科目。

交易性金融资产；买入返售金融资产；持有至到期投资；持有至到期投资减值准备；可供出售金融资产；投资性房地产；长期应收款；未实现融资收益；未担保余值；累计摊销；商誉；递延所得税资产；交易性金融负债；递延收益；递延所得税负债；租赁收入；库存股；研发支出；工程施工；工程结算；机械收入；公允价值变动损益；资产减值损失等科目。

另外，还新增了共同类科目，包括“衍生工具”、“套期工具”、“被套期项目”等科目。

8.2.2 会计科目框架（新企业会计准则）

1. 会计科目设置为六类

除过去的五类外，新企业会计准则增设了资产、负债双重性科目——共同类科目，如“衍生工具”、“套期工具”、“被套期项目”等。该类科目在资产负债表中如何归类，取决于余额的方向，当余额为借方时，作为资产，当余额在贷方时，作为负债。

2. 涵盖所有行业 156 个会计科目

新企业会计准则设置了包括一般工商企业、金融行业、农业、采掘业等各行业交易事项使用的会计科目。而《企业会计制度》设置了 85 个会计科目，仅限于一般工商企业。

3. 适应资产负债表按“净值”列示资产、负债的变化，将“调整科目”与“被调整科目”作为同类科目

如将“未确认融资费用”，作为“长期负债”的抵减科目，被重新归为负债科目。而《企业会计制度》将此科目作为资产科目。

4. 根据不同资产、负债特性与持有目的设置会计科目，根据不同资产、负债的计价模式设计会计科目

比如，采用成本计价模式的资产，设置“减值准备”调整科目；采用公允值计价模式的资产、负债，设置“成本”与“公允价值变动”明细科目，以便掌握初始成本与持有价值的变动情况。

8.2.3　一般企业常用会计科目的设置和说明（新企业会计准则）

新旧会计科目对照见表 8-1。

表 8-1　新旧会计科目对照

序号	编号	新会计准则科目	原会计制度科目	核算内容
资产类				
1	1001	库存现金	现金	企业的库存现金
2	1002	银行存款	银行存款	企业存入银行或其他金融机构的各种款项
3	1003	存放中央银行款项	※	企业（银行）存放于中国人民银行（以下简称“中央银行”）的各种款项，包括业务资金的调拨、办理同城票据交换和异地跨系统资金汇划、提取或缴存现金等
4	1011	存放同业	※	企业（银行）存放于境内、境外银行和非银行金融机构的款项
5	1012	其他货币资金	其他货币资金	企业的银行汇票存款、银行本票存款、信用卡存款、信用证保证金存款、存出投资款、外埠存款等其他货币资金
6	1021	结算备付金	※	企业（证券）为证券交易的资金清算与交收而存入指定清算代理机构的款项。企业（证券）向客户收取的结算手续费、向证券交易所支付的结算手续费
7	1031	存出保证金	※	企业（金融）因办理业务需要存出或交纳的各种保证金款项
8	1101	交易性金融资产	短期投资	企业为交易目的所持有的债券投资、股票投资、基金投资等交易性金融资产的公允价值
9	1111	买入返售金融资产	※	企业（金融）按照返售协议约定先买入再按固定价格返售的票据、证券、贷款等金融资产所融出的资金
10	1121	应收票据	应收票据	企业因销售商品、提供劳务等而收到的商业汇票，包括银行承兑汇票和商业承兑汇票

（续）

序号	编号	新会计准则科目	原会计制度科目	核算内容
资产类				
11	1122	应收账款	应收账款	企业因销售商品、提供劳务等经营活动应收取款项
12	1123	预付账款	预付账款	企业按照合同规定预付的款项。预付款项情况不多的，也可以不设置本科目，将预付的款项直接记入“应付账款”科目
13	1131	应收股利	应收股利	企业应收取的现金股利和应收取其他单位分配的利润
14	1132	应收利息	应收利息	企业交易性金融资产、持有至到期投资、可供出售金融资产、发放贷款、存放中央银行款项、拆出资金、买入返售金融资产等应收取的利息
15	1201	应收代位追偿款	其他应收款	企业（保险）按照原保险合同约定承担赔付保险金责任后确认的代位追偿款
16	1211	应收分保账款	※	企业（保险）从事再保险业务应收取的款项
17	1212	应收分保合同准备金	※	企业（再保险分出人）从事再保险业务确认的应收分保未到期责任准备金，以及应向再保险接受人摊回的保险责任准备金
18	1221	其他应收款	※	企业除存出保证金、买入返售金融资产、应收票据、应收账款、预付账款、应收股利、应收利息、应收代位追偿款、应收分保账款、应收分保合同准备金、长期应收款等以外的其他各种应收及暂付款项
19	1231	坏账准备	坏账准备	企业应收款项的坏账准备
20	1301	贴现资产	※	企业（银行）办理商业票据的贴现、转贴现等业务所融出的资金
21	1302	拆出资金	※	企业（金融）拆借给境内、境外其他金融机构款项
22	1303	贷款	※	企业（银行）按规定发放的各种客户贷款
23	1304	贷款损失准备	※	企业（银行）贷款的减值准备。计提贷款损失准备的资产包括贴现资产、拆出资金、客户贷款、银团贷款、贸易融资、协议透支、信用卡透支、转贷款和垫款等
24	1311	代理兑付证券	※	企业（证券、银行等）接受委托代理兑付到期证券
25	1321	代理业务资产	※	企业不承担风险的代理业务形成的资产
26	1401	材料采购	物资采购	企业采用计划成本进行材料日常核算而购入材料的采购成本
27	1402	在途物资	在途物资	企业采用实际成本（或进价）进行材料、商品等物资的日常核算、货款已付尚未验收入库的在途物资的采购成本
28	1403	原材料	原材料	企业库存的各种材料
29	1404	材料成本差异	材料成本差异	企业采用计划成本进行日常核算的材料计划成本与实际成本的差额
30	1405	库存商品	库存商品	企业库存的各种商品的实际成本（或进价）或计划成本（或售价）
31	1406	发出商品	分期收款发出商品	企业未满足收入确认条件但已发出商品的实际成本（或进价）或计划成本（或售价）
32	1407	商品进销差价	商品进销差价	企业采用售价进行日常核算的商品售价与进价之间的差额
33	1408	委托加工物资	委托加工物资	企业委托外单位加工的各种材料、商品等物资的实际成本
34	1411	周转材料	包装物、低值易耗品	企业周转材料的计划成本或实际成本

（续）

序号	编号	新会计准则科目	原会计制度科目	核算内容
资产类				
35	1421	消耗性生物资产	※	企业（农业）持有的消耗性生物资产的实际成本
36	1431	贵金属	※	企业（金融）持有的黄金、白银等贵金属存货的成本
37	1441	抵债资产	※	企业（金融）依法取得并准备按有关规定进行处置的实物抵债资产的成本
38	1451	损余物资	※	企业（保险）按照原保险合同约定承担赔偿保险金责任后取得的损余物资成本
39	1461	融资租赁资产	※	企业（租赁）为开展融资租赁业务取得资产的成本
40	1471	存货跌价准备	存货跌价准备	企业存货的跌价准备
41	1501	持有至到期投资	※	企业持有至到期投资的摊余成本
42	1502	持有至到期投资减值准备	※	企业持有至到期投资的减值准备
43	1503	可供出售金融资产	※	企业持有的可供出售金融资产的公允价值
44	1511	长期股权投资	长期股权投资	企业持有的采用成本法和权益法核算的长期股权投资
45	1512	长期股权投资减值准备	长期投资减值准备	企业长期股权投资的减值准备
46	1521	投资性房地产	※	企业采用成本模式计量的投资性房地产的成本
47	1531	长期应收款	长期应收款	企业的长期应收款项
48	1532	未实现融资收益	※	企业分期计入租赁收入或利息收入的未实现融资收益
49	1541	存出资本保证金	※	企业（保险）按规定比例缴存的资本保证金
50	1601	固定资产	固定资产	企业持有的固定资产原价
51	1602	累计折旧	累计折旧	企业固定资产的累计折旧
52	1603	固定资产减值准备	固定资产减值准备	企业固定资产的减值准备
53	1604	在建工程	在建工程	企业基建、更新改造等在建工程发生的支出
54	1605	工程物资	工程物资	企业为在建工程准备的各种物资的成本
55	1606	固定资产清理	固定资产清理	企业因出售、报废、毁损、对外投资、非货币性资产交换、债务重组等原因转出的固定资产价值以及在清理过程中发生的费用等
56	1611	未担保余值	※	企业（租赁）采用融资租赁方式租出资产的未担保余值
57	1621	生产性生物资产	※	企业（农业）持有的生产性生物资产原价

（续）

序号	编号	新会计准则科目	原会计制度科目	核算内容
资产类				
58	1622	生产性生物资产累计折旧	※	企业（农业）成熟生产性生物资产的累计折旧
59	1623	公益性生物资产	※	企业（农业）持有的公益性生物资产的实际成本
60	1631	油气资产	※	企业（石油天然气开采）持有的矿区权益和油气井及相关设施的原价
61	1632	累计折耗	※	企业（石油天然气开采）油气资产的累计折耗
62	1701	无形资产	无形资产	企业持有的无形资产成本，包括专利权、非专利技术、商标权、著作权、土地使用权等
63	1702	累计摊销	※	企业对使用寿命有限的无形资产计提的累计摊销
64	1703	无形资产减值准备	无形资产减值准备	企业无形资产的减值准备
65	1711	商誉	※	企业合并中形成的商誉价值
66	1801	长期待摊费用	长期待摊费用	企业已经发生但应由本期和以后各期负担的分摊期限在1年以上的各项费用，如以经营租赁方式租入的固定资产发生的改良支出等
67	1811	递延所得税资产	递延所得税	企业确认的可抵扣暂时性差异产生的递延所得税资产
68	1821	独立账户资产	※	企业（保险）对分拆核算的投资联结产品不属于风险保障部分确认的独立账户资产价值
69	1901	待处理财产损益	待处理财产损益	企业在清查财产过程中查明的各种财产盘盈、盘亏和毁损的价值。物资在运输途中发生的非正常短缺与损耗，也通过本科目核算
负债类				
70	2001	短期借款	短期借款	企业向银行或其他金融机构等借入的期限在1年以下（含1年）的各种借款
71	2002	存入保证金	※	企业（金融）收到客户存入的各种保证金
72	2003	拆入资金	※	企业（金融）从境内、境外金融机构拆入的款项
73	2004	向中央银行借款	※	企业（银行）向中央银行借入的款项
74	2011	吸收存款	※	企业（银行）吸收的除同业存放款项以外的其他各种存款
75	2012	同业存放	※	企业（银行）吸收的境内、境外金融机构的存款
76	2021	贴现负债	※	企业（银行）办理商业票据的转贴现等业务所融入的资金
77	2101	交易性金融负债	※	企业承担的交易性金融负债的公允价值
78	2111	卖出回购金融资产款	※	企业（金融）按照回购协议先卖出再按固定价格买入的票据、证券、贷款等金融资产所融入的资金
79	2201	应付票据	应付票据	企业购买材料、商品和接受劳务供应等开出、承兑的商业汇票，包括银行承兑汇票和商业承兑汇票

（续）

序号	编号	新会计准则科目	原会计制度科目	核算内容
负债类				
80	2202	应付账款	应付账款	企业因购买材料、商品和接受劳务等经营活动应支付的款项
81	2203	预收账款	预收账款	企业按照合同规定预收的款项
82	2211	应付职工薪酬	应付工资	企业根据有关规定应付给职工的各种薪酬。本科目可按工资、职工福利、社会保险费、住房公积金、工会经费、职工教育经费、非货币性福利、辞退福利、股份支付等明细核算
83	2221	应交税费	应交税金	企业按照税法等规定计算应交纳的各种税费
84	2231	应付利息	应付利息	企业按照合同约定应支付的利息
85	2232	应付股利	应付股利	企业分配的现金股利或利润
86	2241	其他应付款	其他应付款	企业除应付票据、应付账款、预收账款、应付职工薪酬、应付利息、应付股利、应交税费、长期应付款等以外的其他各项应付、暂收的款项
87	2251	应付保单红利	※	企业（保险）按原保险合同约定应付未付投保人的红利
88	2261	应付分保账款	※	企业（保险）从事再保险业务应付未付的款项
89	2311	代理买卖证券款	※	企业（证券）接受客户委托，代理客户买卖股票、债券和基金等有价证券而收到的款项
90	2312	代理承销证券款	※	企业（金融）接受委托，采用承购包销方式或代销方式承销证券所形成、应付证券发行人承销资金
91	2313	代理兑付证券款	※	企业（证券、银行等）接受委托代理兑付证券收到的兑付资金
92	2314	代理业务负债	※	企业不承担风险的代理业务收到的款项，包括受托投资资金、受托贷款资金等
93	2401	递延收益	※	企业确认应在以后期间计入当期损益的政府补助
94	2501	长期借款	长期借款	企业向银行或其他金融机构借入的期限在 1 年以上（不含 1 年）的各项借款
95	2502	应付债券	应付债券	企业为筹集（长期）资金而发行债券的本金和利息
96	2601	未到期责任准备金	※	企业（保险）提取的非寿险原保险合同未到期责任准备金
97	2602	保险责任准备金	※	企业（保险）提取的原保险合同保险责任准备金
98	2611	保户储金	※	企业（保险）收到投保人以储金本金增值作为保费收入的储金
99	2621	独立账户负债	※	企业（保险）对分拆核算的投资联结产品不属于风险保障部分确认的独立账户负债
100	2701	长期应付款	长期应付款	企业除长期借款和应付债券以外的其他各种长期应付款项
101	2702	未确认融资费用	※	企业应当分期计入利息费用的未确认融资费用
102	2711	专项应付款	专项应付款	企业取得政府作为企业所有者投入的具有专项或特定用途的款项
103	2801	预计负债	预计负债	企业确认的对外提供担保、未决诉讼、产品质量保证、重组义务、亏损性合同等预计负债
104	2901	递延所得税负债	递延税款	企业确认的应纳税暂时性差异产生的所得税负债

（续）

序号	编号	新会计准则科目	原会计制度科目	核算内容
共同类				
105	3001	清算资金往来	※	企业（银行）间业务往来的资金清算款项
106	3002	货币兑换	※	企业（金融）采用分账制核算外币交易所产生的不同币种之间的兑换
107	3101	衍生工具	※	企业衍生工具的公允价值及其变动形成的衍生资产或衍生负债
108	3201	套期工具	※	企业开展套期保值业务（包括公允价值套期、现金流量套期和境外经营净投资套期）套期工具公允价值变动形成的资产或负债
109	3202	被套期项目	※	企业开展套期保值业务被套期项目公允价值变动形成的资产或负债
所有者权益				
110	4001	实收资本	实收资本（股本）	企业接受投资者投入的实收资本。股份有限公司应将本科目改为“4001 股本”科目
111	4002	资本公积	资本公积	企业收到投资者出资额超出其在注册资本或股本中所占份额的部分
112	4101	盈余公积	盈余公积	企业从净利润中提取的盈余公积
113	4102	一般风险准备	※	企业（金融）按规定从净利润中提取一般风险准备
114	4103	本年利润	本年利润	企业当期实现的净利润（或发生的净亏损）
115	4104	利润分配	利润分配	企业利润的分配（或亏损的弥补）和历年分配（或弥补）后的余额
116	4201	库存股	※	企业收购、转让或注销的本公司股份金额
成本类				
117	5001	生产成本	生产成本	企业进行工业性生产发生的各项生产成本
118	5101	制造费用	制造费用	企业生产车间（部门）为生产产品和提供劳务而发生的各项间接费用
119	5201	劳务成本	劳务成本	企业对外提供劳务发生的成本
120	5301	研发支出	※	企业进行研究与开发无形资产过程中发生的各项支出
121	5401	工程施工	※	企业（建造承包商）实际发生合同成本和合同毛利
122	5402	工程结算	※	企业（建造承包商）根据建造合同约定向业主办理结算的累计金额
123	5403	机械作业	※	企业（建造承包商）及其内部独立核算的施工单位、机械站和运输队使用自有施工机械和运输设备进行机械作业（包括机械化施工和运输作业等）所发生的各项费用
损益类				
124	6001	主营业务收入	主营业务收入	企业确认的销售商品、提供劳务等主营业务收入
125	6011	利息收入	利息收入	企业（金融）确认的利息收入
126	6021	手续费及佣金收入	※	企业（金融）确认的手续费及佣金收入
127	6031	保费收入	※	企业（保险）确认的保费收入
128	6041	租赁收入	※	企业（租赁）确认的租赁收入
129	6051	其他业务收入	其他业务收入	企业确认的除主营业务活动以外的其他经营活动实现的收入
130	6061	汇兑损益	※	企业（金融）发生的外币交易因汇率变动而产生的汇兑损益

（续）

序号	编号	新会计准则科目	原会计制度科目	核算内容
损益类				
131	6101	公允价值变动损益	※	企业交易性金融资产、交易性金融负债，以及采用公允价值模式计量的投资性房地产、衍生工具、套期保值业务等公允价值变动形成的应计入当期损益的利得或损失
132	6111	投资收益	投资收益	企业确认的投资收益或投资损失
133	6201	摊回保险责任准备金	※	企业（再保险分出人）从事再保险业务应向再保险接受人摊回的保险责任准备金
134	6202	摊回赔付支出	※	企业（再保险分人）向再保险接受人摊回的赔付成本
135	6203	摊回分保费用	※	企业（再保险分人）向再保险接受人摊回的分保费用
136	6301	营业外收入	营业外收入	企业发生的各项营业外收入
137	6401	主营业务成本	主营业务成本	企业确认销售商品、提供劳务等主营业务收入时应结转的成本
138	6402	其他业务成本	其他业务支出	企业确认的除主营业务活动以外的其他经营活动所发生的支出
139	6403	营业税金及附加	主营业务税金及附加	企业经营活动发生的营业税、消费税、城市维护建设税、资源税和教育费附加等相关税费
140	6411	利息支出	※	企业（金融）发生的利息支出
141	6421	手续费及佣金支出	※	企业（金融）发生的与其经营活动相关的各项手续费、佣金等支出
142	6501	提取未到期责任准备金	※	企业（保险）提取的非寿险原保险合同未到期责任准备金和再保险合同分保未到期责任准备金
143	6502	提取保险责任准备金	※	企业（保险）提取的原保险合同保险责任准备金
144	6511	赔付支出	※	企业（保险）支付的原保险合同赔付款项和再保险合同赔付款项
145	6521	保单红利支出	※	企业（保险）按原保险合同约定支付给投保人红利
146	6531	退保金	※	企业（保险）寿险原保险合同提前解除时按照约定应当退还投保人的保单现金价值
147	6541	分出保费	※	企业（再保险分出人）向再保险接受人分出的保费
148	6542	分保费用	※	企业（再保险接受人）向再保险分出人支付的分保费用
149	6601	销售费用	营业费用	企业销售商品和材料、提供劳务的过程中发生的各种费用
150	6602	管理费用	管理费用	企业为组织和管理企业生产经营所发生的费用
151	6603	财务费用	财务费用	企业为筹集生产经营所需资金等发生的筹资费用
152	6604	勘探费用	※	企业（石油天然气开采）在油气勘探过程中发生的地质调查、物理化学勘探各项支出和非成功探井等支出
153	6701	资产减值损失	※	企业计提各项资产减值准备所形成的损失
154	6711	营业外支出	营业外支出	企业发生的各项营业外支出
155	6801	所得税费用	所得税	企业确认应从当期利润总额中扣除的所得税费用
156	6901	以前年度损益调整	以前年度损益调整	企业本年度发生的调整以前年度损益的事项以及本年度发现的重要前期差错更正涉及调整以前年度损益的事项

注：※为新增加的科目，与旧科目无对应的科目。

附录 A

第 1 ~ 6 章习题与答案

第 1 章　会计法律制度概述

一、单项选择题

1. 现行《会计法》是（　　）第九届全国人大常委会第十二次会议进行的修订。

   A. 1998 年　B. 1999 年　C. 2000 年　D. 2001 年

2. 按（　　）可将会计法律制度分为：会计法律、会计行政法规、会计地方法规和国家统一的会计制度。

   A. 内容结构　B. 法律架构　C. 核算内容　D. 管理内容

3. （　　）是会计法规体系的最高法律文件。

   A. 会计法　B. 会计法规

   C. 国家统一的会计制度　D. 地方性法规

4. 我国《会计法》规定，对没有设置会计机构和配备会计人员的单位应当实行（　　）。

   A. 委托收款　B. 代理记账　C. 委托纳税　D. 会计咨询

5. 国家统一的会计制度的制定权限属于（　　）。

   A. 国务院财政部门　B. 国际会计准则委员会

   C. 各单位　D. 各部门

6. 国务院批准，财政部发布的会计行政法规是（　　）。

   A. 《会计法》　B. 《企业财务会计报告条例》

   C. 《总会计师条例》　D. 《企业会计准则》

7. 主管会计工作的财政部门是指（　　）。

   A. 省级以上的　B. 市级以上的　C. 县级以上的　D. 镇级以上的

8. 国务院财政部与国家档案局联合制定的国家统一会计制度是（　　）。

   A. 《企业会计制度》　B. 《小企业会计制度》

   C. 《会计档案管理制度》　D. 《会计档案管理办法》

9. 以下属于地方性会计法规的是（　　）

A.《某省会计条例》　　B.《某会计从业资格管理实施办法》
C.《内部会计控制规范》　　D.《某省代理记账资格管理实施办法》

10. 财政部门对会计的相关资料，是否做到“账实相符，账证相符，账账相符，账表相符”的监督属于（　　）。
A. 设账监督　　B. 真实性、完整性监督
C. 核算监督　　D. 人员监督

二、多项选择题

1. 会计法律制度按内容来分，可分为（　　）。
A. 综合类法律制度　　B. 核算类法律制度
C. 管理类法律制度　　D. 其他类法律制度

2. 属于核算类法律制度的有（　　）。
A.《会计法》　　B.《企业会计准则》
C.《小企业会计制度》　　D.《会计从业资格管理办法》

3. 我国会计法律制度由（　　）构成。
A. 会计法律　　B. 会计行政法规
C. 国家统一的会计制度　　D. 地方性会计法规

4. 会计法律制度的立法宗旨是（　　）。
A. 规范会计行为　　B. 保证会计资料真实、完整
C. 加强经济管理和财务管理　　D. 维护社会主义市场经济秩序

5. 国家统一的会计制度包括（　　）。
A.《会计法》　　B. 会计规章　　C. 会计规范性文件　　D. 会计法规

6. 以下（　　）属于会计规章。
A.《财政部门实施会计监督办法》　　B.《会计师事务所审批和监督暂行办法》
C.《会计从业资格管理办法》　　D.《代理记账管理办法》

7. 以下会计规范性文件属于会计行政法规的是（　　）。
A.《总会计师条例》　　B.《会计档案管理办法》
C.《企业会计制度》　　D.《企业财务会计报告条例》

8. 会计法律制度按内容来分，可分为（　　）。
A. 综合类法律制度　　B. 核算类法律制度
C. 管理类法律制度　　D. 其他类法律制度

9. 国家统一的会计制度，是指国务院财政部门根据《会计法》制定的关于（　　）的制度。
A. 会计核算　　B. 会计监督
C. 会计机构和会计人员　　D. 会计工作管理

10. 某省会计条例规定，（　　）应当对本单位出具的财务会计报告的合法性、真实性、完整性做出书面承诺，并承担法律责任。
A. 单位负责人　　B. 单位主管会计工作的负责人
C. 单位会计机构负责人　　D. 单位会计人员

三、判断题

1. 会计法律是由全国各地人民代表大会或其常务委员会制定的。（　　）

2. 在我国会计法律制度中，会计法规的法律效力最高。（ ）
3. 会计行政法规是由国务院批准发布的。（ ）
4. 会计行政规章是由国务院批准发布的。（ ）
5. 我国现行的《会计法》是1999年10月31日第八届全国人大常委会第十二次会议修订通过的《中华人民共和国会计法》。（ ）
6. 《某省会计条例》是地方性会计法规。（ ）
7. 国务院财政部与各地区的财政部对会计工作的管理采用“统一领导，分级管理”的原则进行。（ ）
8. 国家实行统一的会计制度是规范会计行为的重要保证。（ ）
9. 《会计法》在授权财政部门管理会计工作职权的同时，赋予了财政部门对会计工作的监督权和行政处罚权的权力。（ ）
10. 会计工作的主管部门是国务院财政部。（ ）

四、简答题

1. 简述单位负责人的主要会计管理职责。
2. 简述我国会计法律制度的构成。
3. 简述会计机构和会计人员的监督职责。

第2章 会计法

一、单项选择题

1. （ ）是《会计法》的执法主体，是会计工作政府监督的实施主体。
   A. 财政部门　　B. 注册会计师及会计师事务所
   C. 本单位的会计机构和会计人员　　D. 国家审计机关
2. 我国对注册会计师和会计师事务所拥有管理监督权的部门是（ ）。
   A. 审计部门　　B. 财政部门　　C. 税务部门　　D. 工商部门
3. 根据现行《会计档案管理办法》的规定，企业的月、季度财务报告的保管期限为（ ）。
   A. 3年　　B. 5年　　C. 15年　　D. 永久
4. 财政部门实施会计监督的对象是（ ）。
   A. 会计行为　　B. 公民、法人和其他经济组织的违法行为
   C. 各单位的会计工作　　D. 各单位的会计机构和会计人员
5. （ ）应当对原始凭证的内容及真实性、合法性负责。
   A. 会计机构　　B. 会计人员　　C. 单位负责人　　D. 填制原始凭证的人员
6. 各单位采用的会计处理方法，确有必要变更的，应当按照国家统一的会计制度的规定变更，并将（ ）在财务会计报告中说明。
   A. 变更的原因　　B. 变更的依据、影响
   C. 变更的原因、影响　　D. 变更的原因、情况及影响
7. 会计档案定期保管期限分为（ ）类。
   A. 3　　B. 4　　C. 5　　D. 6
8. 记账人员与经济业务事项和会计事项的经办人员的职责权限应当明确，并（ ）、相互制约。

A. 相互监督　　B. 职责分明　　C. 职务分离　　D. 相互分离

9. 会计机构、会计人员对违反本法和国家统一的会计制度规定的会计事项，(　　)。

A. 有权拒绝办理或者按照职权予以纠正

B. 按单位负责人的要求办理

C. 不予办理

D. 制止和纠正无效的，向单位领导人提出书面意见，请求处理

10. (　　) 是单位进行会计核算最基本的要求。

A. 取得原始凭证　　B. 编制记账凭证

C. 依法设置会计账簿　　D. 编制会计报表

11. 各单位必须根据实际发生的经济业务事项进行会计核算，填制会计凭证，登记会计账簿，编制财务会计报告，是会计核算（　　）原则的具体体现。

A. 合法性　　B. 真实性　　C. 实质重于形式　　D. 一致性

12. 按照《会计法》的规定，对于不依法设置会计账簿，尚不构成犯罪的，由（　　）予以处罚。

A. 各级人民政府　　B. 各级人民政府财政部门

C. 县级以上人民政府　　D. 县级以上人民政府财政部门

13. 伪造、变造会计凭证、会计账簿，编造虚假财务会计报告，尚不构成犯罪的，对其直接负责的主管人员和其他直接责任人员，可处（　　）。

A. 2000 元以上 2 万元以下的罚款　　B. 3000 元以上 5 万元以下的罚款

C. 5000 元以上 10 万元以下的罚款　　D. 3 年以下有期徒刑

14. 会计人员继续教育的时间每年累计不少于（　　）小时。

A. 20　　B. 24　　C. 48　　D. 68

15. 根据《会计法》规定，对故意销毁依法应当保存的会计凭证、会计账簿、财务会计报告，尚不构成犯罪的，县级以上财政部门除按规定对直接负责的主管人员和其他直接责任人员进行处罚外，对单位予以通报，可以并处罚款。对单位所处的罚款金额最低为（　　）元。

A. 1000　　B. 2000　　C. 3000　　D. 5000

16. 私设会计账簿的，情节严重但不构成犯罪的对会计人员可（　　）。

A. 处 2000 元以上 2 万元以下的罚款　　B. 给予行政处分

C. 吊销会计从业资格证书　　D. 责令限期更正

17. 吊销会计从业资格证书由（　　）以上财政部门进行。

A. 乡镇级　　B. 县级　　C. 地市级　　D. 省级

二、多项选择题

1.《会计法》的执法主体，财政部门是指（　　）。

A. 国务院财政部门　　B. 国务院财政部门的派出机构

C. 县级以上人民政府财政部门　　D. 财政部驻各地专员办事处

2. 根据《会计法》的规定，下列对国家统一会计制度描述不正确的有（　　）。

A. 它是由国务院制定发布实施的会计制度

B. 它包括企业会计制度会计人员后续教育等

C. 它制定的依据是《会计法》和《企业会计准则》
D. 它是由国务院财政部门制定发布实施的会计制度

3. 会计机构、会计人员进行会计监督的依据是（　　）。
A.《会计法》　B. 财经法律　C. 国家统一会计制度　D. 财务计划

4. 根据《会计法》的规定，下列各项中，单位出纳人员不得兼任的工作有（　　）。
A. 稽核　B. 会计档案保管
C. 银行存款日记账登记工作　D. 费用账目登记工作

5. 对会计核算进行规范的法规有（　　）。
A.《会计基础工作规范》　B.《企业会计准则——基本准则》
C.《企业会计准则——具体准则系列》　D.《企业财务会计报告条例》

6.（　　）要实行职务分离。
A. 记账人员与经办人员　B. 审批人员与经办人员
C. 记账人员与财产保管人员　D. 经办人员与财产保管人员

7. 违反会计制度规定行为应承担的法律责任有（　　）。
A. 责令限期改正　B. 罚款，给予行政处分
C. 吊销会计从业资格证书　D. 依法追究刑事责任

8.《会计基础工作规范》规定，企业自制的原始凭证，必须有（　　）的签名或盖章
A. 单位领导　B. 指定人员
C. 会计主管　D. 记账员

9. 记账凭证可以根据（　　）填制。
A. 每一张原始凭证　B. 若干张原始凭证汇总
C. 若干张同类原始凭证汇总　D. 原始凭证汇总表

10. 伪造、变造会计凭证、会计账簿，编制虚假财务会计报告可能承担的法律责任有（　　）。
A. 构成犯罪的，依法追究刑事责任
B. 对单位并处5000元以上10万以下的罚款
C. 对其直接负责的主管人员，处3000元以上5万元以下的罚款
D. 对其他直接负责人员，处3000元以上5万元以下的罚款

11. 会计人员继续教育培训形式有（　　）。
A. 财政部门会计管理机构组织的培训
B. 财政部门会计管理机构批准设立的培训点举办的培训
C. 单位、业务主管部门举办的会计业务培训
D. 正在普通院校或成人院校接受国家承认的会计专业学历教育以及财政部门会计管理机构认可的其他形式

12. 单位内部控制最根本的目标是（　　）。
A. 保护单位财产　B. 检查有关数据的正确性和可靠性
C. 提高经营效率　D. 贯彻既定的管理方针

三、判断题

1. 任何单位都必须选定人民币作为记账本位币。（　　）
2. 中国境内的外国企业可以单独使用某种外国文字进行会计记录。（　　）

3. 会计监督中的社会监督仅包括社会中介机构的审计。 ( )
4. 对账簿记录与实物、款项不符时，在查明原因后会计人员可以直接处理。 ( )
5. 财政部门在对各单位实施监督时，可向被监督单位开立账户的金融机构查询有关情况。( )
6. 记账人员与会计事项的审批人员、经办人员、财物保管人员应相互分离、相互制约。 ( )
7. 从《会计法》规定的单位内部会计监督制度的内容来看，其本质是一种内部控制制度。( )
8. 总会计师是单位对外提供的财务会计报告的责任主体。 ( )
9. 会计资料移交人对自己已经移交的会计资料的合法性、真实性要承担法律责任，不能因为会计资料已移交而推脱责任。 ( )
10. 单位内部某个部门或某个职员在处理经济业务时，不一定必须经过授权批准才能进行。( )
11. 用电子计算机生成的会计资料，必须符合国家统一的会计制度的要求。 ( )
12. 填制或者取得原始凭证的人员应当对原始凭证的内容及真实性、合法性负责，并负审核责任。 ( )
13. 会计报表须经注册会计师审计的，其出具的审计报告应当随同财务会计报告一并提供。 ( )
14. 将检举人姓名和检举材料转给被检举单位和被检举人个人的，由所在单位或者有关单位依法给予行政处分。 ( )
15. 会计机构负责人（会计主管人员）办理交接手续，由单位稽核人员监交。 ( )

四、简答题

1. 根据《会计法》规定，会计核算的内容有哪些？
2. 会计机构、会计人员在内部会计监督中的职权是什么？
3. 在会计工作的政府监督中，财政部门和其他有关部门在行使职权时应注意什么？

第3章 支付结算法律制度

一、单项选择题

1. 存款人开立单位银行结算账户，自正式开立之日起（ ）个工作日后方可办理付款业务。
   A. 3　B. 5　C. 7　D. 10
2. 我国的银行结算账户按用途不同分为（ ）、一般存款账户、临时存款账户和专用存款账户。
   A. 基本存款账户　B. 支票账户　C. 存款账户　D. 现金账户
3. 存款人的主办账户是（ ）。
   A. 基本存款账户　B. 一般存款账户　C. 临时存款账户　D. 专用存款账户
4. 根据《账户管理办法》的规定，临时存款账户有效期最长不得超过（ ）。
   A. 1年　B. 2年　C. 3年　D. 5年
5. 我国票据法所称的票据是指（ ）。
   A. 股票、国库券、企业债券　B. 汇票、本票和支票
   C. 汇票和本票　D. 发票、提单、包单
6. 提示付款期限为自出票日起10日的票据是（ ）。
   A. 银行汇票　B. 银行本票　C. 支票　D. 商业汇票

7.《支付结算办法》对商业汇票的最长付款期限有明确的规定，该期限是（　　）。
A. 1个月　B. 3个月　C. 6个月　D. 9个月
8. 在填写票据的出票日期时，下列各项中为“10月20日”的正确的中文写法是（　　）。
A. 拾月贰拾日　B. 零壹拾月贰拾日
C. 零壹拾月零贰拾日　D. 壹拾月贰拾日
9. 不能背书转让的票据是（　　）。
A. 现金支票　B. 转账支票　C. 商业汇票　D. 银行汇票
10. 根据《支付结算办法》的规定，签发票据时，可以更改的项目是（　　）。
A. 出票日期　B. 收款人名称　C. 用途　D. 票据金额

二、多项选择题

1. 根据《人民银行结算账户管理办法》的规定，下面各项中，属于一般存款账户使用范围的有（　　）。
A. 办理借款转存　B. 办理借款归还
C. 办理现金支取　D. 办理现金缴存
2. 在填写中文大写金额时，下列各项中，将“￥203 000.78”填写正确的是（　　）。
A. 人民币贰拾万叁仟元零柒角捌分　B. 人民币贰拾万零叁仟元柒角捌分
C. 人民币贰拾万零叁仟元零柒角捌分　D. 人民币贰拾万叁仟元柒角捌分
3. 根据《票据法》规定，下列各项中，属于票据行为的有（　　）。
A. 出票　B. 背书　C. 承兑　D. 保证
4. 签发银行汇票必须记载以下事项（　　）。
A. 出票金额　B. 付款人名称　C. 出票日期　D. 收款人名称
5. 根据我国《支付结算办法》的规定，在票据和结算凭证上，不得更改的项目是（　　）。
A. 金额　B. 出票日期（或签发日期）
C. 收款人名称　D. 付款人名称
6. 存款人有下列（　　）情形的，应向开户银行提出撤销银行结算账户的申请。
A. 注销、被吊销营业执照的　B. 被撤并、解散、宣告破产或关闭的
C. 因迁址需要变更开户银行的　D. 其他原因需要撤销银行结算账户的
7. 下列（　　）存款人可以申请开立基本存款账户。
A. 企业法人　B. 非企业法人
C. 个体工商户　D. 单位设立的非独立核算的附属机构
8. 下列各项中，属于违反支付结算规定的行为有（　　）。
A. 企业法人内部独立核算的单位以其名义在银行开立基本存款账户
B. 单位签发没有真实债权债务关系的商业承兑汇票
C. 银行办理空头汇款
D. 单位签发没有资金保证的支票
9. 办理支付结算时，（　　）的结算凭证银行不予受理。
A. 未使用中国人民银行统一规定格式　B. 更改过金额
C. 金额大小写不一致　D. 金额大写使用外国文字
10. 可以直接支出现金的支票为（　　）。

A. 现金支票　　B. 定额支票　　C. 普通支票　　D. 转账支票

三、判断题

1. 为了便于结算，一个单位可以同时在几家金融机构开立银行基本存款账户。（　　）
2. 银行对伪造、变造的票据和结算凭证，只要以善意且符合规定的正常操作程序审查后支付的，不再承担付款的责任。（　　）
3. 票据和结算凭证的金额、出票或者签发日期、收款人名称不得更改，更改的票据无效；更改的结算凭证，银行不予受理。（　　）
4. 一个单位只能在一家金融机构开设一个基本存款户，一般存款账户不得办理现金支付。（　　）
5. 一般存账户是存款人因办理日常转账和现金收付需开立的银行结算账户。（　　）
6. 票据具有汇兑、信用、支付三大主要功能。（　　）
7. 基本存款账户一个单位只能在一家金融机构开设，一般存款账户可以办理现金支付。（　　）
8. 普通支票左上角划两平行线的支票，既可以用于支取现金，也可以用于转账。（　　）

四、简答题

1. 简述单位银行结算账户的种类和用途。
2. 根据《支付结算办法》的规定，办理支付结算的基本要求有哪些？
3. 简述异地银行结算账户的使用范围是什么？

第 4 章　税收征收管理法律制度

一、单项选择题

1. （　　）是税务征收管理的基础环节，是税款征收和稽查的前提。

   A. 税务登记　　B. 纳税申报

   C. 登记代收代扣税金账　　D. 变更登记

2. 单位和个人应在发生经营业务、（　　）时，才能开具发票，未发生经营业务一律不得开具发票。

   A. 取得营业收入　　B. 收到营业收入　　C. 确认营业收入　　D. 发生营业收入

3. 对于生产不固定、账册不健全的单位应采用（　　）税款征收方式。

   A. 查账征收　　B. 查验征收　　C. 定期定额征收　　D. 查定征收

4. （　　）是税收征收管理工作的中心环节。

   A. 税务管理　　B. 税款征收　　C. 税务检查　　D. 税务处罚

5. 对全国范围内统一样式的发票由（　　）确定。

   A. 国务院财政部　　B. 各省、自治区、直辖市的财政局

   C. 国家税务总局　　D. 各省、自治区、直辖市的税务局

6. 纳税人兼营适用不同税率的货物或者应税劳务的，应当分别核算不同税率货物或者应税劳务的销售额；未分别核算销售额的，（　　）适用税率。

   A. 从高　　B. 从低　　C. 平均　　D. 分别

二、多项选择题

1. 税收征收管理工作由（　　）等环节组成。

A. 税务管理　B. 税款征收　C. 税务检查　D. 税务处罚

2. 税收具有的特征有（　　）。

A. 强制性　B. 无偿性　C. 固定性　D. 有偿性

3. 下列属于核定应纳税额的方式有（　　）。

A. 按照成本加合理的费用和利润核定

B. 按照耗用的原材料、燃料、动力等推算或者测算核定

C. 参照当地同行业企业的经营规模和收入水平相似的纳税人的收入额和利润率核定

D. 成本加成的方式确定

4. 企业在（　　）情况下，应当办理税务登记。

A. 解散　B. 破产　C. 撤销　D. 更名

5. 税款征收的措施有（　　）。

A. 加收滞纳金　B. 核定应纳税额　C. 税收强制执行　D. 阻止出境

6. 纳税申报的方式包括（　　）。

A. 上门申报　B. 口头申报　C. 邮寄申报　D. 网上申报

7. 以下（　　）行为构成偷税罪。

A. 伪造、变造、隐匿、销毁账簿、凭证的

B. 多列支出，不列、少列收入的

C. 经税务机关通知申报，而拒不申报或进行虚假申报的

D. 进行虚假的纳税申报，不缴或少缴应纳税款的

8. 税务机关在实施税务检查中，可以采取的措施有（　　）。

A. 检查纳税人会计资料

B. 检查纳税人货物存放地的应纳税商品

C. 检查纳税人托运、邮寄应纳税商品的单据

D. 经法定程序批准，查核纳税人在银行在存款账户

三、判断题

1. 公司需要停业的应当在停业后向税务机关申报办理停业登记。（　　）

2. 纳税人在申报期内不论有无收入，都必须在规定的期限内，如实填写适用税种的纳税申报表，并附报有关资料。（　　）

3. 税务机关派出的人员进行税务检查时，被检查人无权拒绝检查。（　　）

4. 违反《税收征管法》的规定，非法印制发票的，由税务机关销毁非法印制的发票，没收违法所得和作案工具，并处1万元以上5万元以下的罚款。（　　）

5. 税款征收中的查验征收方式主要适用于生产不固定、账册不健全的单位。（　　）

6. 发票的种类，由国家税务总局确定。（　　）

7. 未按规定申报办理税务登记，设置和保管账簿，由税务机关限期改正，也可以处以2000元以上罚款。（　　）

四、简答题

1. 简述税收的功能。

2. 发票的种类有哪些？

第5章　财政法规制度

一、单项选择题

1. 下列选项中，不属于我国国家预算体系的是（　　）。
   A. 中央预算
   B. 省级（省、自治区、直辖市）预算
   C. 县市级（县、自治县、不设区的市、市辖区）预算
   D. 县级以上地方政府的派出机关预算
2. 我国国家预算收入的最主要部分是（　　）。
   A. 依照规定应当上缴的国有资产收益　B. 税收收入
   C. 专项收入　D. 其他收入
3. 按照分享程度划分，我国的预算收入（　　）。
   A. 仅包括中央预算收入
   B. 仅包括中央预算收入和地方预算收入
   C. 仅包括中央和地方预算共享收入
   D. 包括中央预算收入、地方预算收入以及中央和地方预算共享收入
4. 根据政府采购法律制度的规定，采用邀请招标方式的，采购人应当从符合相应资格条件的供应商中随机邀请（　　）家以上的供应商，并以投标邀请书的方式，邀请其参加投标。
   A. 3　B. 5　C. 10　D. 15
5. 《预算法实施条例》是由（　　）制定的。
   A. 全国人民代表大会　B. 全国人民代表大会常务委员会
   C. 国务院　D. 财政部
6. 下列选项中，不属于政府采购当事人的是（　　）。
   A. 采购人　B. 保证人　C. 供应商　D. 采购代理机构
7. 政府采购要按照事先约定的条件和程序进行，对所有供应商一视同仁，任何单位和个人无权干预采购活动的正常开展，这体现了（　　）原则。
   A. 公开透明　B. 公平竞争　C. 公正　D. 诚实信用
8. 根据我国的政权结构，可以把我国的预算分为（　　）级。
   A. 6　B. 3　C. 4　D. 5
9. 财政收入收缴方式中，由征收机关（有关法定单位）按有关法律法规规定，将所收的应缴收入汇总缴入国库单一账户或预算外资金财政专户的方式是（　　）。
   A. 分次汇缴　B. 直接缴库　C. 集中汇缴　D. 汇总缴纳
10. 下列关于预算体系组成的表述，错误的是（　　）。
    A. 地方预算由省、自治区、直辖市预算组成
    B. 部门单位预算是指部门、单位的收支预算
    C. 总预算包括本级预算和本级政府行政隶属的下一级政府的总预算
    D. 预算组成不受限制，可随意编制
11. 我国国家预算采用了财政法原理中的（　　）原则。

A. 统一领导、分级管理
B. 统一领导、统一管理
C. 一级政权、一级财政
D. 一级人大、一级财政

12. 政府集中采购目录和限额标准由（ ）国务院确定并公布。
A. 省级人民政府
B. 市级人民政府
C. 县级人民政府
D. 乡、民族乡、镇政府

13. 下列各项中，不属于县级以上地方各级政府的预算管理职权的是（ ）。
A. 编制本级预算、决算草案
B. 批准本级预算和本级预算执行情况的报告
C. 向本级人民代表大会作关于本级总预算草案的报告
D. 组织本级总预算的执行

14. 乡级政府编制的决策草案，由（ ）审批。
A. 国务院
B. 县级以上人民政府
C. 县级人大
D. 本级人大

15. 对本级各部门、各单位和下级政府的预算执行、决算实施审计监督的部门是（ ）。
A. 各级政府财政部门
B. 各级政府
C. 各级政府审计部门
D. 上一级政府财政部门

16. 下列各项中，审查和批准中央预算的是（ ）。
A. 全国人民代表大会
B. 全国人民代表大会常务委员会
C. 国务院
D. 财政部

二、多项选择题

1. 下列各项中，属于国家预算构成的有（ ）。
A. 中央预算　B. 地方预算　C. 总预算　D. 部门单位预算

2. 根据我国《预算法》的规定，不属于全国人民代表大会预算职权的是（ ）。
A. 批准中央预算和中央预算执行情况的报告
B. 审查和批准中央预算的调整方案
C. 监督中央和地方预算的执行
D. 改变或者撤销全国人民代表大会常务委员会关于预算、决算的不适当的决议

3. 下列各项中，属于我国政府采购主体的有（ ）。
A. 国家机关
B. 事业单位
C. 从事公共社会活动的团体组织
D. 国有企业

4. 下列各项中，是国家预算原则的有（ ）。
A. 公开性　B. 完整性　C. 统一性　D. 法律性

5. 下列各项中，可以采用竞争性谈判方式采购的情形有（ ）。
A. 招标后没有供应商投标或者没有合格标的或者重新招标未能成立的
B. 技术复杂或者性质特殊，不能确定详细规格或者具体要求的
C. 采用招标所需时间不能满足用户紧急需要的
D. 不能事先计算出价格总额的

6. 预算收入划分为（ ）。
A. 中央预算收入
B. 地方预算收入

C. 中央和地方预算共享收入　　D. 税收收入

7. 我国《预算法》规定的预算支出形式包括（　　）。
   A. 经济建设支出
   B. 教育、科学、文化、卫生、体育等事业发展支出
   C. 国家管理费用支出
   D. 国防支出
8. 按照我国部门预算改革的内容，下列有关部门预算表述正确的有（　　）。
   A. 既包括行政单位预算，又包括其下属的事业单位预算
   B. 既包括一般预算收支计划，又包括政府基金预算收支计划
   C. 既包括正常经费预算，又包括专项支出预算
   D. 既包括财政预算内拨款收支计划，又包括财政预算外核拨资金收支计划和部门其他收支计划
9. 下列各项中，可以作为政府采购当事人中采购人的有（　　）。
   A. 中华人民共和国商务部　　B. 人民教育出版社
   C. 中国红十字会　　D. 个人独资企业
10. 下列有关预算的审批和执行的表述，正确的有（　　）。
   A. 中央预算由全国人民代表大会审查和批准
   B. 地方各级人民政府预算由本级人民代表大会审查和批准
   C. 各级人民政府预算经本级人民代表大会批准后，本级政府财政部门应当及时向本级政府各部门批复预算
   D. 各级预算由本级政府组织执行，具体工作由本级政府财政部门负责
11. 下列有关预决算管理的监督表述，正确的有（　　）。
   A. 全国人民代表大会及其常务委员会对中央和地方预算、决算进行监督
   B. 县级以上地方各级人民代表大会及其常务委员会对本级和下级政府预算、决算进行监督
   C. 乡、民族乡、镇人民代表大会对本级预算、决算进行监督
   D. 各级政府审计部门对本级各部门、各单位和下级政府预算的执行和决算实行审计监督
12. 符合下列（　　）情形之一的货物或者服务，可以采用单一来源方式采购。
   A. 只能从唯一供应商处采购的
   B. 发生了不可预见的紧急情况不能从其他供应商处采购的
   C. 必须保证原有采购项目一致性或者服务配套的要求，需要继续从原供应商处添购，且添购资金总额不超过原合同采购金额10%的
   D. 不能事先计算出价格总额的
13. 国库单一账户体系包括（　　）。
   A. 预算外资金专户　　B. 预算单位零余额账户
   C. 财政预算零余额账户　　D. 国库单一账户
14. 下列各项不属于中央预算草案编制内容的有（　　）。
   A. 本级预算收入和支出　　B. 上一年度结余用于本年度安排的支出
   C. 返还或者补助下级的支出　　D. 上解上级的支出
15. 财政支出支付方式主要有（　　）。

A. 财政授权支付　　　　B. 银行代理支付
C. 财政直接支付　　　　D. 银行集中支付

三、判断题

1. 我国实行一级政府一级预算。（　　）
2. 我国的预算分为中央预算和地方预算，而中央预算是由各地方预算组成的。（　　）
3. 单一来源方式是指采购人向唯一供应商进行采购的方式。（　　）
4. 无论乡、民族乡、镇是否有设立预算条件，都一定要设立预算。（　　）
5. 中央政府预算包括与财政部直接发生预算缴款、拨款关系的事业单位预算，但包括企业单位的预算。（　　）
6. 在财政法的体系中，预算法是核心法、骨干法。（　　）
7. 采购人不得将应当以公开招标方式采购的货物或者服务化整为零来规避公开招标采购。（　　）
8. 预算收入划分为中央预算收入和地方预算收入。（　　）
9. 决算草案由各级政府、各部门、各单位在每一预算年度终了后按国务院规定的时间编制，具体事项由国务院部署。（　　）
10. 货物或者服务具有特殊性，只能从有限范围的供应商处采购的可以采用竞争性谈判方式采购。（　　）
11. 采购代理机构分为一般采购代理机构和集中采购代理机构。（　　）
12. 省级以上各级预算必须设立国库，县级预算如果具备条件，也应设立国库。（　　）

四、简答题

1. 简述国家预算的作用。
2. 简述全国人民代表大会与常务委员会职权的区别。
3. 政府采购的方式都有哪些?
4. 简述财政支出支付方式。

第 6 章　会计职业道德

一、单项选择题

1.（　　）是职业道德的基础，是社会主义职业道德所倡导的首要规范。
A. 爱岗敬业　　B. 诚实守信　　C. 办事公道　　D. 服务群众
2. 当前开展会计诚信教育、加强会计职业道德建设的现实意义有（　　）。
A. 贯彻依法治国和以德治国的方针
B. 提高会计行业的公信力
C. 提高会计信息质量，维护市场经济秩序
D. 提高会计队伍整体素质
3. 张某捡到 6000 元，准备采取以下几种方式进行处理，其中符合社会主义道德要求的有（　　）。
A. 将所捡到的 6000 元以张某个人名义捐给希望工程
B. 找到失主后，要求失主支付 2000 元作为报酬，其余 4000 元还给失主

C. 将所捡到的 6000 元交给当地派出所

D. 将所捡到的 6000 元替隔壁住院的烈士家属王大爷支付住院费

4. 在会计职业道德规范中，(　　) 奠定了廉洁自律的基础。

A. 公私分明，不贪不占　　B. 遵纪守法，尽职尽责

C. 执业谨慎，信誉至上　　D. 树立正确的人生观和价值观

5. 会计工作的特点决定了 (　　) 是会计职业道德的内在要求，是会计人员的行为准则。

A. 爱岗敬业　　B. 诚实守信　　C. 廉洁自律　　D. 客观公正

6. 坚持准则是会计职业道德规范的一项重要内容。“坚持准则” 的具体要求有 (　　)。

A. 熟悉准则　　B. 掌握准则　　C. 遵循准则　　D. 坚持准则

7. 品德教育是最基础的会计职业道德教育。会计职业道德品德教育的主要内容有 (　　)。

A. 会计职业信念教育　　B. 会计职业义务教育

C. 会计职业荣誉教育　　D. 会计职业尊严教育

8. 下列各项中，体现会计职业道德 “爱岗敬业” 要求的有 (　　)。

A. 工作一丝不苟　　B. 工作尽职尽责　　C. 工作精益求精　　D. 工作兢兢业业

9. 某公司会计张某不仅熟悉会计电算化业务，而且对利用现代信息技术手段加强经营管理颇有研究。张某向公司总经理建议，开辟网上业务洽谈，并实行优惠的折扣政策。公司采纳了李某的建议，当期销售额快速增长。李某的行为体现出的会计职业道德有 (　　)。

A. 爱岗敬业　　B. 坚持准则　　C. 参与管理　　D. 强化服务

10. 在会计人员继续教育中，会计职业道德教育最基础的是 (　　) 教育。

A. 形势教育　　B. 品德教育　　C. 法制教育　　D. 技能教育

11. 下列各项中，不符合会计职业道德 “强化服务” 要求的有 (　　)。

A. 出纳人员在稽核会计生病期间主动提出兼任稽核检查工作

B. 会计人员在采购部门人手不足的情况下，代理采购人员办理采购业务

C. 会计机构负责人在单位负责人苦于无法实现盈利目标时，主动提出虚构销售合同，虚增利润的建议

D. 总会计师在单位负责人外出开会的情况下，代替单位负责人在财务会计报告上签章

12. (　　) 是强化会计职业道德教育的有效形式。

A. 对潜在会计人员的教育　　B. 对从事会计职业人员的岗前教育

C. 对会计人员的继续教育　　D. 对会计人员的决策管理教育

二、多项选择题

1. 提高技能既是会计职业道德的基本要求，也是会计人员胜任本职工作的重要条件。下列各项中，属于会计技能的内容有 (　　)。

A. 会计理论水平　　B. 会计实务能力　　C. 职业判断能力　　D. 沟通交流能力

2. 下列会计法律制度中，对会计职业道德提出要求的有 (　　)。

A. 《会计法》　　B. 《总会计师条例》

C. 《会计基础工作规范》　　D. 《会计从业资格管理办法》

3. 会计职业道德规范的实施途径主要有 (　　)。

A. 自我修养与外部监督相结合　　B. 宣传教育与检查惩戒相结合

C. 行业自律与政府监督相结合　　D. 道德规范与法律监管相结合

4. 下列各项中，符合会计职业道德“廉洁自律”要求的有（　　）。

A. 树立正确的人生观和价值观　　B. 严格划分公私界线，公私分明，不贪不占

C. 遵纪守法，尽职尽责　　D. 自觉抑制拜金主义，个人主义

5. 某企业会计科在讨论会计职业道德和会计法律制度二者关系时提出的下列观点中，正确的有（　　）。

A. 两者在实施过程中相互作用、相互补充

B. 会计法律制度是会计职业道德的最低要求

C. 违反会计法律制度一定违反会计职业道德

D. 违反会计职业道德也一定违反会计法律制度

6. 下列各项中，符合会计职业道德“参与管理”的行为有（　　）。

A. 对公司财务会计报告进行综合分析并提交风险预警报告

B. 参加公司重大投资项目的可行性研究和投资效益论证

C. 分析坏账形成原因，提出加强授信管理、加快货款回收的建议

D. 分析现金流量状况，查找存在的问题，提出改进措施

7. 会计人员如果泄露本单位的商业秘密，可能导致的后果将会有（　　）。

A. 会计人员的信誉将受到损害　　B. 会计人员将承担法律责任

C. 单位的经济利益将遭受损失　　D. 会计行业声誉将受到损害

8. 下列各项中，符合会计职业道德“强化服务”要求的有（　　）。

A. 强烈的服务意识　　B. 文明的服务态度

C. 优良的服务质量　　D. 明确的服务承诺

9. 会计职业道德教育的主要内容包括（　　）。

A. 会计职业技能教育　　B. 会计职业道德观念教育

C. 会计职业道德规范教育　　D. 会计职业道德警示教育

10. 会计职业道德教育的目的包括（　　）。

A. 帮助会计人员认知会计职业道德规范　　B. 促使会计人员提高职业道德自律能力

C. 引导会计人员树立良好的道德观念　　D. 培养会计人员爱岗敬业的风尚

三、判断题

1. 职业道德是指从业人员在进行职业活动时应遵循的行为规范，不包括从业人员对社会所应承担的道德责任和义务。（　　）

2. 1996 年 6 月，财政部颁发的《会计基础工作规范》，首次较系统地提出了对会计职业道德的具体要求。（　　）

3. 职业道德原则和规范转化为会计人员的职业道德品质和行为，是一个内外结合、内因通过外因起作用的过程。（　　）

4. 会计职业道德与会计法律制度作为社会规范，均属于会计人员行为规范的范畴，两者既有联系，也有区别。（　　）

5. 会计行业自律是会计职业道德的最高境界。（　　）

6. 会计职业关系的变化与会计职业道德的发展无关。（　　）

7. 会计人员自律是会计职业自律的基础和保证，每个会计人员的自律性强，则整个会计行业的自律性也强。（　　）

8. 会计工作或会计人员于管理决策者在管理活动中分别扮演着参谋人员和决策者的角色，承担着不同的职责和义务。（ ）
9. 在会计职业道德规范中，公正是客观的基础，客观是公正的反映。（ ）
10. 职业道德的他律教育必然使外在的道德要求转化为从业人员的内在要求。（ ）
11. 无论是职业道德规范，还是职业道德教育，都表现为外在的道德要求。（ ）
12. 违反《会计法》的行为，不一定是违反了会计职业道德要求的行为。（ ）
13. 会计职业道德奖惩机制是一种将一些社会资源给予或剥夺的方式。（ ）

四、简答题

1. 什么是会计职业道德？
2. 会计职业道德规范的主要内容是什么？
3. 会计职业道德教育的内容是什么？
4. 在会计职业道德规范中，“诚实” 和 “守信” 的关系是什么？如何理解两者关系？
5. 会计职业道德与会计法律制度的区别和联系是什么？
6. 如何培养会计人员的会计职业道德修养？

参考答案

第1章 会计法律制度概述

一、单项选择题

1. B 2. B 3. A 4. B 5. A 6. D 7. C 8. D 9. A 10. B

二、多项选择题

1. ABCD 2. BC 3. ABCD 4. ABCD 5. BC
6. ABCD 7. AD 8. ABCD 9. ABCD 10. ABC

三、判断题

1. × 2. × 3. √ 4. √ 5. × 6. √ 7. √ 8. √ 9. × 10. ×

四、简答题（略）

第2章 会计法

一、单项选择题

1. A 2. B 3. A 4. A 5. D 6. D 7. C 8. D 9. A
10. C 11. B 12. D 13. B 14. B 15. D 16. C 17. B

二、多项选择题

1. ABCD 2. AC 3. ABCD 4. ABD 5. BD
6. ABCD 7. ABCD 8. AB 9. ACD 10. ABCD
11. ABCD 12. ABCD

三、判断题

1. × 2. × 3. × 4. × 5. √ 6. √ 7. √ 8. ×
9. √ 10. × 11. √ 12. × 13. √ 14. √ 15. ×

四、简答题（略）

第3章　支付结算法律制度

一、单项选择题

1. A　2. A　3. A　4. B　5. B　6. C　7. C　8. C　9. A　10. C

二、多项选择题

1. ABD　2. AB　3. ABCD　4. ABCD　5. ABC
6. ABCD　7. ABC　8. BCD　9. ABCD　10. AC

三、判断题

1. ×　2. √　3. √　4. √　5. ×　6. √　7. ×　8. ×

四、简答题（略）

第4章　税收征收管理法律制度

一、单项选择题

1. B　2. C　3. D　4. B　5. C　6. B

二、多项选择题

1. ABCD　2. ABC　3. ABC　4. ABC　5. ABCD
6. ACD　7. ABCD　8. ABCD

三、判断题

1. ×　2. √　3. √　4. √　5. ×　6. √　7. ×

四、简答题（略）

第5章　财政法规制度

一、单项选择题

1. D　2. B　3. D　4. A　5. C　6. B　7. C　8. D
9. C　10. D　11. C　12. A　13. B　14. D　15. C　16. A

二、多项选择题

1. ABCD　2. BC　3. ABC　4. ABC　5. ABCD
6. ABC　7. ABCD　8. ABCD　9. ABC　10. ABCD
11. ABCD　12. ABC　13. ABCD　14. CD　15. AC

三、判断题

1. √　2. ×　3. √　4. ×　5. ×　6. √
7. √　8. ×　9. ×　10. ×　11. √　12. ×

四、简答题（略）

第6章　会计职业道德

一、单项选择题

1. A　2. C　3. C　4. D　5. C　6. A
7. A　8. B　9. C　10. B　11. C　12. C

二、多项选择题

1. ABC　2. AC　3. ABC　4. BCD　5. AC

6. ABCD　7. AC　8. ABC　9. BCD　10. ABC

三、判断题

1. ×　2. √　3. ×　4. √　5. ×　6. ×　7. √

8. √　9. ×　10. ×　11. √　12. ×　13. √

四、简答题（略）

附录 B

中华人民共和国会计法

（1985 年 1 月 21 日第六届全国人民代表大会常务委员会第九次会议通过，根据 1993 年 12 月 29 日第八届全国人民代表大会常务委员会第五次会议《关于修改〈中华人民共和国会计法〉的决定》修正，1999 年 10 月 31 日第九届全国人民代表大会常务委员会第十二次会议修订。）

第一章　总则

第一条　为了规范会计行为，保证会计资料真实、完整，加强经济管理和财务管理，提高经济效益，维护社会主义市场经济秩序，制定本法。

第二条　国家机关、社会团体、公司、企业、事业单位和其他组织（以下统称单位）必须依照本法办理会计事务。

第三条　各单位必须依法设置会计账簿，并保证其真实、完整。

第四条　单位负责人对本单位的会计工作和会计资料的真实性、完整性负责。

第五条　会计机构、会计人员依照本法规定进行会计核算，实行会计监督。

任何单位或者个人不得以任何方式授意、指使、强令会计机构、会计人员伪造、变造会计凭证、会计账簿和其他会计资料，提供虚假财务会计报告。

任何单位或者个人不得对依法履行职责、抵制违反本法规定行为的会计人员实行打击报复。

第六条　对认真执行本法，忠于职守，坚持原则，做出显著成绩的会计人员，给予精神的或者物质的奖励。

第七条　国务院财政部门主管全国的会计工作。

县级以上地方各级人民政府财政部门管理本行政区域内的会计工作。

第八条　国家实行统一的会计制度。国家统一的会计制度由国务院财政部门根据本法制定并公布。

国务院有关部门可以依照本法和国家统一的会计制度制定对会计核算和会计监督有特殊要求的行业实施国家统一的会计制度的具体办法或者补充规定，报国务院财政部门审核批准。

中国人民解放军总后勤部可以依照本法和国家统一的会计制度制定军队实施国家统一的会计制度的具体办法，报国务院财政部门备案。

第二章　会计核算

第九条　各单位必须根据实际发生的经济业务事项进行会计核算，填制会计凭证，登记会计账簿，编制财务会计报告。

任何单位不得以虚假的经济业务事项或者资料进行会计核算。

第十条　下列经济业务事项，应当办理会计手续，进行会计核算：

（一）款项和有价证券的收付；

（二）财物的收发、增减和使用；

（三）债权债务的发生和结算；

（四）资本、基金的增减；

（五）收入、支出、费用、成本的计算；

（六）财务成果的计算和处理；

（七）需要办理会计手续、进行会计核算的其他事项。

第十一条　会计年度自公历1月1日起至12月31日止。

第十二条　会计核算以人民币为记账本位币。

业务收支以人民币以外的货币为主的单位，可以选定其中一种货币作为记账本位币，但是编报的财务会计报告应当折算为人民币。

第十三条　会计凭证、会计账簿、财务会计报告和其他会计资料，必须符合国家统一的会计制度的规定。

使用电子计算机进行会计核算的，其软件及其生成的会计凭证、会计账簿、财务会计报告和其他会计资料，也必须符合国家统一的会计制度的规定。

任何单位和个人不得伪造、变造会计凭证、会计账簿及其他会计资料，不得提供虚假的财务会计报告。

第十四条　会计凭证包括原始凭证和记账凭证。

办理本法第十条所列的经济业务事项，必须填制或者取得原始凭证并及时送交会计机构。

会计机构、会计人员必须按照国家统一的会计制度的规定对原始凭证进行审核，对不真实、不合法的原始凭证有权不予接受，并向单位负责人报告；对记载不准确、不完整的原始凭证予以退回，并要求按照国家统一的会计制度的规定更正、补充。

原始凭证记载的各项内容均不得涂改；原始凭证有错误的，应当由出具单位重开或者更正，更正处应当加盖出具单位印章。原始凭证金额有错误的，应当由出具单位重开，不得在原始凭证上更正。

记账凭证应当根据经过审核的原始凭证及有关资料编制。

第十五条　会计账簿登记，必须以经过审核的会计凭证为依据，并符合有关法律、行政法规和国家统一的会计制度的规定。会计账簿包括总账、明细账、日记账和其他辅助性账簿。

会计账簿应当按照连续编号的页码顺序登记。会计账簿记录发生错误或者隔页、缺号、跳行的，应当按照国家统一的会计制度规定的方法更正，并由会计人员和会计机构负责人（会计主管人员）在更正处盖章。

使用电子计算机进行会计核算的，其会计账簿的登记、更正，应当符合国家统一的会计制度的规定。

第十六条 各单位发生的各项经济业务事项应当在依法设置的会计账簿上统一登记、核算，不得违反本法和国家统一的会计制度的规定私设会计账簿登记、核算。

第十七条 各单位应当定期将会计账簿记录与实物、款项及有关资料相互核对，保证会计账簿记录与实物及款项的实有数额相符、会计账簿记录与会计凭证的有关内容相符、会计账簿之间相对应的记录相符、会计账簿记录与会计报表的有关内容相符。

第十八条 各单位采用的会计处理方法，前后各期应当一致，不得随意变更；确有必要变更的，应当按照国家统一的会计制度的规定变更，并将变更的原因、情况及影响在财务会计报告中说明。

第十九条 单位提供的担保、未决诉讼等或有事项，应当按照国家统一的会计制度的规定，在财务会计报告中予以说明。

第二十条 财务会计报告应当根据经过审核的会计账簿记录和有关资料编制，并符合本法和国家统一的会计制度关于财务会计报告的编制要求、提供对象和提供期限的规定；其他法律、行政法规另有规定的，从其规定。

财务会计报告由会计报表、会计报表附注和财务情况说明书组成。向不同的会计资料使用者提供的财务会计报告，其编制依据应当一致。有关法律、行政法规规定会计报表、会计报表附注和财务情况说明书须经注册会计师审计的，注册会计师及其所在的会计师事务所出具的审计报告应当随同财务会计报告一并提供。

第二十一条 财务会计报告应当由单位负责人和主管会计工作的负责人、会计机构负责人（会计主管人员）签名并盖章；设置总会计师的单位，还须由总会计师签名并盖章。

单位负责人应当保证财务会计报告真实、完整。

第二十二条 会计记录的文字应当使用中文。在民族自治地方，会计记录可以同时使用当地通用的一种民族文字。在中华人民共和国境内的外商投资企业、外国企业和其他外国组织的会计记录可以同时使用一种外国文字。

第二十三条 各单位对会计凭证、会计账簿、财务会计报告和其他会计资料应当建立档案，妥善保管。会计档案的保管期限和销毁办法，由国务院财政部门会同有关部门制定。

第三章 公司、企业会计核算的特别规定

第二十四条 公司、企业进行会计核算，除应当遵守本法第二章的规定外，还应当遵守本章规定。

第二十五条 公司、企业必须根据实际发生的经济业务事项，按照国家统一的会计制度的规定确认、计量和记录资产、负债、所有者权益、收入、费用、成本和利润。

第二十六条 公司、企业进行会计核算不得有下列行为：

（一）随意改变资产、负债、所有者权益的确认标准或者计量方法，虚列、多列、不列

或者少列资产、负债、所有者权益；

（二）虚列或者隐瞒收入，推迟或者提前确认收入；

（三）随意改变费用、成本的确认标准或者计量方法，虚列、多列、不列或者少列费用、成本；

（四）随意调整利润的计算、分配方法，编造虚假利润或者隐瞒利润；

（五）违反国家统一的会计制度规定的其他行为。

第四章　会计监督

第二十七条　各单位应当建立、健全本单位内部会计监督制度。单位内部会计监督制度应当符合下列要求：

（一）记账人员与经济业务事项和会计事项的审批人员、经办人员、财物保管人员的职责权限应当明确，并相互分离、相互制约；

（二）重大对外投资、资产处置、资金调度和其他重要经济业务事项的决策和执行的相互监督、相互制约程序应当明确；

（三）财产清查的范围、期限和组织程序应当明确；

（四）对会计资料定期进行内部审计的办法和程序应当明确。

第二十八条　单位负责人应当保证会计机构、会计人员依法履行职责，不得授意、指使、强令会计机构、会计人员违法办理会计事项。

会计机构、会计人员对违反本法和国家统一的会计制度规定的会计事项，有权拒绝办理或者按照职权予以纠正。

第二十九条　会计机构、会计人员发现会计账簿记录与实物、款项及有关资料不相符的，按照国家统一的会计制度的规定有权自行处理的，应当及时处理；无权处理的，应当立即向单位负责人报告，请求查明原因，做出处理。

第三十条　任何单位和个人对违反本法和国家统一的会计制度规定的行为，有权检举。收到检举的部门有权处理的，应当依法按照职责分工及时处理；无权处理的，应当及时移送有权处理的部门处理。收到检举的部门、负责处理的部门应当为检举人保密，不得将检举人姓名和检举材料转给被检举单位和被检举人个人。

第三十一条　有关法律、行政法规规定，须经注册会计师进行审计的单位，应当向受委托的会计师事务所如实提供会计凭证、会计账簿、财务会计报告和其他会计资料以及有关情况。

任何单位或者个人不得以任何方式要求或者示意注册会计师及其所在的会计师事务所出具不实或者不当的审计报告。

财政部门有权对会计师事务所出具审计报告的程序和内容进行监督。

第三十二条　财政部门对各单位的下列情况实施监督：

（一）是否依法设置会计账簿；

（二）会计凭证、会计账簿、财务会计报告和其他会计资料是否真实、完整；

（三）会计核算是否符合本法和国家统一的会计制度的规定；

（四）从事会计工作的人员是否具备从业资格。

在对前款第（二）项所列事项实施监督，发现重大违法嫌疑时，国务院财政部门及其派出机构可以向与被监督单位有经济业务往来的单位和被监督单位开立账户的金融机构查询有关情况，有关单位和金融机构应当给予支持。

第三十三条 财政、审计、税务、人民银行、证券监管、保险监管等部门应当依照有关法律、行政法规规定的职责，对有关单位的会计资料实施监督检查。

前款所列监督检查部门对有关单位的会计资料依法实施监督检查后，应当出具检查结论。有关监督检查部门已经做出的检查结论能够满足其他监督检查部门履行本部门职责需要的，其他监督检查部门应当加以利用，避免重复查账。

第三十四条 依法对有关单位的会计资料实施监督检查的部门及其工作人员对在监督检查中知悉的国家秘密和商业秘密负有保密义务。

第三十五条 各单位必须依照有关法律、行政法规的规定，接受有关监督检查部门依法实施的监督检查，如实提供会计凭证、会计账簿、财务会计报告和其他会计资料以及有关情况，不得拒绝、隐匿、谎报。

第五章　会计机构和会计人员

第三十六条 各单位应当根据会计业务的需要，设置会计机构，或者在有关机构中设置会计人员并指定会计主管人员；不具备设置条件的，应当委托经批准设立从事会计代理记账业务的中介机构代理记账。

国有的和国有资产占控股地位或者主导地位的大、中型企业必须设置总会计师。总会计师的任职资格、任免程序、职责权限由国务院规定。

第三十七条 会计机构内部应当建立稽核制度。

出纳人员不得兼任稽核、会计档案保管和收入、支出、费用、债权债务账目的登记工作。

第三十八条 从事会计工作的人员，必须取得会计从业资格证书。

担任单位会计机构负责人（会计主管人员）的，除取得会计从业资格证书外，还应当具备会计师以上专业技术职务资格或者从事会计工作三年以上经历。

会计人员从业资格管理办法由国务院财政部门规定。

第三十九条 会计人员应当遵守职业道德，提高业务素质。对会计人员的教育和培训工作应当加强。

第四十条 因有提供虚假财务会计报告，做假账，隐匿或者故意销毁会计凭证、会计账簿、财务会计报告，贪污，挪用公款，职务侵占等与会计职务有关的违法行为被依法追究刑事责任的人员，不得取得或者重新取得会计从业资格证书。

除前款规定的人员外，因违法违纪行为被吊销会计从业资格证书的人员，自被吊销会计从业资格证书之日起五年内，不得重新取得会计从业资格证书。

第四十一条 会计人员调动工作或者离职，必须与接管人员办清交接手续。

一般会计人员办理交接手续，由会计机构负责人（会计主管人员）监交；会计机构负责人（会计主管人员）办理交接手续，由单位负责人监交，必要时主管单位可以派人会同监交。

第六章　法律责任

第四十二条　违反本法规定，有下列行为之一的，由县级以上人民政府财政部门责令限期改正，可以对单位并处三千元以上五万元以下的罚款；对其直接负责的主管人员和其他直接责任人员，可以处二千元以上二万元以下的罚款；属于国家工作人员的，还应当由其所在单位或者有关单位依法给予行政处分：

（一）不依法设置会计账簿的；

（二）私设会计账簿的；

（三）未按照规定填制、取得原始凭证或者填制、取得的原始凭证不符合规定的；

（四）以未经审核的会计凭证为依据登记会计账簿或者登记会计账簿不符合规定的；

（五）随意变更会计处理方法的；

（六）向不同的会计资料使用者提供的财务会计报告编制依据不一致的；

（七）未按照规定使用会计记录文字或者记账本位币的；

（八）未按照规定保管会计资料，致使会计资料毁损、灭失的；

（九）未按照规定建立并实施单位内部会计监督制度或者拒绝依法实施的监督或者不如实提供有关会计资料及有关情况的；

（十）任用会计人员不符合本法规定的。

有前款所列行为之一，构成犯罪的，依法追究刑事责任。

会计人员有第一款所列行为之一，情节严重的，由县级以上人民政府财政部门吊销会计从业资格证书。

有关法律对第一款所列行为的处罚另有规定的，依照有关法律的规定办理。

第四十三条　伪造、变造会计凭证、会计账簿，编制虚假财务会计报告，构成犯罪的，依法追究刑事责任。

有前款行为，尚不构成犯罪的，由县级以上人民政府财政部门予以通报，可以对单位并处五千元以上十万元以下的罚款；对其直接负责的主管人员和其他直接责任人员，可以处三千元以上五万元以下的罚款；属于国家工作人员的，还应当由其所在单位或者有关单位依法给予撤职直至开除的行政处分；对其中的会计人员，并由县级以上人民政府财政部门吊销会计从业资格证书。

第四十四条　隐匿或者故意销毁依法应当保存的会计凭证、会计账簿、财务会计报告，构成犯罪的，依法追究刑事责任。

有前款行为，尚不构成犯罪的，由县级以上人民政府财政部门予以通报，可以对单位并处五千元以上十万元以下的罚款；对其直接负责的主管人员和其他直接责任人员，可以处三千元以上五万元以下的罚款；属于国家工作人员的，还应当由其所在单位或者有关单位依法给予撤职直至开除的行政处分；对其中的会计人员，并由县级以上人民政府财政部门吊销会计从业资格证书。

第四十五条　授意、指使、强令会计机构、会计人员及其他人员伪造、变造会计凭证、会计账簿，编制虚假财务会计报告或者隐匿、故意销毁依法应当保存的会计凭证、会计账簿、财务会计报告，构成犯罪的，依法追究刑事责任；尚不构成犯罪的，可以处五千元以上五万元以下的罚款；属于国家工作人员的，还应当由其所在单位或者有关单位依法给予降级、撤职、开除的行政处分。

第四十六条 单位负责人对依法履行职责、抵制违反本法规定行为的会计人员以降级、撤职、调离工作岗位、解聘或者开除等方式实行打击报复，构成犯罪的，依法追究刑事责任；尚不构成犯罪的，由其所在单位或者有关单位依法给予行政处分。对受打击报复的会计人员，应当恢复其名誉和原有职务、级别。

第四十七条 财政部门及有关行政部门的工作人员在实施监督管理中滥用职权、玩忽职守、徇私舞弊或者泄露国家秘密、商业秘密，构成犯罪的，依法追究刑事责任；尚不构成犯罪的，依法给予行政处分。

第四十八条 违反本法第三十条规定，将检举人姓名和检举材料转给被检举单位和被检举人个人的，由所在单位或者有关单位依法给予行政处分。

第四十九条 违反本法规定，同时违反其他法律规定的，由有关部门在各自职权范围内依法进行处罚。

第七章 附则

第五十条 本法下列用语的含义：

单位负责人，是指单位法定代表人或者法律、行政法规规定代表单位行使职权的主要负责人。

国家统一的会计制度，是指国务院财政部门根据本法制定的关于会计核算、会计监督、会计机构和会计人员以及会计工作管理的制度。

第五十一条 个体工商户会计管理的具体办法，由国务院财政部门根据本法的原则另行规定。

第五十二条 本法自2000年7月1日起施行。

参 考 文 献

[1] 中华人民共和国会计法[M]. 北京：中国财政经济出版社，1999.

[2] 企业财务会计报告条例[OL]. http://www.people.com.cn/item/flfgk/gwyfg/2000/1120/000018N.html. 2000-11-20.

[3] 总会计师条例[OL]. http://acc.ynf.gov.cn:7001/servlet/ReadPrintFileServlet? ID=531.

[4] 企业会计制度[OL]. http://www.ahhpcpa.com.cn//aw/cpa-law/kj-qy.htm.

[5] 企业会计准则——基本准则[OL]. http://www.nen.com.cn/81631041780973568/20060217/1849992.Shtml. 2006-02-17.

[6] 企业所得税法[OL]. http://www.gov.cn/flfg/2007-03/19/content_554243.htm. 2007-03-19.

[7] 会计档案管理办法[OL]. http://www.pku.edu.cn/lib&mus/archives/dafg/kjda.htm.

[8] 刘玉廷. 新修订的《会计法》所实现的若干重要突破[J]. 会计研究，2000(1).

[9] 财政部会计司. 单位负责人会计法必读[M]. 北京：中国财政经济出版社，2000.

[10] 本书编写组. 中华人民共和国会计法讲话[M]. 北京：经济科学出版社，1999.

[11] 中华人民共和国财政部网站. http://www.mof.gov.cn.

[12] 中华人民共和国国家税务总局网站. http://www.Chinatax.gov.cn.

[13] 中华会计网校. http://www.Chinaacc.com.

[14] 中国财务总监网. http://www.Chinacfo.net.

[15] 会计从业资格考试辅导教材组. 财经法规与会计职业道德考试大纲[M]. 北京：中国财政经济出版社，2008.

[16] 王红云. 纳税会计[M]. 6版. 成都：西南财经大学出版社，2012.

[17] 企业所得税实施条例[OL]. http://www.gov.cn/zwgk/2007-12/11/content-830645.htm. 2007-12-11.

[18] 王红云. 制度、准则与所得税法的核算原则及差异分析[J]. 会计之友，2008(12).

会计学

课程名称	书号	书名、作者及出版时间	版别	定价
国际会计	978-7-111-22258-3	国际会计与跨国企业（第6版）（拉德鲍）（2007年）	外版	60
管理会计	978-7-111-27458-2	管理会计（第11版）（加里森）（2009年）	外版	79
管理会计	978-7-111-39512-6	管理会计教程（第15版）（亨格瑞）（2012年）	外版	88
管理会计	978-7-111-27841-2	管理会计学：在动态商业环境中创在价值（第7版）（希尔顿）（2009年）	外版	65
政府与非营利组织会计	978-7-111-45678-0	政府及非营利组织会计（杨洪）（2014年）	本版	39
税务会计与税收筹划	978-7-111-45487-8	纳税会计与税收筹划（王树锋）（2014年）	本版	35
税务会计与税收筹划	978-7-111-43646-1	税务会计与税务筹划（第4版）（王素荣）（2013年）	本版	35
税务会计	978-7-111-41879-5	纳税会计（王红云）（2013年）	本版	39
审计学	978-7-111-35218-1	审计基础与实务（琚兆成）（2011年）	本版	29
审计学	978-7-111-35453-6	审计实务（傅秉潇）（2011年）	本版	32
审计学	978-7-111-32015-9	审计学（第2版）（刘建军）（2010年）	本版	35
审计学	978-7-111-35528-1	审计学（高强）（2011年）	本版	33
审计学	978-7-111-34365-3	审计学（叶陈刚）（2011年）	本版	38
金蝶K/3财务软件系列教材	978-7-111-20769-6	金蝶K/3标准财务培训教材（2009年）	本版	85
金蝶K/3财务软件系列教材	978-7-111-22342-9	金蝶K/3供应链培训教材（2009年）	本版	90
金蝶K/3财务软件系列教材	978-7-111-22360-3	金蝶K/3人力资源培训教材（2009年）	本版	95
金蝶K/3财务软件系列教材	978-7-111-22397-9	金蝶K/3生产制造培训教材（2009年）	本版	140
会计学其他专业课	即将出版	会计岗位综合实训（刘军）（2014年）	本版	35
会计信息系统	978-7-111-44539-5	会计电算化（陈曙光）（2013年）	本版	35
会计信息系统	978-7-111-35695-0	会计信息系统（第2版）（精品课）（韩庆兰）（2011年）	本版	36
会计信息系统	978-7-111-44365-0	会计信息系统—基于用友ERP-U8.72版（鹿翠）（2013年）	本版	30
会计信息系统	978-7-111-38800-5	会计信息系统理论与实验教程（管彦庆）（2012年）	本版	32
会计法规	978-7-111-37607-1	会计法规（第2版）（王红云）（2012年）	本版	32
管理会计	978-7-111-42521-2	管理会计（王永刚）（2013年）	本版	35
管理会计	978-7-111-46850-9	管理会计：理论·模型·案例（第2版）（精品课）（温素彬）（2014年）	本版	40
管理会计	978-7-111-37238-7	现代管理会计（第2版）（宋效中）（2012年）	本版	38
成本会计	978-7-111-20491-6	成本会计（刘志娟）（2007年）	本版	28
成本会计	978-7-111-31688-6	成本会计（束必琪）（2010年）	本版	32
成本会计	978-7-111-38514-1	成本会计学--有效管理的工具（第3版）（赵桂娟）（2012年）	本版	39
成本管理会计	978-7-111-44597-5	成本管理会计（第3版）（精品课）（崔国萍）（2013年）	本版	38
成本管理会计	978-7-111-39241-5	成本与管理会计（第3版）（赵书和）（2012年）	本版	39